V&R

■ FRÜHE BILDUNG
UND ERZIEHUNG ■

Vandenhoeck & Ruprecht

Armin Krenz / Ferdinand Klein

Bildung durch Bindung

Frühpädagogik: inklusiv und bindungsorientiert

2. Auflage

Vandenhoeck & Ruprecht

Herrn Dr. Armin Krenz, dem engagierten Begründer und Vertreter des modernen Situationsorientierten Ansatzes in der Kita und Wegbereiter einer tief im Humanismus verankerten Elementarpädagogik, zu seinem 60. Geburtstag vom Koautor gewidmet.

Mit 2 Abbildungen und 1 Tabelle

Bibliografische Information der Deutschen Nationalbibliothek

Die Deutsche Nationalbibliothek verzeichnet diese Publikation in der Deutschen Nationalbibliografie; detaillierte bibliografische Daten sind im Internet über http://dnb.d-nb.de abrufbar.

ISBN 978-3-525-70136-2
ISBN 978-3-647-70136-3 (E-Book)

Umschlagabbildung: Michael Modrow, Bad Segeberg

© 2013, 2012, Vandenhoeck & Ruprecht GmbH & Co. KG, Göttingen/
Vandenhoeck & Ruprecht LLC, Bristol, CT, U. S. A.
www.v-r.de
Alle Rechte vorbehalten. Das Werk und seine Teile sind urheberrechtlich geschützt.Jede Verwertung in anderen als den gesetzlich zugelassenen Fällen bedarf der vorherigen schriftlichen Einwilligung des Verlages.
Printed in Germany.

Layout und Satz: textformart, Göttingen
Druck und Bindung: Books on Demand, Norderstedt

Gedruckt auf alterungsbeständigem Papier.

Inhalt

1. Zu diesem Buch 7
   1.1 Vorwort 7
   1.2 Vorhaben 12
   1.3 Einleitende Impulse 15

2. Kinder- und Menschenrechte 24
   2.1 UN-Kinderrechtskonvention und die Korczak-Pädagogik 24
   2.2 Perspektive: Kinderrechte ins Grundgesetz 44
   2.3 UN-Behindertenrechtskonvention als Leitbild
       einer modernen Sozial- und Behindertenpolitik 49
   2.4 Das Normalisierungsprinzip:
       Basis pädagogischen Handelns für alle Kinder 53

3. Sozial- und erziehungswissenschaftliche Reflexionen 59
   3.1 Zum inklusionspädagogischen Menschenbild 59
   3.2 Sehnsucht – eine Triebkraft des Lebens 64
   3.3 Verantwortung in der konkreten pädagogischen Situation 65

4. Bildung durch Bindung –
   Herausforderungen an die Fachkraft 67
   4.1 Veränderte Kindheiten 71
   4.2 Bildungsarbeit in der Elementarpädagogik –
       kritische Anmerkungen 84
   4.3 Grundlagen und Voraussetzungen 98
   4.4 Die Person der elementarpädagogischen Fachkraft 111
   4.5 Bindung ist achtsame Empathie 142

5. Inklusive Erziehung und Bildung konkret ... 148
- 5.1 Praxiserfahrungen ... 149
- 5.2 Erfahrungen im internationalen Zusammenhang ... 151
- 5.3 Zwischenbilanz ... 152
- 5.4 Inklusive Praxis als Prozess und Ziel ... 153
- 5.5 Inklusion konkret ... 154

6. Neue Aufgaben ... 157
- 6.1 Erziehungsdidaktische Aspekte ... 157
- 6.2 Bildungspartnerschaft zwischen Fachkraft und Familie ... 161
- 6.3 Index für Inklusion ... 162
- 6.4 Das Verhalten des Kindes beobachten ... 163
- 6.5 Leitbild einer menschengerechten Kommune ... 164

7. Inklusive Praxisanforderungen und -hinweise ... 166
- 7.1 Wertearten und Wertewandel ... 167
- 7.2 Wie inklusive Erziehung nicht sein darf ... 181
- 7.3 Gemeinsame Spiel- und Lernsituationen schaffen ... 182
- 7.4 Mit Herz, Hand und allen Sinnen ... 182
- 7.5 Wie gemeinsame Erziehung gelingen kann ... 184

8. Beispiel: Frank ... 189
- 8.1 Anamnese und Diagnose ... 189
- 8.2 Beginn der Beratung und Begleitung ... 190
- 8.3 Im inklusiven Kindergarten ... 191
- 8.4 Ein offenes Erziehungsprogramm ... 192

9. Anhang ... 195
- 9.1 Zusammenfassung der UN-Menschenrechtskonvention ... 195
- 9.2 Nachwort ... 198
- 9.3 Literatur ... 205

1. Zu diesem Buch

1.1 Vorwort

Max Frisch, der große Schweizer Schriftsteller, hat sich in seinen vielen Schriften mit der Frage nach der Identität des Menschen und dem Umgang mit seiner Welt auseinandergesetzt. In seinem ersten Tagebuch (1946–1949) schrieb er unter anderem: „Auch wir sind die Verfasser der anderen; wir sind auf eine heimliche und unentrinnbare Weise verantwortlich für das Gesicht, das sie uns zeigen, verantwortlich nicht für ihre Anlage, aber für die Ausschöpfung dieser Anlage" (1975, S. 12). Dieser Satz trifft mit seiner Bedeutung genau in die hohe Verantwortung der erzieherischen Tätigkeit. Gleich den Verfassern von Büchern, Fachartikeln, Konzeptionen, die ihre Gedanken schwarz auf weiß zu Papier bringen, sind es auch die frühpädagogischen Fachkräfte, die mit ihrer Persönlichkeit und ihrer besonderen Arbeitsweise eine *prägende (Aus-)Wirkung auf Kinder haben* – neben den Einflüssen der Elternhäuser. Auch elementarpädagogische Fachkräfte wirken heimlich, ständig und unentrinnbar und gestalten die Biografie des einzelnen Kindes mit. In vielen Kindern spiegeln sich Erfahrungen aus der Zeit ihres Kindertagesstättenbesuchs wider und zeigen sich gegenwärtig und zukünftig als entwicklungsförderliche oder entwicklungshinderliche Verhaltensmerkmale.

So ist der Aufbau einer individuell geprägten Identität des Kindes stets mit dem persönlichen und beruflichen Selbstverständnis, der besonderen *beruflichen Identität* und der *persönlichen Identität* der Fachkräfte auf das Engste verknüpft. Beide Identitätsbereiche entstehen nicht von allein, getreu dem Motto: „Ich will einmal abwarten, was die Umgebung aus mir macht." Sie entwickeln sich vielmehr aus der eigenen Motivation, einer ständigen Selbstbetrachtung des Seins und seiner besonderen Wirkung auf Kinder, um human orientierte, kompetente und professionelle Verhaltensmerkmale auf- und auszubauen. Diese sind mit dem Ziel verbunden, einerseits selbstverantwortlich mit sich umgehen zu können, andererseits eine qualitätsgeprägte und bindungsstarke Frühpädagogik durchzuführen, die tatsächlich den viel genutzten Begriff *Qualität* im Sinne von *gut sein* zu Recht nutzt. Die persönliche und berufliche Identität entwickelt sich im (selbst-)kritischen Umgang mit den eigenen, fremden und arbeitsfeldspezifischen Anforderungen, die mit dem Berufsbild der pädagogischen Fachkraft auf das Engste verbunden sind. So geht es beispielsweise darum, immer wieder selbstreflexiv die eigene, ganz persönliche Lebensgeschichte und das konkrete Verhalten mit dem konkreten Alltagsgeschehen vor Ort zu vernetzen, um festzustellen, welche Handlungsmomente konstruktiv und welche destruktiv für die Entwicklung des Kindes und der eigenen Person waren bzw. sind (vgl. Großmann, 1998; Hartmann, 2005). Dazu gehört unter anderem eine ausgebaute Dialogfähigkeit, um mit sich in den unterschiedlichsten Lebens- und Arbeitssituationen in Selbstbetrachtungen und -verhandlungen einzutreten. Hier heißt es dann, lebendige Entwicklungsfelder für beide Seiten zu entdecken, Entwicklungschancen zu nutzen und Fehlentwicklungen durch neue Handlungsstrategien zu ersetzen.

In einem immer wiederkehrenden Klärungsprozess müssen unterschiedliche Erwartungen und Anforderungen, die man selbst an sich (zu haben) hat und die von außen kommen, auf ihre fachliche Existenzberechtigung hin überprüft werden. Es müssen Widersprüche entdeckt und geklärt, rigide Verhaltensmuster entdeckt und verändert, Auseinandersetzungen mit sich und anderen geführt, Stellung bezogen, Entscheidungen mitgetragen, korrigiert bzw. durchgehalten, Selbstaktivität gezeigt, Standpunkte fachlich begründet vertreten, Lernmöglichkeiten gesucht, Selbstverantwortung übernommen und neue Handlungsstrategien ausprobiert werden.

Selbstentwicklung und Selbsterziehung führen zu einer professionellen Selbstverwirklichung – ein umgekehrter Weg führt zu Starrheit und Ignoranz von notwendigen Handlungsschritten. Aurelius Augustinus, ein großer Kirchenlehrer, sagte einmal: „In dir muss brennen, was du entzünden willst."

Wenn frühpädagogische Fachkräfte Kinder und ihre Entwicklung, Kollegien und Träger, die Öffentlichkeit und Eltern sowie die Politik im Sinne einer qualitätsgeprägten Frühpädagogik entzünden wollen, sind *Engagement*, offensives *Handeln* und *Lebendigkeit* sowie der ständige Blick auf das Wesentliche ebenso wie die permanente Entscheidung für das wirklich Bedeutsame und damit die tatsächlich entwicklungsförderlichen Einflüsse im Hinblick auf kindorientierte Entwicklungsbedingungen unausweichlich.

Dazu brauchen Kinder eine täglich herausfordernde Umgebung und engagierte, motivierte, begeisterungsfähige, voller Ideen übersprudelnde und lebendige elementarpädagogische Fachkräfte, die auf der einen Seite einer immer deutlich zunehmenden *Verpädagogisierung der Kindheiten* die rote Karte zeigen und auf der anderen Seite eine Pädagogik mit Kindern gestalten, die lebendig und spannend ist, die Neugierde der Kinder immer wieder aufs Neue provoziert und den Alltag der Kinder zu einem wahren *Fest der Sinne, der Entdeckungen aller Talente und zu spannenden Entwicklungsgeschichten* werden lässt, eingebunden in tragfähige, Sicherheit vermittelnde Beziehungserfahrungen (vgl. Suess/Pfeifer, 2000; Bowlby, 2001; Grossmann/Grossmann, 2004; Crain, 2005; Gebauer, 2007; König, 2010).

Das kann nur dort geschehen, wo Kinder sich Tag für Tag selbstaktiv einbringen können, wo ihre Interessen aufgegriffen und mit ihnen gemeinsam weiterentwickelt werden, wo Kindermeinungen erwünscht und immer wieder gefragt sind, wo sich Regeln und gemeinsame Absprachen nach Entwicklungsbedürfnissen von Kindern ausrichten, wo Experimente und Gestaltungsvielfalt den Tagesablauf bestimmen, wo die unterschiedlichsten Spielformen vom Theater- bis zum Schattenspiel, vom großflächigen Bau- bis zum szenischen Rollenspiel genossen werden können, wo Musik und Märchen, Geschichten und Tobeerlebnisse, Höhlenbauten und aufregende Schatzsuchen, Zaubern und Kulissenbau die Kinder motivieren, ihre Einrichtung und die Fachkräfte zu lieben: wo Kinder ihren Alltag als einen *wesentlichen Teil ihrer aktuellen Lebenserfüllung* erfahren. Dann würde sich auch der viel zitierte Satz in der Wirklichkeit wiederfinden: „Wir holen das Kind da ab, wo es steht und wie es sich seine Umgebungswelt wünscht." Sicherlich wäre es für viele Kinder ein Traum, in *Bullerbü* zu leben und die Kindheit in einer Welt zu verbringen, in der es noch möglich ist, Kind zu sein. In diesem Zusammenhang bietet es sich an, den Worten von Astrid Lindgren zuzustimmen, als sie in einem Interview mit der Süddeutschen Zeitung äußerte: „Ich kann nur hoffen, dass die Kinder die Dummheiten der Erwachsenen überwinden" (SZ, 14.11.1997).

Ein sogenannter *Bullerbü-Effekt* wird von Kindern überall dort gespürt und erlebt werden können, wo engagierte Erwachsene – Eltern und frühpädagogische Fachkräfte – der immer stärker zunehmenden Funktionalisierung von Kindheiten – gerade auch durch eine Verpädagogisierung und Vertherapeutisierung – Einhalt gebieten! Wenn Erwachsene sich an ihre eigenen, selbst geliebten Rückzugsecken, Geheimnisse, Streiche, vertieften Spielerlebnisse, unbeaufsichtigten Spielplätze und spannenden Kindheitsabenteuer zurückerinnern und das Glück ihrer eigenen Kindheit immer wieder aufs Neue spüren, wird die Möglichkeit gegeben sein, dass auch in unserer medial bestimmten, konsumorientierten und technisierten Welt der Bullerbü-Effekt wieder zu seinem Recht kommen kann. Innen- und Außenräume entwickeln sich dann zu Orten, in denen das Wesentliche – die Wirklichkeit der Möglichkeiten – wieder von Kindern erlebt werden kann: sich selbst zu entdecken, die Welt zu ertasten und zu begreifen, sich selbst als klein und zugleich bedeutsam einzuschätzen, die vielfältigsten Düfte der Natur zu riechen, die Vielfalt von naturgegebenen Speisen zu schmecken, Naturgeräusche zu erlauschen und das für Kinder aktuell Bedeutsame zu sehen, um es in tiefe, persönliche Betrachtungen einzubeziehen. Dazu brauchen Kinder naturnahe Spiel- und Erlebnisräume in tragfähigen Beziehungen: Tag für Tag (vgl. Lindgren, 2000; Benjes, 1999). Sie brauchen also ein entsprechendes Umfeld und gleichzeitig Menschen, die gemeinsam mit ihnen den lebendigen pädagogischen Alltag bewusst erleben und lebendig in einer bindungsstarken Beziehung gestalten und vielfältig nutzen. Dies entspräche ganz dem Ansatz der *Learning Stories*, der in Neuseeland entwickelt wurde. Dort geht es *nicht* um den gezielten Aufbau oder die konkrete Förderung von speziellen Fertigkeiten, die Kinder in bestimmten, zeitlichen Altersschienen oder bei Leistungsdefiziten beherrschen sollten – wie es überwiegend in Deutschland üblich ist –, sondern um Lernkompetenzen bzw. Lernstrategien, die jedes Kind entsprechend seinen ganz persönlichen Interessen bzw. Neigungen, seinem individuellen Können und Wissen bildet, verbunden mit seinem Wunsch, die Welt in sich und um sich herum zu erschließen. Entwickelt wurde dieser Ansatz von Margret Carr, die sich dabei das neuseeländische Curriculum für Elementarpädagogik als Grundlage auswählte: das *Te Whariki*. Hier existieren keine disziplinorientierten Lernbereiche, sondern vielmehr stehen folgende lebensweltorientierte Grundprinzipien im Vordergrund:

a. Die Grundlage aller Bildungs- und Lernprozesse ergeben sich aus Beobachtungen und Erlebnissen von Alltagssituationen, mit denen sich das Kind beschäftigt und auseinandersetzt.
b. Kinder sind lernende Individuen, deren Kompetenzen, Interessen und Fähigkeiten im Mittelpunkt stehen.
c. Indem Alltagsprozesse, in denen Kinder Lernprozesse zum Ausdruck bringen, von den elementarpädagogischen Fachkräften beschrieben werden, werden Kinder zum Lernen und Wachsen befähigt.
d. Das Umfeld, die Umwelt, die Familien der Kinder sowie die Gemeinde/der Lebensort werden in die gesamte Arbeit mit einbezogen.
e. Die Kinder werden dabei unterstützt, Beziehungen mit Menschen, Tieren, zu ihrem Lebensort und zur gesamten realen, dinglichen Umwelt herzustellen, zu pflegen und auszubauen.
f. Lernen und Wachsen ist immer und zu jeder Zeit ganzheitlich geprägt – nie teilisoliert, künstlich konstruiert, funktionsorientiert geplant oder *schulisch* lernzielbestimmt.

Übrigens stammt das Wort *Te Whariki* aus der Sprache der Maori, der Ureinwohner Neuseelands, und bedeutet übersetzt soviel wie „eine Matte, auf der alle stehen können". Grundlage aller bildungsrelevanten Kommunikations- und Interaktionsprozesse sind dabei *Beziehungserlebnisse*. Und hier schließt sich der Kreis zu Hans-Joachim Laewen, wenn er betont: „Eine sichere Bindung (ist) eine stabile Voraussetzung für das Gelingen der kindlichen Bildungsprozesse, deren wichtigstes Ziel aus der Sicht des Kindes nicht abstrakte Welterkenntnis, sondern Handlungsfähigkeit hinsichtlich seiner Bedürfnisse und Interessen ist" (2005, S. 10). Diese Aussage wird von Hirnforschern gleichfalls immer wieder hervorgehen, wenn sie betonen, dass neurobiologische Prozesse stets mit psychosozialen Prozessen in einer kontinuierlichen Wechselbeziehung stehen (vgl. Roth, 2001; Holt, 2003; Suess, 2006).

Was wir zu lernen haben,
ist so schwer und doch so einfach und klar:
Es ist normal, verschieden zu sein.
(Weizsäcker, 1993, S. 1)

Wir gehen von der sozialwissenschaftlichen und politisch bedeutsamen Erkenntnis und ebenso von der täglichen Lebenserfahrung aus, dass die Anerkennung, Achtung und Wertschätzung des anderen Menschen von Beginn seines Lebens an ein Grundbedürfnis des Menschen ist. Diesem Bedürfnis wird vielen Kindern, besonders Kindern mit Behinderung und Vernachlässigung und Kindern in Armut, nicht entsprochen. Sie machen in ihrem Leben schon sehr bald die Erfahrung, nicht oder nicht hinreichend anerkannt, geachtet und respektiert zu werden. Ihre Würde wird verletzt und Identitätsentwicklung wird beeinträchtigt.

Diesem Anerkennungsdefizit (Honneth, 2003, Dederich, 2011) kann und soll durch eine bindungsorientierte Bildung begegnet und damit der Anerkennungsethik zu ihrem Recht verholfen werden. Der Bildung durch Bindung liegt das Einüben einer Kultur der Anerkennung in der inklusiver werdenden Kita am Herzen.

Inklusion bedeutet, dass jeder Mensch mit Behinderung von Beginn an allen Aktivitäten der Menschen seines Lebens- und Erfahrungsraumes teilhaben soll, denn er ist Teil des Ganzen. Teilhabe (Partizipation) heißt: dabei sein, dazu gehören, mit-gestalten, mit-entscheiden und mit-verantworten. Hier nimmt er mit anderen Teilhabern am sozialen Ganzen teil – und er gestaltet das Ganze der menschlichen Gemeinschaft mit.

Das Anerkennen des anderen Menschen erfordert ein sensibles Bewusstsein dafür, jedes einzelne Kind so zu sehen, wie es ist, und nicht, es auf das Bild festzulegen, das wir von ihm haben. Das gilt für die elementarpädagogische Bildung durch Bindung ganz besonders. Pflegt man diese Anerkennung des Kindes in seiner Würde und in seinem Menschsein nicht, dann kippt das pädagogische Beziehungsverhältnis in ein Gewaltverhältnis um und die Identitätsentwicklung des Kindes wird in vielfältiger Art und Weise gestört, ja zerstört.

Dieser ethisch fundierten situationsorientierten Erziehungs- und Bildungsaufgabe stellen sich die beiden Autoren. Sie laden die Leserin und den Leser zum Mitdenken und Reflektieren der eigenen Theorie und Praxis ein. Vor allem die elementarpädagogische Fachkraft, die eine inklusiver werdende

Kita, einen Ermöglichungsraum für alle Kinder anstrebt, möchte unser Buch auf dem Weg der persönlichen Qualifizierung begleiten. Ihre Qualifizierungsinitiative ist das grundlegende Merkmal der pädagogischen Professionalität, die berufliche Identität anstrebt und Eigeninteressen hinter die Bedürfnisse der Kinder stellt. Mit dieser offenen Haltung kann die Kita als Kompetenzzentrum für alle Kinder gestaltet werden und es kann sich eine kinderfreundliche Lebenswelt der Vielfalt und Menschlichkeit entwickeln.

1.2 Vorhaben

Die Achtung der Gefühle des anderen [ist] die beste Grundlage
für ein blühendes, glückliches Beziehungs- und Gefühlsleben
(Saramago, 2010, S. 212).

Zunehmend mehr Kinder mit Behinderung finden Aufnahme in der Kita. Damit steht die elementarpädagogische Bildungseinrichtung vor grundlegenden Veränderungen. Besonders die Qualifizierungsinitiative der Erzieherin und des Erziehers, ihre pädagogische Professionalisierung spielt bei diesem Veränderungsprozess eine Schlüsselrolle. Eine Erzieherin erzählt von ihrem inklusiven Bemühen in der Gruppe:

Die Unsicherheit im Umgang mit Behinderung, die man als Erwachsener hat, besteht bei den Kindern überhaupt nicht in der Form. Also die sind teilweise auch unsicher, die Großen fragen dann zum Beispiel sehr detailliert nach, was denn das Kind hat. Und dann finde ich es auch wichtig, ihnen eine detaillierte Antwort zu geben. Aber erstmals begegnen sie sich. Und die sind auch gar nicht so voreingenommen und nehmen auch nicht in übertriebenem Maße Rücksicht. Und wenn man gerade Rücksicht einfordert, dann passiert genau das Gegenteil. Dann wird eben hintenherum geärgert oder ausgegrenzt. Wenn man immer sagt, ‚Du musst den jetzt mitspielen lassen' oder: ‚Sei mal besonders lieb, weil es schon so schwer für das Kind ist. Es hat eine Behinderung', führt das eher zur Ausgrenzung. Das versuchen wir den Eltern, die das ihren Kindern sagen, immer auszureden. Das geht irgendwie nicht, das geht immer nach hinten los. Die müssen sich einfach kennenlernen (zit. n. Albers, 2011, S. 77).

Eine andere Erzieherin hat mit Anna ihre Probleme.

Anna ist unruhig. Sie kann nicht bei der Sache bleiben und schaukelt mit dem Stuhl, bis er umkippt. Oder sie steht beim Sport mit anderen Kindern stolz und glücklich auf der Bank. Nacheinander springen alle herunter, nur Anna bleibt oben stehen. Erschreckt und verwirrt blickt sie sich um. Was ist passiert? Warum steht sie plötzlich ganz allein auf der Bank? Gerade war sie doch noch zwischen den anderen Kindern. Hilflos blickt sie zur Erzieherin (Finger, 2010, S. 9).

Für das Verhalten, das Anna zeigt, gibt es viele Bezeichnungen. Man könnte es hyperaktiv nennen oder auch unter dem modernen Begriff der Autismus-Spektrum-Störungen einordnen. Und Félicie Affolter, eine Schülerin des großen Entwicklungspsychologen Jean Piaget, würde Sylvia als ein wahrnehmungsgestörtes Kind sehen. Entscheidend ist, wie die Erzieherin das Verhalten von Anna deutet. Durch ihre Wahrnehmung und Deutung schafft sie eine neue Wirklichkeit und verändert ihre Haltung zum Kind. Hinter Annas Verhalten verbirgt sich eine Botschaft, nämlich der Wunsch, mitzumachen und ihr Verhalten zu ändern. Anna steckt in einer dramatischen Beziehungsnot.

Eine Erzieherin, die diese Haltung pflegt, wird bemüht sein, mit dem Kind nach seinen eigenen Kraftquellen zu suchen, sein *Gutsein* zu entdecken, zu begleiten und zu fördern. Sie wird versuchen, das Verhalten des Kindes ...

- zu sich selbst,
- zur Gruppe und
- zum Lerngegenstand

... zu normalisieren und ihm ein gemeinsames Lernen zu ermöglichen.
Die beiden Beispiele zeigen uns: Beim situationsorientierten Begleiten inklusiver Prozesse handelt es sich um einen Prozess der persönlichen Qualifizierung. Bei diesem selbst organisierten Prozess ist die Qualifizierungsinitiative der pädagogischen Fachkräfte[1] ein wesentlicher Faktor. *Diese Initiative ist das zentrale Kennzeichen der pädagogischen Professionalität.* Sie steht im Fokus unseres Vorhabens.

---

1 Bei der Berufsbezeichnung wird in der Regel die für den Elementarbereich zutreffende weibliche Form Erzieherin gebraucht. Wenn es geboten erscheint, wird auch vom Erzieher gesprochen. Da auch Pflegekräfte, Heilpädagoginnen oder Sozialpädagoginnen bei ihrer unmittelbaren Arbeit dem Kind und seiner Entwicklung dienen wollen, sind sie im Grunde erzieherisch und bildend tätig. Aber auch Therapeutinnen wollen dem Kind und seiner Entwicklung dienen, denn sie sind bestrebt, beim Kind mit Behinderung oder Entwicklungsgefährdung körperliche und seelisch-geistige Strukturen anzuregen und aufzubauen. Eine Grenzziehung zwischen erzieherischen und therapeutischen Methoden ist in der praktischen Arbeit nicht sinnvoll. Das Gegenteil sollte die Regel sein: Methoden der Erziehung und Methoden der Therapie sollten einander ergänzen und sich wechselseitig vertiefen. Diese „therapeutische Erziehung" (Klein/Neuhauser 2006) will dem Kind und seiner ganzheitlichen Entwicklung dienen.

- Ist die elementarpädagogische Fachkraft bereit, sich durch das unerwartete Verhalten von Kindern mit Behinderung stören zu lassen, statt die Kinder an die eigenen Vorstellungen anzupassen?
- Ist sie bereit, bei ihrem Handeln mit dem zentralen pädagogischen Merkmal der Ungewissheit umzugehen und ihr Handeln immer wieder erneut infrage stellen zu lassen?
- Ist sie bereit, sich konstruktiv auf Veränderungen einzulassen und in ihrer Einrichtung eine inklusiver werdende Lernkultur zu pflegen?
- Wird sie das weiterentwickeln, was Kinder mit Behinderung in ihrer Entwicklung stützt und ihnen eine gleichberechtigte Teilhabe in der Kita ermöglicht?
- Wird es ihr möglich sein, das zu verändern oder gar zu überwinden, was die Kinder mit Behinderung „durch gesellschaftliche Einstellungen und deren Handlungsfolgen in ihrer Entwicklung und sozialen Teilhabe behindert" (Haupt, 2011, S. 285)?

Neben diesen Bildungsfragen, die von der professionellen Haltung und Einstellung der pädagogischen Fachkraft nicht zu trennen sind, geht es der inklusiven Elementarpädagogik vor allem auch um strukturelle Rahmenbedingungen beim Abbau von Bildungsbenachteiligung, um jedem Kind, unabhängig von Sprache und Herkunft, das Recht einzuräumen, sich aktiv in die Lerngemeinschaft einzubringen. Es geht bei dem hier erforderlichen Wandel zur positiven Lernkultur in der entwicklungsoffenen Kita auch um Trägerentscheidungen und das Leitungshandeln. Von diesen Entscheidungen und Handlungen hängt es wesentlich ab, wie sich die Partizipations- und Kommunikationsstrukturen in der „KiTa als lernende Organisation" (Ebert, 2011) auf die Lernprozesse der Kinder, der pädagogischen und therapeutischen Fachkräfte und auf die Zusammenarbeit mit den Eltern auswirken. Aus diesen vielschichtigen Fragen greifen wir, um es zu wiederholen, *die Qualifizierungsinitiative der Fachkraft, ihre pädagogische Professionalisierung*, heraus.

Es soll aber auch deutlich werden, dass die mit der UN-Kinderrechtskonvention und der UN-Behindertenrechtskonvention erforderliche Anpassungsleistung des Systems an die Voraussetzungen, an die Bedürfnisse und den Bedarf aller Kinder eine Herausforderung an Kostenträger und Leistungserbringer sowie an die Kita-Leitung – an das professionelle Leitungsmanagement – ist.

Unser Verständnis von Inklusion soll deutlich hervortreten. Ihm ist ein Menschenbild eigen, dem die Idee der Gleichwertigkeit aller Menschen ein Herzensanliegen ist. Das ist unser anthropologisches Fundament. Dieses Fundament war in den Anfängen der Geschichte der Erziehung gegenwärtig: Wir vertreten eine eindeutige und unabweisbare Menschen-verbindende-Position, die das in den wissenschaftlichen Diskursen beklagte anthropologische Niemandsland mit seinem babylonischen Inklusionsbegriff überwindet (vgl. Giese, 2011).

1.3 Einleitende Impulse

Im Grunde sind es immer die Verbindungen mit Menschen,
die dem Leben seinen Wert geben.
Wilhelm von Humboldt

Elementarpädagogik bewegt sich zur inklusiven Pädagogik

Neue Erfahrungen und Erkenntnisse in Wissenschaft, Lebenspraxis und Politik fordern zum Überdenken alter Positionen heraus. Wenn es die Elementarpädagogik schafft selbst in Bewegung zu bleiben, sich weiter zur inklusiven Pädagogik zu entwickeln und alte Strukturen in neue inklusionsorientierte zu wandeln, dann hat die elementarpädagogische Fachkraft auch das Bedürfnis, sich und andere an diesem spannenden und interessanten Entwicklungsprozess zu beteiligen. Damit ist eine entscheidende Grundlage für eine professionell gestaltete Innenqualität sowie eine qualifizierte und einladende Öffentlichkeitsarbeit gelegt, getreu dem Motto: „Wer sich nicht bewegt, kann auch nichts bewegen." Oder noch genauer formuliert: „Tue Gutes und Rechtes und bringe das Gute und Menschengerechte authentisch in die Außenwelt – und trotze dadurch den Widerständen mit der Kraft des Herzens" (Krenz, 2011, S. 222) oder der „Trotzmacht des Geistes", von der Viktor Frankl, der Begründer der Existenzanalyse und Logotherapie, spricht.

Das Machen der Entwicklung schreitet voran

Nahezu täglich werden wir mit Tipps zur frühen Förderung zugemüllt. So wird schon mit Kindern in Kliniken gleich am Tag nach der Geburt ein Hörprogramm, ein sogenanntes *Easy Listening-Programm* durchgeführt, mit dem die eben geborenen Erdenbürger „stressresistent, kommunikativ und globalisierungskompetent" gemacht werden sollen (Süddeutsche Zeitung vom 16./17. Oktober 2010). *Das Machen der Entwicklung des Kindes* ist weiter auf dem Vormarsch. Auch auf dem Gebiet der inklusiven Erziehung und Bildung in der Kita scheinen viele genau zu wissen, wie man sie macht. Auf was ist jenseits des Machens und Bewerkstelligens in der frühen Erziehung und Bildung zu achten?

Vom Erfolg des Machens zum Erfolg des Seins

Die elementarpädagogische Fachliteratur zur inklusiven Kita-Arbeit sieht vor allem die kognitive Förderung und vernachlässigt die ihr zugrunde liegenden basalen Aspekte der frühen gemeinsamen Erziehung und Bildung. Fördererergebnisse kann man feststellen. Die Leistungen lassen sich messen. Und man ist mit dem Ergebnis zufrieden. Man hat Erfolg. Aber um welchen Preis? Geht man damit nicht am bedürfnisgerechten Leben und Lernen des einzelnen Menschen wie der menschlichen Gemeinschaft vorbei? Bewegt man sich dadurch nicht in der Erziehung schon ganz aus dem Sein-Modus in den Haben-Modus, was zu Gefährdungen des Einzelnen wie der Gesellschaft führt (vgl. Fromm, 1976)?

Nach unseren Erkenntnissen und Erfahrungen ist jeder Mensch für seine körperlich-seelisch-geistige gesunde Entwicklung auf ein Leben und Lernen im Seins-Modus angewiesen – ganz besonders im frühen Alter: Eine frühe gemeinsame Erziehung und Bildung, die das Sein des einzelnen Kindes, sein Grundbedürfnis nach Liebe und Achtung, Vertrauen und Sicherheit, Neugierde und Interesse aus vollem Herzen *Wert schätzt*, bedarf einer akzeptierenden Haltung, die ihre Aufmerksamkeit auf den zwischenmenschlichen Erziehungs- und Bildungsraum, auf Bindung und Beziehung lenkt.

Der Kindheit zu ihrem Recht verhelfen

Diese Forderung begründen Therapeuten, Psychologen und Psychiater, die in ihren Praxen mit einer Vielzahl von kindlichen Entwicklungsproblemen konfrontiert werden. So spricht der Pädagoge und Therapeut Wolfgang Bergmann vom „alltäglichen Förderwahn in der Erziehung" (Bergmann, 2011). Er zeigt, wie Eltern ihrem Kind von Anfang an eine optimale Ausgangsposition verschaffen wollen und durch ihre Forderungen die Entwicklung des Kindes in lebensbedeutsamen Dimensionen stören und ihm die Kindheit rauben.

Ebenso müssen wir die alarmierenden Befunde der vierfachen Mutter, der systemischen Familienberaterin Felicitas Römer, *Arme Superkinder. Wie unsere Kinder der Wirtschaft geopfert werden* (Römer, 2011), sehr ernst nehmen. Schon viele kleine Kinder leiden unter dem von außen zunehmend stärker einwirkenden Leistungsdruck – und ihre Seelen zerbrechen oder drohen zu zerbrechen. Ihr Recht auf ihre Kindheit, ihr Recht Kind-sein-zu-Wollen, droht der Machbarkeit zu weichen oder ist bereits gewichen.

Das lehren auch Kinderärzte, Kinderpsychiater und -neurologen (vgl. Neuhäuser, 2010; Winterhoff, 2009/2010; Winterhoff/Tergast 2011). Sie weisen gerade die frühe Pädagogik auf die seelische Not der Kinder hin und fordern eine einfühlsame Begleitung und Führung des Kindes, die ihm seine Kindheit wiedergibt. Kleine Seelen haben große Sorgen (vgl. Glöckler, 2003). Sie brauchen für ein glückliches Leben Seelenproviant (vgl. Krenz, 2009).

Seelenproviant zum Leben erwecken und begleiten

Wie dieser Seelenproviant zum Leben erweckt werden kann, das beschreibt Helen Keller, die – kaum zwei Jahre alt – ihr Augenlicht und ihr Gehör verlor. Ihre Erzieherin Anne Sullivan kämpfte um das Wohl des Kindes und scheute bei der tagtäglichen harten Arbeit keine Mühe, Helen zum Sprechen zu bewegen. Sie hielt dem inzwischen achtjährigen Mädchen die Hand unter den kühlen Wasserstrom und schrieb ihr mit dem Finger das Wort „water" in die Hand. Helen Keller schreibt in ihren Lebenserinnerungen:

Ich stand still, mit gespannter Aufmerksamkeit die Bewegung ihrer Finger verfolgend. Mit einem Mal durchzuckte mich eine nebelhafte Erinnerung, ein Blitz des zurückkehrenden Denkens – und das Geheimnis der Sprache lag plötzlich offen vor mir. Ich wusste jetzt, dass ‚water' jenes wundervolle, kühle Etwas bedeutete, das über meine Hand strömte. Dieses lebendige Wort erweckte meine Seele zum Leben, spendete ihr Licht, Hoffnung, Freude, befreite sie von ihren Fesseln! (Keller, 1994, S. 32)

Wie dieser Seelenproviant gelebt werden kann, das schildert der brasilianische Schriftsteller Paulo Coelho in seiner kleinen Geschichte *Von der Hektik und der langsamen Seele*:

Ein weißer Afrika-Forscher konnte es nicht erwarten, endlich ins Landesinnere vorzustoßen. Um früher an sein Ziel zu gelangen, zahlte er seinen Trägern ein zusätzliches Gehalt, damit sie schneller gehen. Und über mehrere Tage lang legten die Träger ein schnelleres Tempo vor. Eines Abends jedoch setzten sich alle auf den Boden, legten ihre Bündel ab und weigerten sich weiter zu gehen. Soviel Geld er ihnen auch anbot, die Träger rührten sich nicht von der Stelle. Als der Forscher sie schließlich nach dem Grund ihres Verhaltens fragte, erhielt er folgende Antwort. ‚Wir sind so schnell gegangen, dass wir nicht mehr recht wissen, was wir tun. Darum warten wir, bis unsere Seele uns eingeholt hat.' (Coelho, 2003, ID 6)

Die Seele des Kindes braucht Zeit und einladende Bildungsräume

Kindheit darf nicht zum frühen Erwachsenenalter beschleunigt werden und der Kindergarten darf nicht zur outputorientierten, kognitiven Förderstätte degenerieren. Die Seele des Kindes braucht Zeit und einladende Lebens- und

Lernräume. In diesen Räumen will sich das Kind wohlfühlen, wachsen, groß und stark werden.

Jedes Kind sucht seinen eigenen Weg. Und es hat ein ursprüngliches Bedürfnis, den Erwachsenen, dem es vertrauen kann, danach zu fragen. Es will mit seinen Lebens-, Lern- und Spielbegleitern sein Kindsein leben und in das gemeinsame Leben und Lernen hineinwachsen. Darum bittet es die vertrauten Erzieher und Begleiter. Diese anthropologischen und pädagogischen Einsichten, die bereits Maria Montessori erkannte, stehen im Einklang mit neurobiologischen und systemtheoretischen Erkenntnissen (vgl. Klein, 2010, Krenz, 2011, Lutz/Knauf, 2009).

Sisyphusarbeit

Der Weg des Hörens auf die Stimme des einzelnen Kindes und das Aufspüren seiner Bedürfnisse kann für die elementarpädagogische Fachkraft, die sich um Inklusion bemüht, der Weg des Sisyphus sein. Denn es geht um das Anerkennen und Wahrnehmen der Behinderung, Krankheit oder Lebenserschwernisse als Teil der menschlichen Normalität. Erst dadurch kann sich der andere Mensch als wirklich zugehöriger Mensch erleben und verstehen lernen.

Viele gelungene Praxisbeispiele liefern die besten Argumente dafür, dass eine gemeinsame Erziehung und Bildung von Kindern in der Kita die Bildungschancen aller Kinder stärkt. Und wenn Inklusion nicht wirklichkeitsfremd propagiert, sondern in Einrichtungen gelebt wird, strahlt dies auf viele andere Bereiche des Zusammenlebens aus und Inklusion kann zur selbstverständlichen Grundhaltung einer Gesellschaft werden, die ihren Reichtum aus der Vielfalt des menschlichen Miteinanders schöpft.

Inklusion ist also durch Menschen in der Praxis zu erobern. Sie darf sich nicht an einer wirklichkeitsfremden Ideologie orientieren (vgl. Speck, 2011) und sie kann im demokratisch verfassten Gesellschaftssystem von *oben* nicht verordnet werden.

Machen wir uns deshalb auf den Weg des Sisyphus. Sisyphus war der griechischen Sage nach dazu verurteilt, einen Felsbrocken einen steilen Berg hinauf zu wälzen, von wo er immer kurz vor dem Gipfel wieder herunterrollte. Aber am Ende seines schwierigen Weges ist er ein glücklicher Mensch geworden. Er sieht die unaufhebbare Diskrepanz zwischen der Wirklichkeit, wie sie ist, und der Wirklichkeit, wie sie sein soll. Noch mehr: Er bejaht sein Handeln und kann in dieser trotzigen Vergeblichkeit eine Art Würde, ja Glück erleben.

Dieses Erleben wird möglich, wenn es sich nicht mit der Hoffnung verbindet, dass sich Widersprüche harmonisieren lassen. Aber wenn wir die Widersprüche aushalten und sogar als Chance für die professionelle Entwicklung begreifen und dabei die Gefühle des anderen achten, dann können wir bei der gestalteten Beziehungsarbeit jenes Glück erleben, von dem der portugiesischen Schriftsteller, Sozialreformer und Nobelpreisträger José Saramago spricht: „Die Achtung der Gefühle des anderen [ist] die beste Grundlage für ein blühendes, glückliches Beziehungs- und Gefühlsleben" (Saramago, 2010, S. 212).

Die Kita ist auf dem Weg zur Demokratie als Lebensform

Die Idee der Inklusion setzt die Kita in Bewegung. Stillstehende und sich nicht bewegende Systeme – das lehrt das systemische Denken – erzeugen Konflikte, Frustrationen und auch Pathologien. Soziale Systeme sind auf Veränderungen angewiesen, um ihre Aufgaben in einer sich fortwährend wandelnden Welt zu erfüllen. Demokratie als Lebensform ist gefragt.

In seinem grundlegenden Werk der Reformpädagogik *Demokratie und Erziehung* beschreibt der amerikanische Sozialwissenschaftler und Pädagoge John Dewey die Demokratie als eine Lebensform und keinesfalls nur als Regierungsform. Er sieht Erziehung und Demokratie als Formen gemeinsamer Erfahrungen, die Lehrende und Lernende in der Schule und in allen anderen Bildungsinstitutionen aller Lebensalter miteinander teilen. Hier wird, nun bezogen auf die Kita-Arbeit, das Lernen in die gemeinsamen Erfahrungen von elementarpädagogischen Fachkräften, Eltern und Kindern und auch Trägern der Einrichtung integriert. Dadurch wird Demokratie gestärkt, weil die Intentionen und Prinzipien der Arbeit von allen, die in Frage kommen, mit-gestaltet und mit-verantwortet werden (Dewey, 2000, S. 196).

Diese miteinander geteilten Erfahrungen sehen wir als ein Modell für die Demokratie in modernen Gesellschaften. Hier werden Kindergärten und alle anderen Bildungseinrichtungen als Orte gesellschaftlicher Reproduktion überwunden und als Orte gesellschaftlicher Transformation erkannt. Dieses demokratische Modell, das sei am Rande erwähnt, hat die Inklusionsforschung noch nicht hinreichend erkannt. Sie blendet weitgehend konkretes Denken aus: Ein Denken über miteinander geteilte Erfahrungen von Kindern und Erwachsenen.

Demokratie als Lebensform benötigt ein konkretes Denken

Der Neuropsychologe Oliver Sacks gibt in seinem Buch *Der Mann, der seine Frau mit einem Hut verwechselt* ein anschauliches Beispiel: Dem Mann Dr. P., ein renommierter Musikwissenschafter, fehlte das einfühlende Erkenntnisvermögen. Er ging an Menschen so heran, als handle es sich um abstrakte Puzzles. Er schaute sie nicht an, er setzte sich mit ihnen nicht in Beziehung. „Kein Gesicht war ihm vertraut, kein einziges war für ihn ein ‚Du'" (Sacks, 1992, S. 29).

Dr. P. verfügte über eine formale Gnosis, aber über keine personale, er sah schematische Strukturen und konnte das Wesentliche nicht erfassen. Sein Wahrnehmen entbehrte der Emotionalität, der imaginativen und initiativen Urteilskraft. Er war fähig kognitive Hypothesen zu formulieren, jedoch nicht kognitive Urteile zu bilden, also Urteile, die intuitiv, persönlich und auf etwas Konkretes und Lebendiges bezogen waren. Er war blind für die Sprache des anderen Menschen. Diese Blindheit kann aber kein Fundament für das Erkennen und Bewusstmachen von Lebens- und Lernzusammenhängen in der Kita-Arbeit sein.

Konkretes Denken bezieht sich eben auf Zusammenhänge des Lebens. Es geht nicht ins Leere, sondern hat sprachlich erlebte Gehalte im Sinn. Durch erlebte Gehalte kommt die Erzieherin zum gegenständlichen Erkennen, das Goethe als das reifste Denken bezeichnet, weil hier das Interesse aus dem Gegenstand heraus das methodische Denken bewegt. Bei dieser Erkenntnisart ist der Erkennende als Person einbezogen. Er hat konkrete Entscheidung zu treffen und für sich sowie für den anderen Menschen zu verantworten.

Konkretes Denken hat Bindung im Sinn und lädt zum Dialog ein

Wir sind bei der Darstellung unserer Gedanken um einen dreifachen Kontakt bemüht: Um Kontakt mit uns selbst, mit Ihnen, liebe Leserinnen und Leser, sowie mit dem Inhalt. Wir fühlen uns dem konkreten lebensbezogenen Denken verpflichtet. Wie das gemeint ist, das zeigt die folgende Abbildung.

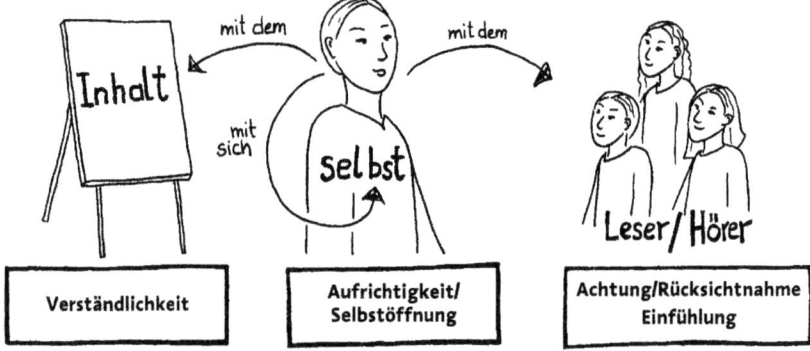

Abbildung 1: Langer/Schulz von Thun/Tausch, 2011, S. 164

Sie stammt von drei bekannten Hamburger Psychologen, Inghard Langer, Friedemann Schulz von Thun und Reinhard Tausch (vgl. Langer/Schulz von Thun/Tausch, 2011, S. 164) und geht auf den amerikanischen Psychotherapeuten Carl Rogers zurück. Rogers erkannte drei Haltungsmomente, die für eine gute Bindungs- und Beziehungsgestaltung charakteristisch sind, die eigenen Ressourcen und die Ressourcen des Lesers und der Leserin fördern. Rogers nannte sie personenzentriert:

- Achtung/Rücksichtnahme auf den anderen
- Einfühlung in die seelische Welt des anderen
- Aufrichtigkeit, Klärung eigener Gedanken, eigener Gefühle und Selbstöffnung gegenüber anderen.

Die drei Haltungsmomente sind grundlegend für jede Situation, in der Menschen einander begegnen und sich miteinander austauschen. Sie charakterisieren die gute Bindungs- und Beziehungssituation in der Demokratie als Lebensform. Sie sind das Fundament der situationsgerechten Erziehung, der Erziehung also, die das Gute und Gerechte anstrebt.

Diese Lebensform gleicht einer Gratwanderung, denn die von außen auf den Menschen zukommenden Anforderungen können ihn aus seiner Mitte vertreiben und seine Beziehungsfähigkeit so tief greifend stören, dass er am Ende nur noch funktioniert. Das zeigt das folgende Beispiel.

Wie der Mensch aus seiner Mitte vertrieben wird und wie er sie wieder finden kann

Das Funktionieren wurde der Kommunikations- und Politikwissenschaftlerin Miriam Meckel zum Verhängnis, die sich wegen eines Burnout in stationäre Behandlung begeben musste. Hier wurden ihr die Grenzen ihrer Leistungsfähigkeit bewusst, nachdem sie 15 Jahre in der Perfektions- und Wichtigkeitsfalle herumgetappt war. Fremdbestimmung, Konkurrenz, Zwänge und Misserfolge führten bei ihr zu einem Funktionieren und sie konnte nicht mehr aus ihrer Krankheit herausfinden. Sie hatte ihre Souveränität über das eigene Leben verloren, sehnte sich nach einem nichtentfremdeten Dasein und nach haltgebenden Bindungen und sozialen Beziehungen (Meckel, 2010). Miriam Meckel hatte versäumt, die eigentliche Frage nach sich selbst und nach dem anderen Menschen sowie nach sinnstiftender Lebensorientierung zu stellen. Lebenssinn ist nicht verhandelbar.

> Auf diesen drohenden Verlust der eigenen Identität antwortet die Person und das Wirken des polnischen Arztes, Pädagogen und Schriftstellers Janusz Korczak (1878–1942), dessen Werk politisch und pädagogisch gleichermaßen bedeutsam ist (siehe das folgende Kapitel): Die Kinder lehrten ihn den Weg, zum Menschlichen zu finden. Seine Verzweiflung über das, was Menschen einander zufügen können, führte ihn zur gelebten Empathie – ohne Selbstmitleid. Korczak hatten Misserfolge nicht demoralisiert und er hatte sich nicht dem Diktat von außen untergeordnet. Er hatte nicht so funktioniert, wie es die Machtbesessenen vorgeschrieben haben. Sein Widerstandsgeist erkannte, dass die wahre Kraft aus erlebtem Schmerz emporsteigt (vgl. Gruen, 2003). Korczak sagte: „Von jemandem verlangen, fertige Gedanken zu liefern, das ist genau so, als machtest du einer fremden Frau den Vorschlag, dein eigenes Kind zur Welt zu bringen. Es gibt Gedanken, die man unter Schmerzen selbst gebären muss, und das sind die kostbarsten"(Korczak, 1996, S. 11). Darauf weist nun der abschließende Abschnitt hin, der für die inklusiver werdende Kita höchst bedeutsame Impulse gibt.

Von der Selbstverwaltung der Kinder zu den Parlamenten der Welt

Die Rezeption der tief im religiösen Humanismus verankerten einzigartigen Pädagogik des Janusz Korczak zeigt, dass er die Alltagspraxis nie aus den Augen verloren hat. Er behält eine realistische Sicht auf die Charaktere seiner Waisenkinder, sieht ihre Fehler und Schwächen und darüber hinaus sieht er ihren unversehrten menschlichen Kern, auf den sich seine achtsame Haltung konzentriert. Mit dieser empathischen und wertschätzenden Haltung gestalten er und seine Mitarbeiterinnen eine *fröhliche Pädagogik*. In dieser Atmosphäre fühlen sich die Kinder eingeladen, das Gute und Rechte zu tun, sich selbst zu korrigieren und sich zur authentischen Persönlichkeit zu entwickeln.

Korczaks Streben nach Achtung der Würde und Freiheit des anderen Menschen ist der pädagogischen Fachkraft als unvergänglicher Wert aufgegeben. Sein elementares Interesse am Menschen kann der Ausgangspunkt weitreichender Einsichten sein – nicht nur zum Thema Pädagogik, sondern auch zur Frage der Bedingung des Menschseins und der Zukunft des Menschen. Seine Pädagogik der Achtung für das „Proletariat auf kleinen Füßen" war seine Politik. Er achtete den Menschen im Prozess des Werdens, der in den wechselnden Situationen der Lebenswirklichkeit immer wieder neu zu verstehen ist.

Seine Pädagogik der Achtung und des Verstehens sagt auch, dass wir keine endgültigen Antworten auf pädagogische Fragen erwarten dürfen. Er überlässt seinen Mitarbeitern, seinen Lesern und Hörern und seinen Interpreten die eigene Entscheidung, die sie dann auch zu verantworten haben.

Korczak war davon überzeugt, dass durch eine situationsgerechte Erziehung, die den jungen Menschen wirklich achtet und versteht, die Welt zum Guten und Gerechten gewandelt werden kann.

Diese Überzeugung lebte er bis zuletzt mit seinen Kindern: Er pflegte mit ihnen „eine Gemeinschaft, ein Modell der kleinen Polis" (vgl. Sobecki, 2008, S. 276), ein Modell einer sich selbst regulierenden Lebens- und Lerngemeinschaft, die den Erwachsenen und jungen Menschen inmitten „zunehmender Systemzwänge zur Selbstbestimmung führt" (Hentig, 2008, S. 106).

Korczak sprach in seinem umfangreichen Werk von der Selbstverwaltung der Kinder zu den Parlamenten der Welt (vgl. Korczak, 1978a, S. 353 ff.; Korczak, 1979, S. 78 ff.): Er beteiligte junge Menschen mit und ohne Behinderung an der Lösung der täglichen Probleme des Lebens und traute ihnen die Mitverantwortung für ihre Erziehung und ihr Lernen zu. Er hat der alten Sehnsucht des Menschen nach einer neuen Ordnung zwischen den Generationen und nach einem friedlichen Zusammenleben der Menschen jeglicher Art und Herkunft eine bis heute wirkende Chance gegeben.

2. Kinder- und Menschenrechte

2.1 UN-Kinderrechtskonvention und die Korczak-Pädagogik

Aufrecht stehend, stelle ich meine Forderung,
denn ich verlange nichts für mich:
Gib den Kindern einen guten Willen,
unterstütze ihre Anstrengungen, segne ihre Mühen.
Führe sie nicht den leichtesten Weg, aber den schönsten
(Korczak, 1980, S. 45).

Zwischen den Kinderrechten Janusz Korczaks und der UN-Kinderrechtskonvention besteht eine enge Verbindung. Das wurde beim internationalen Seminar deutlich, das in Genf in der Botschaft der Republik Polen am 9. Juni 2009 zum Thema *Der polnisch-jüdische Pionier für Kinderrechte Janusz Korczak (1878–1942) und die heutige Kinderrechtskonvention als ein internationales Gesetz* stattfand. Korczaks Achtung des Kindes, sein Respekt und Vertrauen gegenüber dem Kind standen im Fokus der Vorträge und Diskussionen in den Arbeitsgruppen. Hier zeigten z. B. Teilnehmer aus Israel den Wandel in der institutionellen Bildungskonzeption auf, der sich durch eine Atmosphäre der respektvollen Zusammenarbeit und der Lernfreude zwischen Pädagogen, Kindern, Eltern und Verwaltung entwickelte: Es werden Korczaks Grundrechte des Kindes, die er in seinen Waisenhäusern entwickelt und erprobt hatte, unter den jeweils gegebenen Bedingungen zum Wohle des Kindes gewandelt, das als Subjekt in seiner conditio humana bedingungslos zu achten ist. Korczaks Bild vom Kind war von Gleichwertigkeit und Achtung geprägt. Für ihn wird „das Kind nicht erst ein Mensch, es ist schon einer". Mit diesem Bild vom Kind eilte er seiner Zeit weit voraus.

In ihrer verdienstvollen Studie zur Perspektivenverschränkung zwischen der UN-Kinderrechtskonvention und der Korczak-Pädagogik zeigt Waltraut Kerber-Ganse wie das Bewusstsein der Würde (dignitas) des Menschen durch Jahrtausende in den verschiedenen Kulturen gewachsen ist (Kerber-Ganse, 2009). Erinnert sei an die

- Gottebenbildlichkeit des Menschen in biblischen Texten (Genesis 1.27),
- amerikanische *Bill of Virgina* von 1776,
- von der französischen Nationalversammlung 1789 verabschiedete *Erklärung der Menschen- und Bürgerrechte*,
- *Allgemeine Erklärung der Menschenrechte der UNO* (1948),
- *Genfer Erklärung (Geneva Declaration) der Schutzverpflichtung der Erwachsenen gegenüber den Kindern* (1924) und
- *UN-Deklaration über die Rechte des Kindes* (1959). In dieser Erklärung werden erstmals Kinder als Träger von Rechten bezeichnet.

Und am 20. November 1989 wurde in der 44. Vollversammlung der Vereinten Nationen in New York das *Übereinkommen über die Rechte des Kindes* (UN-Kinderrechtskonvention) einstimmig verabschiedet, das bis heute von 193 Staaten angenommen wurde. Damit erhält jeder Mensch auf dieser Welt unter 18 Jahren verbriefte Menschenrechte, wobei das Übereinkommen in einem einzigen Vertragswerk ökonomische, soziale, kulturelle, zivile und politische Rechte zusammenführt. „Die in den 54 Artikeln dargelegten, völkerrechtlich verbindlichen Mindeststandards haben zum Ziel, weltweit die Würde, das Überleben und die Entwicklung von Kindern ... und damit von mehr als der Hälfte der Weltbevölkerung sicherzustellen" (Maywald, 2011, S. 7).

Die Konvention ist das Ergebnis eines jahrhundertelangen Entwicklungsprozesses und hängt eng mit dem Wandel des Bildes vom Kind zusammen, das noch in der Antike nicht als vollwertiger Mensch gesehen worden ist. Noch im römischen Recht bestimmte der Vater, ob ein neu geborenes Kind anzunehmen oder dem Tod auszusetzen ist. Erst mit der Ausbreitung des Christentums und vor allem im Zuge der Aufklärung wandelte sich das Bild vom Kind erneut. Dem Kind wurde ein eigenständiges Lebensrecht zuerkannt, das der besonderen Fürsorge bedarf. Die Kindheit als Lebensabschnitt mit eigenen Bedürfnissen ist eine „Erfindung der Moderne" (Ariès, 1978).

Die UN-Kinderrechtskonvention hat Deutschland 1992 – mit Vorbehalten, die vor allem das Asyl- und Ausländerrecht betrafen – ratifiziert. Erst am 15. Juli 2010 erklärte die Bundesregierung gegenüber dem Generalsekretär der Vereinten Nationen, dass sie die Vorbehalte zurücknimmt. Damit gilt die Konvention vorbehaltlos für alle in Deutschland lebenden Kinder: Sie ist für alle Kinder, für ausländische ebenso wie für sozial benachteiligte und behinderte Kinder, in geltendes Recht zu wandeln.

Die UN-Kinderrechtskonvention hält die Verantwortlichkeit der internationalen Staatengemeinschaft gegenüber allen Kindern in aller Welt eindeutig fest. Sie konzentriert sich auf die Achtung eines jeden Kindes, das ernst zu nehmen und in seiner Würde zu achten ist. Sie ist der Grundstein für eine kinderfreundlichere Welt.

Ihr Ausgangspunkt ist die Anerkennung des Kindes als Träger eigener Rechte. Eltern und Staat übernehmen die Verantwortung für die Realisierung dieser Rechte. Die Konvention schreibt ein Diskriminierungsverbot jeglicher Art fest und betont den Vorrang des Kindeswohls (Best Interests oft the Child). Danach ist bei allen Maßnahmen im Bereich der Gesetze, Verordnungen und Verwaltungen in öffentlichen oder privaten Einrichtungen vorrangig das Wohl des Kindes in den unterschiedlichen Lebenssituationen und Lebensbereichen zu achten. Die Konvention unterscheidet:

- Schutzrechte (z. B. das Recht auf Schutz vor körperlicher und seelischer Gewaltanwendung sowie der Privatsphäre),
- Förderrechte (z. B. das Recht auf Gesundheitsvorsorge, auf angemessene Lebens- und Lernbedingungen, auf Spiel und Bildung) und
- Beteiligungsrechte (z. B. das Recht auf Beteiligung an allen das Kind betreffenden Entscheidungen, auf freie Meinungsäußerung, auf Gedanken- und Gewissensfreiheit). Das Beteiligungsrecht ist nicht an ein Alter gebunden. „Es gilt ohne jede Diskriminierung für alle Kinder. Besondere Herausforderungen ergeben sich im Falle junger, der Sprache noch nicht mächtiger Kinder sowie bei Kindern mit besonderen Bedürfnissen, z. B. aufgrund von Krankheit, Behinderung, Migration oder Gewalterfahrung" (Maywald, 2011, S. 19). Bei diesen Kindern sind vor allem Empathie und eine akzeptierende Haltung der Erwachsenen notwendig, um sie an den sie betreffenden Entscheidungen zu beteiligen, indem ihre Sichtweise dem Stand ihrer geistigen Entwicklung angemessen berücksichtigt wird. Diese Partizipation trägt dazu bei, dass ihre Selbstwirksamkeit und ihr Selbstwertgefühl gestärkt und ihr soziales Bewusstsein gefördert werden.

Zusammenfassend kann gesagt werden: die Konvention verlangt vor allem, dass

- jede Form der Diskriminierung eines Kindes verboten ist;
- alle Maßnahmen zum Wohle des Kindes ausgerichtet sein müssen;
- Kinder ein Recht auf personale Identität haben;
- jedes Kind das Recht hat, sich seine eigene Meinung zu bilden und diese frei äußern darf;
- jedes Kind ein Recht auf Gedanken-, Gewissens- und Religionsfreiheit besitzt;
- jedes Kind vor jeder Form körperlicher oder geistiger Gewaltanwendung, Schadenszufügung oder Misshandlung, vor schlechter Behandlung oder Ausbeutung geschützt werden muss (Gewaltfreiheit);
- jedes Kind ein Recht auf Bildung hat. Diese Bildung muss darauf ausgerichtet sein, die Persönlichkeit, die Begabung und die geistigen sowie körperlichen Fähigkeiten voll zur Entfaltung zu bringen sowie auf ein verantwortungsbewusstes Leben

in freier Gemeinschaft im Geist der Verständigung, des Friedens und der Gleichberechtigung der Geschlechter vorzubereiten;
- jedes Kind ein Recht auf Ruhe und Genesung hat;
- jedes Kind ein Recht auf Freizeit (ohne Verplanungen) hat;
- jedes Kind ein Recht auf die Vielfalt des Spiels hat (vgl. Krenz, 2011, S. 82).

Die Rechtskonvention versteht das Kind als Träger eigener Rechte. Dieses Menschenrechtsverständnis denkt und handelt vom Kinde her für sein Wohl. Zum einen respektiert es das Kind als Subjekt oder Akteur seiner Entwicklung, achtet es seine Grundbedürfnisse, seine Individualität und Sozialität, und zum anderen begleitet es seinen Willen zur Eigenaktivität (Selbsttätigkeit), sein Selbstwirksamwerden sowie sein sich entwickelndes Verantwortungsbewusstsein für das eigene Recht und das Recht des anderen Kindes (Menschen) sowie seine wachsende Selbstbestimmung. Häufig wird der auf den Kinderrechten basierenden Pädagogik vom Kinde aus und für das Kind entgegengehalten, sie vernachlässige die Pflichten des Kindes, was aber auf einem Missverständnis beruht, denn das Gegenteil von Recht ist Unrecht (vgl. Maywald, 2011, S. 17).

Die in der UN-Kinderrechtskonvention formulierten Gedanken hat Janusz Korczak zu Beginn der 1920er Jahre beeinflusst. Er proklamierte das Recht des Kindes auf Achtung seiner Persönlichkeit als Grundlage aller Kinderrechte. Seine Menschenwürde ist unbedingt zu achten. Korczak inspirierte viele Menschen in Politik und Gesellschaft, Wissenschaft und Praxis. Er wird mit seinem „menschenrechtlichen Denken" als Pionier der Kinderrechte charakterisiert (vgl. Kerber-Ganse, 2009, S. 39 ff.). Sein Beispiel lehrt, wie die Menschenwürde durch eine ganzheitliche Bildung, die sich aus der Vernetzung der Schutz-, Förder- und Beteiligungsrecht ergibt, zu achten ist. Das soll nun in einigen Bildern gezeigt werden, die wie ein Puzzle zusammengefügt das Ganze seiner menschengerechten Pädagogik ergeben.

Wir erinnern an den Gedankenzyklus *Inmitten weiter Ferne. Janusz Korczaks Weg ins Licht* von Siegfried Steiger, dem Begründer des Experimentellen Theaters am Günzburger Gymnasium und erstem Vorsitzenden der 1977 gegründeten Deutschen Korczak-Gesellschaft. Wir lesen, hören und lernen, wie junge Menschen die Botschaft aus dem Warschauer Getto künstlerisch gestalten:

Wer die Hand gegen ein Kind erhebt,
zerstört sein eigenes Gesicht,
verkommt zur Fratze des Hasses. [...]
Wo die Fratzen des Hasses herrschen,
hat das Lachen der Kinder keine Zukunft mehr. [...]
Wo Kinderaugen zerbrechen, werden die Tage zur Nacht.

Lachen und Lieder, Tränen und Träume,
stürzen ins Nichts
(Steiger, 1999, S. 130).

In diesem Gedankenzyklus erinnern junge Menschen im Medium der Kunst in Günzburg, der Geburtsstadt des berüchtigten KZ-Arztes von Auschwitz, Dr. Josef Mengele, an das, was war – und sie lehren durch ihr künstlerisches Handeln, wie es sein soll. In Günzburg ist inzwischen ein Mahnmal für die Opfer von Dr. Mengele enthüllt worden. Hier entfaltet Korczaks Vertrauen in jungen Menschen seine Wirkung. Sie realisieren sein Prinzip der Achtung und Hoffnung ebenso wie die konkrete erzieherische Aufgabe. Sie bekämpfen die rohe Intoleranz, noch ehe sie zu einer Doktrin gerinnt. Korczaks Hoffnung ist keine optimistische Überzeugung, dass etwas gut ausgeht, sondern die Gewissheit, dass etwas einen Sinn hat.

Peter Härtling sieht in Janusz Korczak ein Vorbild für sein lebenslanges Lernen:

Denken, Handeln und Gestalt Janusz Korczaks sind mir anspornend gegenwärtig, seit ich vor mehr als dreißig Jahren zum ersten Mal eine Zeile von ihm las und von seiner Arbeit, seinem Leben hörte.

Er ist mit Kindern gleichberechtigt umgegangen und hat mit ihnen ihre Todesangst und ihren Tod geteilt. Es gibt eine Treue, die auf selbstverständliche Weise auch Lehre ist – dies von Korczak zu lernen, bin ich noch immer und wohl mein Leben lang dabei (zit. n. Klein, 1997, S. 19).

Wir sprechen von einer anderen Pädagogik, weil der Arztpädagoge Janusz Korczak in seinen Werken, besonders in seiner Dichtkunst, die uns in seinen Erzählungen für Kinder und Erwachsene „Wenn ich wieder klein bin" (1973) so einladend begegnet, von dem redet, was „in der Seele des Menschen vorgeht, was er denkt, was er fühlt" (Korczak, 1973, S. 7). Korczak hat bei seinen vielseitigen und gründlichen Studien des Kindes, seines Körpers und seiner Psyche, seines Fühlens, Denkens und Handelns, aus vollem Herzen intuitiv erkannt: Es gibt keine Pädagogik des Machens und Bewerkstelligens. Die Korczak-Pädagogik richtet sich gegen moderne Begierden der Beschleunigung und Berechenbarkeit. Seine intuitive Erkenntnis, die er auch „Inspiration" und „innere Eingebung" nennt (vgl. Korczak, 1973, S. 30), bestätigen heute eindrucksvoll die kindheitswissenschaftlichen Forschungen, besonders auch bei Kindern mit schwerer Behinderung (Haupt, 2006).

Wir sprechen aber auch deshalb von einer anderen Pädagogik, weil Korczak seine Erkenntnisse, Erfahrungen und Reflexionen in anschaulicher und lebendiger Sprache mitteilte und keine Anweisungen gab, wie beim einzelnen Kind die Erziehung zu erfolgen hat. Die Antwort muss jede Erzieherin, bei der ganz andere theoretische, berufliche und persönliche Erfahrungen vorliegen, selbst finden. Auf diese Weise kann jede Erzieherpersönlichkeit in einem Selbst-Erkenntnisprozess subjektiv Bedeutsames für sich und für das Kind erschließen.

Nach Jürgen Oelkers widerspricht die Pädagogik Korczaks modernen Erziehungstheorien und wird darum nicht rezipiert (Oelkers, 1982). Ist sie ein Skandalon für die Erziehungswissenschaft, wie Oelkers meint? Nach unserem Erkenntnisstand lässt sie sich keiner Reformbewegung eindeutig zuordnen. Sie geht historisch wie inhaltlich an die Wurzeln pädagogischen Denkens und Handelns und weist auf die Ursprünge oder Anfänge der Erziehung des Kindes in der Menschheitsentwicklung ebenso hin wie auf die von Pestalozzi gelebte Erziehung: „Versuchet die Liebe, die eure Pflicht ist!" (Tschöpe-Scheffler, 1996, S. 1)

Immer mehr Erziehungs- und Bildungseinrichtungen, Heime und Kinderkliniken in der ganzen Welt tragen heute den Namen Janusz Korczak. Menschen mit unterschiedlichen Sprachen finden sich unter seinem Namen zusammen und knüpfen Freundschaften. Seine Texte liegen in über zwanzig Sprachen vor. Sie wurden 2006 von Erich Dauzenroth und Friedhelm Beiner in 16 Bänden neu herausgegeben, die sich an der polnischen Werksausgabe von Aleksander Lewin orientieren (Kunz, 2006).

Menschen, die in pädagogischen oder therapeutischen Arbeitsfeldern tätig sind oder noch studieren, erfahren durch die Begegnung und Auseinandersetzung mit Korczaks Leben und Werk eine zuversichtliche Grundhaltung und motivierende Perspektive. Seine offene Fragehaltung, sein vitaler und nicht akademischer Impuls, geschrieben ohne große Bibliotheken und orientiert an der eigenen Erfahrung, laden zu einem Nachdenken ein, wie es uns bei Kindern begegnet, die wissbegierig philosophische und lebenspraktische Fragen stellen und Antworten selbst suchen wollen. Ihre Wissbegierde sollten wir achten (vgl. Korczak, 1998, S. 26). Dieses Achten meint „ein Denken bei sich", das Abenteuer wagen, sich in etwas zu versenken, „ohne darin zu versinken" (Kudszus, 2002, S. 146).

Janusz Korczak erhielt dreißig Jahre nach seinem Tod in der Frankfurter Paulskirche am 1.10.1972 den Friedenspreis des Börsenvereins des Deutschen Buchhandels. Damit wurde das erste Mal ein Toter geehrt. Warum wurde das getan, was es eigentlich nicht geben dürfte, nämlich einen Preis einem Menschen zu verleihen, der ihn nicht mehr empfangen kann? Ernst Klett, Vorsteher des Börsenvereins, begründete die Entscheidung:

> Weil wir mit den Kräften, die wir allenfalls haben, einen Mann des Friedens der halben Vergessenheit entreißen wollen, weil wir wünschen, daß sein Denken und Schreiben denen bewusst wird, die das schwere Geschäft des Erziehens auf sich nehmen; er soll diskutiert werden, bejaht, bestritten, er soll im Großen wirken, wie er, bewußt sich beschränkend, viele Jahre im Kleinen gewirkt hat (Börsenverein, 1972, S. 10).

In der Verleihungsurkunde wird hervorgehoben, dass damit ein Mensch geehrt wird,

> der gleichermaßen als Arzt, Erzieher und Schriftsteller für das Kind und seine Rechte eingetreten ist. Die seine Erziehungsarbeit darstellenden und begründenden Werke antworten einer ungerechten, unglücklichen, friedlosen und doch zu mehr Gerechtigkeit, Glück und Frieden fähigen Welt. Den Erwachsenen hat er die Veränderung dieser Welt zugemutet; den Kindern hat er sie zugetraut: an sie wenden sich seine liebenswürdigsten und zugleich kühnsten Bücher. Er hat der alten Sehnsucht nach einer neuen Ordnung zwischen den Generationen und nach Frieden unter den Menschen jeglicher Art und Herkunft Kraft und eine bis heute wirkende Chance gegeben (Börsenverein, 1972, S. 5).

Wir greifen diese Zumutung auf und vertrauen auf die in jedem Kind vorhandenen guten Kräfte.

Korczaks Lebens- und Erziehungspraxis der Achtung ist pädagogisch und politisch bedeutsam. Pädagogik und Politik haben der Friedenssehnsucht des Menschen zu dienen. Darauf hat Hartmut von Hentig in seiner Laudatio anlässlich der Verleihung des Friedenspreises „Erziehung in einer friedlosen Welt" hingewiesen: Korczaks Pädagogik ist seine Politik. Gerade ihre scheinbare politische Abstinenz, ihre Konzentration auf die unmittelbare Umwelt der Kinder habe ihm erlaubt, diese durch und durch politisch zu machen. Nur so kann Pädagogik, können Kinder auch *revolutionär* sein. „Wer Kindern ein- und vorredet, dass und wie sie unsere Welt verändern sollen, hat sie zu Funktionären seiner eigenen, meist ohnmächtigen Absichten degradiert" (Hentig, 1972, S. 31). Korczak stellte sich keine Revolution der Welt der Kinder durch Kinder vor, sondern eine Revolutionierung der Kinderwelt.

Für den Arztpädagogen wird das Kind nicht erst zum Mensch erzogen. Es ist von Beginn an ein vollwertiger Mensch, der aus eigener Kraft seine körperlich-seelisch-geistigen oder bio-psycho-sozialen Kräfte ausbilden will:

> Lassen wir das Kind doch unbeschwert die Freunde des frühen Morgens genießen. Das Kind will es eben so. Die Zeit ist ihm nicht zu schade für ein Märchen, für ein Gespräch mit seinem Hund, fürs Ballspielen, fürs genaue Betrachten eines Bildes, fürs Nachzeichnen eines Buchstabens – aber all das mit Freude. Es hat recht (Korczak, 1998, S. 28).

Diese Selbst-Bildung hat jede pädagogische Fachkraft dem Kind zu ermöglichen, indem sie sich um einen authentischen Dialog mit ihm bemüht. Das authentische Miteinander in der pädagogischen Situation erweitert die „eigene Konkretheit" dergestalt, dass sie zu einem gemeinsam erlebten Ereignis und so von der jeweils anderen Seite erfahren wird, dabei das Gute wie das Böse reflektiert. Das Kind muss ja für das Leben vorbereitet werden. Das kann nur gelingen, wenn es auch aus negativen Erfahrungen lernt.

Und außerdem thematisiert Korczak die Erfahrung, dass ein Kind dem Erzieher viele Rätsel aufgibt: „Schmerzliche Augenblicke erlebt der Erzieher, wenn er in der Ratlosigkeit des Kindes seine eigene Ohnmacht wahrnimmt" (Korczak, 1978a, S. 103).

Offenbar wächst das Bedürfnis nach Orientierung, nach Vorbildern und Leitfiguren in dem Maße, wie das Vertrauen in Institutionen und normative Denkstrukturen, die über Jahrzehnte Stabilität garantierten, brüchig geworden ist. In seinem Werk „Erziehung und Achtung vor dem Anderen" sagt Otto Speck, dass mit dem

Verlust eines einheitlichen Wertsystems auch die Verbindlichkeiten [abflachten], die das Füreinander der Menschen konstituieren. [...] Geradezu hilflos wirkt eine Erziehung heute, die sich gegenüber einer Vielfalt und Widersprüchlichkeit von Werten und Erziehungszielen behaupten soll. Sie ist nahezu blockiert (Speck, 1996, S. 12).

Wo soll es angesichts der Widersprüchlichkeiten und normativen Verunsicherungen, wo Verbindlichkeiten wegbrechen und Vielfalt in Beliebigkeit umschlägt, denn langgehen?

Nach Überlegungen zum moralischen Selbst und zur Achtung als Grundprinzip von Moral und Ethik vom Anderen her, sagt Speck: Trotz allem müssen wir versuchen, „das gemeinsam Wichtige des Menschlichen zu retten. [...] Nichts spricht [...] gegen einen Ausweg aus der kompliziert und unübersichtlich gewordenen Situation. Es wird trotz aller Irritierungen in der Richtung gefunden werden müssen, ‚wohin alles letztlich strebt.'" (Speck, 1996, S. 218) Das, wonach alles strebt, ist nach Aristoteles das Gute.

Als Schlusswort zitiert Speck (ebd.) eine Geschichte, die er folgendermaßen einleitet: „Diese etwas umständlich klingenden Gedanken lassen sich auch einfacher formulieren, wenn man sie, wie es J. Korczak in seiner Art in eine Geschichte kleidet." Es handelt sich um (einen Auszug aus) *Esthers Geheimnis*, die in Korczaks erzählender Pädagogik *Verteidigt die Kinder!* zu lesen ist (1978b, S. 131 ff.):

Esther ist wieder nicht da. – Wo ist sie nur? Wo kann sie sein? – Man braucht nicht lange zu fragen. Man braucht sie nicht lange zu suchen. Die Mama weiß es genau: Esther ist wieder zum Großvater gelaufen.

Warum läuft sie nur immer zu ihm? Was macht sie dort? – Nichts: sie spielt im Hof mit Kindern oder sitzt auf einem wackligen Stuhl in der Stube und schaut vor sich hin. Was sieht sie dort? Etwa die schäbigen Schuhe, die Großvater dauernd flickt und repariert, ist das so interessant und so sehr schön? Fühlt sie sich dort so wohl? Gibt es in Großvaters Hof etwa andere Kinder, kann sie nicht auch hier spielen? Ist es in Großvaters Stube nicht noch dunkler und ärmlicher als zu Hause?

Bekommt sie vom Großvater Bonbons oder ein Butterbrötchen oder Limonade? – Wenn er dies alles hätte, würde er es ihr geben; aber er hat nichts. – Gibt er ihr vielleicht Geld für die Schule, für ein Heft, einen Bleistift? – Auch nicht. […]

Erzählt Großvater der Esther vielleicht Märchen? – Großvater ist wortkarg. – Sagt er, dass Esther ihn öfters besuchen sollte, weil er sich einsam fühlt? Auch nicht. Esther sitzt nur ein paar Minuten in der Stube, da sagt Großvater gleich:

‚Geh mit den Kindern spielen. Hier ist es staubig. Hier ist keine gute Luft. Das ist alles. Aus.'

Und im Hof werden überall dieselben Spiele gespielt, die Jungen stören genauso, und die Mädchen zanken sich wie anderswo. Es ist halt schon so. […]

Esther erzählte, warum sie nicht in den Hof gehen will. Großvater arbeitete weiter. Er ist immer so: erst denkt er lange nach, dann erst spricht er leise, wie zu sich selbst; nicht einmal zur Esther, nur im Selbstgespräch: – Niemand weiß, was noch wird: ob er einmal reich oder arm sein wird. Das ist ungewiss. Einem gehört heute alles, und morgen kann er alles verlieren. Ein anderer hat heute nichts, aber morgen kann ihm alles gehören, sogar mehr als er gebrauchen kann.

Einmal legten die Mädchen in der Nähe des Zaunes einen Garten an. Er war so schön. Sie haben sich so viel Mühe gegeben. – Josef kam, machte alles kaputt und lachte noch dazu.

Großvater, wie immer, als sie ihm davon erzählte. – Nichts. Er unterbricht seine Arbeit nicht und nichts dazu. Aber nach einer Weile: – Die Leute verderben vieles und stören sich gegenseitig. Josef sieht, was andere tun, da denkt er, es gehört sich so.

Einmal, als Esther auf dem Heimweg von der Schule war, hat man sie in den Straßenschmutz gestoßen und verhauen. Sie erzählte davon nichts der Mutter, nur dem Großvater. – Und er gab ihr folgenden Rat: ‚Wenn Du zur Schule gehst, dann zähle, wie viele Kinder ruhig, ohne Dich zu belästigen, an Dir vorbeikommen. Du wirst sehen, Du wirst Dich davon überzeugen müssen, dass es mehr Anständige als Strolche gibt.'

Das ist wahr. Esther fing an zu zählen: Großvater hat immer recht und gibt selten, aber immer gute Ratschläge. […]

Und obwohl Esther die Mutter liebt und sich vor ihr ängstigt und immer brav sein möchte, läuft sie immer wieder zum Großvater.

Denn Esther hat ein Geheimnis. Sie sprach über ihr Geheimnis weder mit der Mama noch mit dem Großvater, obwohl sie ihm alles erzählt, sie sprach sogar mit sich selbst nicht darüber.

Esther möchte Kind sein. Das ist ihr Geheimnis. – Deshalb liebt sie die Schule und den Hof. – Esther möchte wie andere Kinder spielen, möchte kindliche Sorgen haben und sich auch mit Spielkameradinnen streiten und sogar weinen, wenn es sein muss, und so ist es halt, dass der Mensch sich mal wohl fühlt, dann wieder schlecht, wie der Großvater sagt, einmal lustig, dann traurig; aber dann möchte Esther auch kindliche Tränen weinen. ‚Denn', sagt der Großvater, ‚einmal leidet der Mensch, weil er selbst schuldig ist, ein andermal, obwohl er unschuldig ist.' Esther kann doch nichts dafür, dass sie noch ein Kind ist.

Wollen wir Korczak und seiner Pädagogik etwas gerecht werden, so müssen wir unsere Sprache kultivieren. Es ging ihm nicht zuerst um Begriffe und

Theoreme, um Kategorisierung und formale Systematisierung, sondern um die zu reflektierende Praxis. In *Verteidigt die Kinder!* sagt er:

Die Praxis, das ist meine Vergangenheit, mein Leben, die Summe subjektiver Erlebnisse, die Erinnerung an erfahrene Misserfolge, Enttäuschungen, Niederlagen, Siege und Triumphe, an negative und positive Empfindungen. Die Praxis kontrolliert misstrauisch, sie zensiert und bemüht sich, die Theorie bei einer Lüge, einem Fehler zu ertappen (Korczak, 1978b, S. 14).

Seine selbstreflexive Pädagogik meidet einen elitären Fachjargon, lässt ein Erstarren in blank geputzten Begriffen nicht zu. Wir dürfen nicht Opfer eigener Lehrgebäude werden und in Diskursen die erzieherisch bedeutsamen Zusammenhänge bis zur Unkenntlichkeit verwickeln und verfremden. Dieser Zeitkrankheit *Zynismus* (vgl. Sloterdijk, 1983, S. 343) mit ihren glasklaren Begriffen für das Haben und Besitzen, für das Gewinnen und Besserwissen, für das Berechnen und Verwerten in quantitativen Analysen (Stichwort: Kosten-Nutzen-Analysen), setzt Korczak lebensnahe und authentische Begriffe entgegen. Sein empathisches Wahrnehmen und Verstehen des Kindes sowie seine Anregungen zum selbstkritischen Auseinandersetzen mit all den Fragen, die Erziehung bedingen, ermöglichen und leiten, waren einfach, ehrlich und aufrichtig. Zwei Beispiele:

- Hanka Daube, die als Kind in Korczaks Waisenhaus *Dom Sierot* lebte, erinnert sich: „Pan Doktor hatte die Lausbuben wie die Braven gleichermaßen gern. […] Kein Kind sollte sich fremd und einsam fühlen. Das Klima im Heim war so, dass wir Kinder schnell unsere Mängel und Schwächen erkannten. Pan Doktor gab uns die Chance, sie abzustellen. […] Ein Junge wollte sich das Fluchen abgewöhnen. Korczak spricht mit ihm: ‚Wie oft fluchst Du am Tag?' – ‚Vielleicht 50mal'. – ‚Wie oft willst Du ab jetzt?' – ‚10mal'. – Wird das reichen? Nimm lieber 20'. – Eine Woche danach freuten sich beide, dass es nur 16 waren" (zit. n. Klein, 1998, S. 39).
- Die Studentin Irena Reppowa praktizierte 1929/30 im Heim *Nasz Dom* (Unser Haus). Obwohl Korczak nur zwei Tage in der Woche dort war, schuf er zusammen mit seiner Mitarbeiterin Maryna Falska ein offenes Klima des gegenseitigen Vertrauens. Die Mitarbeiter und Praktikanten lebten davon, was Pan Doktor sagte und wie er das tat, was er sagte. „So habe ich meine Ansichten und meine pädagogischen Fähigkeiten unter seinem Einfluss entwickelt. […] Ich bekam die leitende Stelle an der in Polen einzigen – sehr außergewöhnlichen – Anstalt für Kinder politischer Gefangener. […] Ich machte die ersten Versuche mit den Methoden Korczaks. Ich war jung und ich begriff nicht alles in der Philosophie und Konzeption Korczaks". […] Einmal im Monat besuchte sie Korczak und ließ sich von ihm beraten und begleiten. Reppowa praktizierte u. a. die Selbstverwaltung der Kinder und die Ordnungsdienste. Sie berichtet weiter: „Ich erinnere mich, dass der Kern

der Methode Korczaks darin liegt, den ganzen Umgang mit den Kindern nach den Prinzipien der Wahrhaftigkeit und Ehrlichkeit des Erziehers zu pflegen – Ehrlichkeit und Aufrichtigkeit ohne jedes Wenn und Aber. Und trotz vieler meiner Fehler, trotz Ungeschicklichkeit" bemühte sie sich „aufrichtig zu sein". Dies „half mir und ermöglichte mir Erfolge in meiner pädagogischen Arbeit" (Reppowa, 2002, S. 8).

Das Beispiel Irena Reppowa erinnert an den Philanthropen Christian Gotthilf Salzmann (1744–1811), der in dem der *Erziehung der Erzieher* gewidmeten *Ameisenbüchlein* seinen Erziehungsplan für Erzieher auf ein Prinzip, nämlich auf folgendes Symbolum gründet: Von allen Fehlern und Untugenden seiner Zöglinge müsse der Erzieher den Grund in sich selbst suchen. Salzmanns Symbolum enthält eine pädagogische Theorie (Anschauung) der Erzieherpersönlichkeit. In der Gestalt des Erziehers vermitteln sich Theorie und Praxis. Darauf hatte wenige Jahre zuvor Johann Friedrich Herbart mit dem Begriff des *pädagogischen Takts* hingewiesen, der in der wechselseitigen Kontrolle von Prinzip und Erfahrung erlernbar ist, sofern der Erzieher von sich selbst Abstand nimmt, sich als Subjekt und Instrument der Erziehung wahrnimmt und sich als Instrument der Erziehung und Begleitung reflektiert (Sünkel, 1994). Genau das hat die Studentin Irena Reppowa getan. Das Fundament ihrer Erziehungs- und Bildungsarbeit ist eine helfende und unterstützende Haltung, die dem Kind und seiner Entwicklung dienen will.

Und das Beispiel Hanka Daube bestätigt, was Zeitzeugen, die in Korczaks Kinderheimen lebten und den Holocaust überlebten, übereinstimmend sagten: Janusz Korczak ermöglichte den Kindern, Studierenden und Erziehern das Erfahren des eigenen Könnens und Nichtkönnens durch selbst reflektiertes Lernen, das auch den sozialen und gesellschaftlichen Bedingungszusammenhang mit einschloss. Für Hanka Daube bestand dieses sich selbst prüfende Lernen darin, den guten und rechten Weg zu suchen. Dabei versenkte sie sich in das Wirken ihres Vorbildes. Dieses Meditieren ließ sie den Weg finden, der auch bei einem – ausweglos erscheinenden Lebens- und Erziehungsproblem – möglich wurde.

Korczak war kein Systematiker, sondern Praktiker. Seine Gedanken lassen sich einander zuordnen, wenn man sie unter ein einziges Prinzip stellt: das Prinzip der Achtung des Kindes. Seine praktische oder angewandte Pädagogik sprengt gewohnte theoretische Systeme, an die sich viele um den Preis klammern, dass sie sich aus dem eigenen kreativen Denken verabschieden. Aber mit der Übernahme fertiger Formeln trüben sie den Blick für erzieherisch bedeutsame Sachverhalte und Phänomene, die das wirkliche Kind aus den Augen verlieren.

Die Klassenkämpfe lehren Korczak, die Kinder unter dem Aspekt gesellschaftlicher Interessen zu sehen. Als unterdrückte Schicht ist das *Proletariat auf kleinen Füßen* mit der mühseligen Arbeit des Wachsens beschäftigt. Fortan kämpft er für das Grundrecht auf Achtung und freie Entwicklung des Kindes.

Bereits 1919 stellt Korczak seine Charta der Kinderrechte in Analogie zur Magna Charta Libertatum in England von 1215 auf:

Ich fordere die Magna Charta Libertatis (die Große Charta der Freiheiten) als ein Grundgesetz für das Kind. Vielleicht gibt es noch andere – aber diese drei Grundrechte habe ich herausgefunden:

1. Das Recht des Kindes auf seinen Tod,
2. Das Recht des Kindes auf seinen heutigen Tag,
3. Das Recht des Kindes, so zu sein, wie es ist. (Korczak, 1978a, S. 40)

Den drei Grundrechten stellt Korczak ein oberstes Prinzip voran: Das Recht des Kindes auf Achtung. Es ist …

[…] das erste und unbestreitbare Recht des Kindes, seine Gedanken auszusprechen und aktiven Anteil an unseren Überlegungen und Urteilen über seine Person zu nehmen. Wenn wir ihm Achtung und Vertrauen entgegenbringen und wenn es selbst Vertrauen hat und sich ausspricht, wozu es das Recht hat – wird es weniger Zweifel und Fehler geben (Korczak, 1978a, S. 40 f.).

Janusz Korczaks Grundrecht (Grundgesetz) der Achtung des Kindes

Recht des Kindes auf seinen Tod	*Recht des Kindes auf den heutigen Tag*	*Recht des Kindes so zu sein, wie es ist*
oder	oder	oder
Von der Notwendigkeit, dem Kind die Ausformung und Ausgestaltung seines Lebens zuzutrauen.	Von der Bedeutung der Gegenwart für das Kind, die nicht einer ungewissen Zukunft geopfert werden darf.	Von der Notwendigkeit, dem Kind sein Kindsein zu erlauben und zu ermöglichen.
Aus Furcht, der Tod könnte uns das Kind entreißen, entziehen wir es dem Leben; um seinen Tod zu verhindern, lassen wir es nicht richtig leben (Korczak, 1978a, S. 44).	Wir sollten auch die gegenwärtige Stunde achten, den heutigen Tag. Wie soll es morgen leben können, wenn wir es heute nicht bewusst verantwortungsvoll leben lassen (Korczak, 1998, S. 28)?	Ein Kind hat das Recht, zu verlangen, dass man seinen Kummer ernst nimmt, und sei es den um ein verlorenes Steinchen (Korczak, 1978a, S. 180).

Freiheit und Autonomie, Selbstständigkeit und Selbstbestimmung ermöglichen durch

- Förderung entdeckenden Lernens,
- Ausbildung und Übung des Willens,
- Anerkennung des Rechts auf Fehler und Misserfolge,
- Schaffung von Spielräumen für risikoreiche Erfahrungen.

- Betonung des absoluten Wertes der Kindheit,
- Beachtung der spezifischen Kinderperspektive und Bedürfnisse im ‚Hier und Jetzt' (z. B. Bedürfnis nach Spiel und Beantwortung von Fragen),
- Beachtung von Rechten und Pflichten in Institutionen.

- Ermöglichung der Entwicklung von Individualität und Identität,
- von Kompetenzen und Stärken,
- Berücksichtigung von Anlage, Entwicklungs- und Erziehungsbedingungen,
- freie Entfaltung im Hinblick auf soziale Möglichkeiten,
- Bedingungen und Ansprüche.

Als 1939 die deutschen Truppen in Warschau einfallen trägt Korczak unter seinem Mantel die polnische Soldatenuniform, um seinen Widerstandsgeist zu demonstrieren. Im Herbst 1940 müssen Korczak, seine Kinder und Mitarbeiter in die *steinerne Welt* des Warschauer Gettos ziehen. Eine Unterdrückungsmaßnahme löst die andere ab. Der Saal wird nachts zum Schlafraum hergerichtet, tagsüber zum Essen und zur Freizeitgestaltung für 200 Kinder benutzt. Korczak schläft im Krankenzimmer mit kranken Kindern, die er auch nachts versorgt. Seine körperlichen Kräfte lassen nach. Dennoch müht er sich jeden Tag erfolgreich um das tägliche Brot für seine Kinder. Von Krankheit (Herzmuskelschwäche, chronische Kopfschmerzen, geschwollene Beine) gezeichnet, mit Gedankensprüngen und oft chaotisch anmutenden Äußerungen kämpft er schreibend gegen das Getto und das Unrecht an.

In seinem Tagebuch vermerkt er am 15. Juli:

Das Waisenhaus – ein Bienenstock, ein Ameisenhaufen. Nein. Unser Haus ist jetzt ein Altersheim. In der Isolierstation habe ich gegenwärtig sieben Kranke, davon drei neue. [...] Die Gespräche der Kinder am Morgen. [...] Wer fühlt sich schlechter? Wie hat jeder die Nacht verbracht? [...] Die Kinder schleichen umher. Nur die äußere Haut ist normal. Aber darunter sind Erschöpfung, Unlust, Zorn, Aufruhr, Misstrauen, Traurigkeit und Sehnsucht verborgen. [...] Schmerzlich ist der Ernst ihrer Tagebuchnotizen. Wenn ich auf ihre vertraulichen Mitteilungen eingehe, dann spreche ich zu ihnen als Gleicher zu Gleichen. Wir haben gemeinsame Erlebnisse – sie und ich. Die meinen sind etwas verdünnter, verwässerter – aber sonst die gleichen (Korczak, 1992, S. 98).

Auch in dieser Zeit bleibt er seinen Grundsätzen treu. Seine letzte Eintragung ist ohne eine Spur des Hasses: „Ich wünsche niemandem etwas Böses. Ich kann das nicht. Ich weiß nicht, wie man das macht" (Korczak, 1992, S. 118).

Wenige Tage vor dem gemeinsamen Weg in die Gaskammern wurde das Theaterstück *Das Postamt* des indischen Schriftstellers und Philosophen Tagore (1881–1941) aufgeführt, das von Esther Winogroń, einer Studentin der Warschauer Universität, inszeniert worden ist. Diese letzte Aufführung im *Haus der Waisen* war – wie Korczak in seinem Tagebuch schreibt – ein „Publikumserfolg. Hände drücken, Lächeln, Versuche, ein herzliches Gespräch anzuknüpfen" (Korczak, 1992, S. 100). Korczak bleibt sich treu. Sein Zeugnis der Selbstachtung, der Achtung und Wertschätzung des anderen Menschen lebt gerade bei vielen jungen Menschen auf der ganzen Welt weiter.

Als Arzt und Erzieher beim Warschauer Fürsorgeverein, als Leiter zweier Kinderheime und Initiator einer republikanischen Selbstverwaltung der Kinder, als Berater beim Jugendgericht, als Dozent für Sozialpädagogik der Universität und am Institut für Spezielle Pädagogik in Warschau, als *Doktor* mit den wöchentlichen Radioplaudereien im polnischen Rundfunk, als Mitarbeiter der von ihm gegründeten ersten polnischen Kinderzeitschrift, der Wochenzeitung der Kinder und Jugendlichen, die *Kleine Rundschau,* und als Bettler, der sich um das tägliche Brot für seine 200 Kinder im Warschauer Getto bis zuletzt bemühte, ist Korczak für die Kinder rastlos tätig. Sie ahnen ihre Situation. Kann er ihnen die Wahrheit zumuten? Er beruhigt die Kinder, er gehe mit ihnen.

Lassen wir Tamara Karren, ein Heimkind, zu Wort kommen. Sie erinnert sich:

Er geht langsam, leise, etwas gebeugt, als würde eine Last seine Schultern beschweren. Sein Lächeln drang in die Tiefe, und die Erinnerung an ihn war in schwierigen Augenblicken des Lebens oft Hilfe. Korczak setzt allein durch seine Gegenwart die Wahrheit frei. Im Umgang mit ihm wurde jeder er selbst, sich seiner bewusst. Man spürte die Nichtigkeit der Verlogenheit und der Phrasen, der läppischen Äußerlichkeiten. Man sehnte sich geradezu nach der Einfachheit der Gedankenreinheit, die seine sonderbar guten Augen auf die Menschen ausstrahlten (zit. n. Klein, 1997, S. 40).

Von diesem Ende her bekommt die Lebensgeschichte des 64-jährigen Janusz Korczak seine Überzeugungskraft und Glaubwürdigkeit. Dem Leben und Wirken dieses Menschen, der uns in seinen autobiografischen Darstellungen schon vom fünften Lebensjahr an seinem Fühlen, Handeln und Denken teilnehmen lässt, kann sich wohl keiner entziehen. „Je weiser und besser ein Mensch ist, um so mehr Gutes bemerkt er in den Menschen", sagte schon der französische Universalgelehrte Blaise Pascal (1623–1662). Korczaks Weisheit und tiefes Interesse am anderen Menschen leuchten wie ein Symbol der Menschlichkeit.

Korczaks Arbeit wird tatkräftig und unaufdringlich von Stefania Wilczyńska (genannt Frau Stefa) unterstützt. Acht Jahre jünger als Korczak, ebenfalls ein Kind einer vermögenden assimilierten Familie, studierte sie in der Schweiz und in Belgien. Sie wird durch die Montessori-Pädagogik inspiriert und beschließt ihr Leben mit den Armen und Erniedrigten zu verbinden. Ohne ihr Engagement hätte Korczak seine Ideen nicht in der pädagogischen Alltagspraxis erproben und weiterentwickeln können. Wie Korczak in seinem Getto-Tagebuch vermerkt, gibt ihm die Tatsache, dass sie „hier ist, auch mir Sicherheit" (Sachs, 1989, S. 151). Frau Stefa war für alle da. Man konnte mit den kleinsten Sorgen zu ihr kommen, mit frohen und betrüblichen Dingen. Alle Kinder kennen ihre warme Hand, die trösten und Schmerzen lindern kann, die den Kindern Sicherheit gibt. Sie hält den Kindern und Korczak bis in das Vernichtungslager Treblinka die Treue.

Der Tod beider – durch Gas von deutscher Hand im Konzentrationslager Treblinka – kann als Konsequenz einer Pädagogik verstanden werden, die keinen Ausweg sucht und sich der Situation stellt: Die Probe ihrer radikalen Menschlichkeit besteht darin, dass sie die Kinder in die Gaskammern begleiten und mit ihnen den Tod teilen.

Die bei Janusz Korczak und Frau Stefa hervortretende innere Haltung und Einstellung zu sich selbst und zum anderen Menschen führte zur Ausbildung einer pädagogischen Professionalität, die folgendermaßen beschrieben werden kann: Kompetent sein, sich mit hoher Sicherheit in die Gefühlswelt, in die Entscheidungsstrukturen und Sinnzusammenhänge der Kinder zu versenken und aus dieser Erkenntnis des Kindes die praktische Arbeit zu gestalten. Diese Erziehungspraxis wendet sich einerseits den inneren Entwürfen des Kindes zu: seinen Bedürfnissen, Motiven, Fantasien, Interessen, Neigungen und Wünschen. Und andererseits erkennt sie die sachlich begründeten Notwendigkeiten: die Ordnungen, Regeln, Pflichten und Aufgaben.

Beide Erzieherpersönlichkeiten zeigen allen Erwachsenen den Weg zur Achtung der Menschenwürde des Kindes. Und sie machen durch ihr Beispiel auch darauf aufmerksam, dass die Aus-, Weiter- und Fortbildung der Pädagogen in handlungserfüllten Lebens- und Lernsituationen erfolgen sollte, bei denen z. B. das gelungene oder weniger gelungene oder gar misslungene Erziehungsbemühen thematisiert wird. Durch diese reflexive Bildung aus der Praxis für die Praxis würde man dem gerecht werden, was in der Erziehungswissenschaft hinreichend bekannt ist, dass nämlich die Person des Pädagogen das beste Curriculum ist (vgl. Hentig, 1998, S. 241).

Versuchen wir Korczaks Lebenswerk mit Emmanuel Lévinas, dem litauisch-jüdisch-französischen Sozialphilosophen, dessen Familie die Nazis ermordet haben und dessen Philosophie die philosophische Reflexion der Philosophie der Gegenwart selbst verändert, zu deuten, dann können wir sagen: Jeder Mensch hat die Möglichkeit, sich für das Wohl des anderen Menschen zu entscheiden und danach zu handeln. Aus der Nähe zu ihm, dessen Antlitz ich sehe, erwächst eine klare und unabweisbare Verantwortung für sein Wohl.

Lévinas fragt nach der Andersheit des Anderen. Und das ist eine ethische Frage, die auch als Kritik des rationalistischen und funktionalistischen Denkens verstanden werden kann. Sie richtet sich gegen politische Ideologien ebenso wie gegen wissenschaftliche Denkformen, die den Anderen dem eigenen Wissen einverleiben möchten. Sein Denken räumt dem Antlitz des Anderen absoluten Vorrang ein. Seiner Ethik geht es also entscheidend darum, sich unmittelbar auf den Anderen zu beziehen, sich ihm mit Herz und Tatkraft zuzuwenden: Der Mensch, der mir gegenüber ist, ist der konkret Andere. Er ist das Gegenüber meiner Verantwortung und nicht etwas Abstraktes. Das Antlitz des Anderen steht außerhalb des Festzulegenden, es lässt sich nicht durch Vergleich und Verallgemeinerung bestimmen oder gar falsifizieren und verifizieren, denn das Begegnen dem Antlitz des Anderen geht jeder Prüfung oder Reflexion voraus.

Lévinas erkannte eine bisher verborgen gebliebene Tiefenstruktur menschlichen Daseins. Die Verantwortung aus der Nähe zum Anderen ist dem Menschen durch sein Menschsein gegeben. Sie liegt aller Erfahrung, allen sozialen Regeln und Vereinbarungen voraus und nimmt mich unmittelbar in die Pflicht des Handelns, die von der Sorge um den Anderen getragen ist. Diese Verantwortung ist ganz ursprünglich. Sie ist nicht logisch oder rational hergeleitet, weil sie selbst Ursprung oder Anfang ist. Das Antlitz des Anderen ruft mich also in die Verantwortung, ohne zu erwarten, dass der Andere sie auch für mich übernimmt. Diese Verantwortung in der Sorge für den Anderen ist bedingungslos.

Der Ursprung dieser ethischen Haltung und Handlung liegt in einer Tiefenschicht des Menschen, die vor der Reflexion, der Sprache und bewussten Entscheidung liegt. Sie entspringt nicht einem Ich, sondern kommt mir aus dem Antlitz des Anderen entgegen. Die Situation Von-Angesicht-zu-Angesicht ist der Ursprung und in dieser Situation hat der Andere Vorrang: Seine erkannte Botschaft heißt darum: „Der einzige absolute Wert, den es gibt, ist die Fähigkeit des Menschen, dem Anderen den Vortritt vor sich zu lassen" (Lévinas, 1995, S. 139). Sie entzieht sich jeglicher Objektivierung und ist ganz unmittelbar auf das intuitive situationsgerechte Handeln bezogen.

Diese Erkenntnis entspringt dem „Wesentlichen des menschlichen Gewissens", das Lévinas in Dostojewskis *Die Brüder Karamasow* findet, wo eine seiner Personen sagt: „Wir sind alle verantwortlich für alles und alle, und ich noch mehr als die anderen" (Lévinas, 1995, S. 137 und S. 134). Das Antlitz des

Anderen kann mich nicht gleichgültig lassen, es nimmt mich in die Pflicht des verantwortlichen Handelns und für den Anderen Gutes und Menschengerechtes zu tun. So hat Korczak gelebt und gehandelt. Er tat Gutes und Rechtes. In seinen Getto-Aufzeichnungen (Korczak, 1992) spüren wir diese Ethik des Anderen, diese Ethik der Verantwortlichkeit und Sorge für den Nächsten.

In Korczaks *Schule des Lebens*, in der Lebensinhalte gemeinsame Lernthemen sind, können die Kinder ihre Erfahrungen selbst machen. „Sehen, Fragen stellen und auf Fragen antworten – das ist der Inhalt unseres Lebens, das ist der Inhalt unserer neuen Pädagogik" (Korczak, 1984, S. 30). Korczak erkennt: Das Kind will selbst seine Freuden und Enttäuschungen, seine Erfolge und Misserfolge erleben und dadurch aus eigener Kraft wachsen. Es will von sich aus seine Persönlichkeit ausbilden. Auch wenn dieser selbstbildende Weg unendlich schwierig sein kann, muss er dennoch gewagt werden. Denn erst dadurch, dass die unüberwindbar erscheinenden Probleme dennoch gelöst werden, wird das Hineinwachsen in gelebte Verantwortung, in demokratische Spielregeln gelingen.

An dieser Bildungskonzeption kann sich der Lebens- und Erfahrungsraum Kita orientieren. Sie ermöglicht dem Kind die Ausformung eines starken Willens zur eigenverantwortlichen Selbstgestaltung. Das Kind erprobt, übt und entwickelt durch Selbsterfahrung seine Kräfte. Es hat das Recht als gleichberechtigter Partner Mitsprache und Mitverantwortung zu realisieren.

Dem häufig vorgebrachten Argument, die Kinder seien für eine Mitbeteiligung an Entscheidungen zu jung und es fehle ihnen an Kompetenz und Erfahrung, setzt Korczak das Recht auf ihre Mitbestimmung entgegen, durch das sie die dafür notwendigen Kompetenzen erwerben. Im Prozess der Beteiligung entdecken und erkennen die Kinder ihre Kompetenzen und entwickeln ein Verantwortungsbewusstsein für sich und für den anderen Menschen. Bei diesem individuellen und sozialen Prozess hat Korczak seinen Wissens- und Erfahrungsvorsprung gegenüber den Kindern konsequent im Interesse der Individuation und Sozialisation des einzelnen Kindes eingesetzt.

Für diese Pädagogik der Achtung der Rechte des Kindes gibt es vielfältige Formen der alters- und entwicklungsgerechten Mitbeteiligung im Elementarbereich (Kittel, 2008), die von der Partizipation der Kinder bei Planung und Reflexion von Tätigkeiten, Tagesabläufen und Projekten, von Informationen der Kinder über ihre Mitwirkungsrechte, über Kinderrechtswahlen bis hin zu Kinderkonferenzen und sogar *verfassungsgebenden Versammlungen* der Kinder reichen. Und in zahlreichen Projekten in Kindertagesstätten wurden neue Formen der Beteiligung erfolgreich erprobt (vgl. Maywald, 2011, S. 23).

Diese Pädagogik der Achtung und Verantwortung kann das Kind nicht von seiner Vergangenheit her auf feste Ziele hin entwerfen. Sie kann es nicht „kneten oder ummodeln" (Korczak), sondern vielmehr das – noch verborgene oder verdrängte – Gute im Kind freilegen und ihm so die Chance der Selbstannahme in der Gegenwart geben.

Ein Erzieher, der nicht einpaukt, sondern etwas freilegt, der […] nicht diktiert, […] sondern anfragt – der erlebt mit dem Kind manchen bewegenden Augenblick; und er wird manchmal mit Tränen in den Augen den Kampf zwischen Engel und Satan miterleben, bis der lichte Engel den Sieg davonträgt (Korczak, 1984, S. 165 f.).

Wohl auch deshalb hebt von Hentig in seiner Frankfurter Friedenspreisrede hervor:

Kinder sind Sachkenner in Angelegenheiten der Kinder. Das gilt nicht nur aus moralischer Empfindsamkeit zu respektieren, sondern das ist selbst ein Stück Heilung der Welt. Wie sie mit ihrer Kennerschaft ihre Welt ordnen, und wie Erwachsene dabei helfen können, davon handelt Korczaks gesamtes Werk (Hentig, 1972, S. 40).

Korczak war bemüht, dem Wert der Würde des Anderen bis in die letzte Konsequenz hinein zu entsprechen. Für Lawrence Kohlberg ist die Achtung der Würde des Menschen ein universales, ethisches Prinzip, dem die ganze Menschheit folgten sollte. In seinem Beitrag *Erziehung zur Gerechtigkeit* schreibt er: „Janusz Korczak reagierte inmitten des Holocaust sowohl mit einem normalen Ungerechtigkeitssinn als auch mit einer Perspektive jenseits von Gerechtigkeit, die es ihm erlaubte, als Moralerzieher zu leben und mit Gleichmut zu sterben" (Kohlberg, 1984, S. 6).

Korczaks Pädagogik der Achtung und Verantwortung ist ein Angebot für Wissenschaft und Praxis, für Politik und Verwaltung. Der Dienst für den Anderen ist der ursprüngliche Auftrag der Pädagogik, dem wir uns alle, unabhängig davon, in welchen Einrichtungen wir tätig sind, verpflichtet fühlen sollten, denn das Maß liegt im Menschen.

Um vom Herrschen, Machen und Bewerkstelligen zum Dienen, Begleiten und Helfen in der Erziehung zu kommen, ist es notwendig, dass das Kind auch wirklich verstanden wird: seine Beweggründe, seine Art zu denken, zu handeln und zu fühlen. Diese Fähigkeit, sich in die Situation und Lebensperspektive des anderen Menschen zu versetzen, ist ein Teil des menschlichen Wesens, dem wir in den Ursprüngen der Kultur nachspüren können. Prähistorischen Forschungen zufolge gab es schon in den vorchristlichen Kulturen verschiedene Formen des solidarischen Umgangs mit körperbehinderten, kranken und schwachen Menschen. Mit ihnen lebten die Menschen zusammen. Sie blieben Teil des Ganzen. Sie bekamen Beistand. Mitmenschliches Beistehen ist also ein zentraler Bestandteil jeder Kultur (Klein, 2010, S. 78).

Die sozialgeschichtliche Analyse zeigt, dass das Erziehungsverhältnis seinem Ursprung nach ein Dienstverhältnis war: „Erziehung ist Dienst am Zögling" (Sünkel, 1994, S. 17). Dieses Verhältnis wurde aber im Laufe der

Zeit zum Herrschaftsverhältnis degradiert. Nach Wolfgang Sünkel, der dieses Verhältnis analysiert hat, sind wir aufgerufen, die Dienstpädagogik „zu einem entscheidenden Sieg zu bringen" (Sünkel, 1994, S. 20). Dafür legt die Korczak-Pädagogik ein Fundament. Sie will der Individualität und Sozialität des einzelnen Kindes dienen.

Mit Janusz Korczak Lebenswerk, das aus einer existenziellen Grenzsituation heraus entwickelt wurde, sollte die Pädagogik neu vermessen werden, denn das Maß liegt im Menschen und nicht in den Dingen. Korczak hat aus mitfühlendem Herzen heraus, das eigene Leid in Wissen und zuversichtliches Arbeiten für den Anderen gewandelt und das Erziehungsverhältnis, das heute noch weitgehend als Herrschaftsverhältnis verstanden wird und dessen Produkt vermessen werden kann, als Dienstverhältnis gelebt. Seine Pädagogik wandelt die alte Herrschaftspädagogik in eine Pädagogik, die ohne Vorbedingungen allein dem Kind – und damit der Zukunft der Menschheit – dienen will.

Für den Psychoanalytiker und -therapeuten Arno Gruen, der die Strukturen der Macht kritisch analysiert, ist die Frage nach dem Mitgefühl, die Frage nach dem Menschsein schlechthin. Gruen nimmt Korczak als einen Menschen wahr, der eine feinfühlige Hellsichtigkeit für den Schmerz entwickelt hat. „Seine Verzweiflung über das, was Menschen einander zufügen, führte bei ihm zu einem äußerst mitfühlenden Herz ohne Selbstmitleid." Korczak hat Misserfolge nicht demoralisiert und erkannt,

dass die einzig wahre Kraft aus erlebtem Schmerz emporsteigt. […] Nur indem ein Kind bei seinem eigenen Schmerz bleiben kann und der Erwachsene es darin begleitet, kann es die Kraft aufbauen Mensch zu sein. […] Es sind die Kinder selber, die uns den Weg hin zum Menschlichen zeigen können (Gruen, 2003, S. 3).

Arno Gruen setzt den von Menschen in Politik und Erziehung geschaffenen Machtstrukturen die menschliche Fähigkeit zur Empathie entgegen, die dem Kind das Erleben von Gerechtigkeit, Schutz und Teilnahme ermöglicht.

Im Werk und Wirken Korczaks ist noch ein Erbe auszuloten und in das kinderrechtliche Denken der Gegenwart aufzunehmen. Durch die Verschränkung der staatsrechtlich relevanten kinderrechtlichen Konvention und des subjektbezogenen, situationsgerechten Wirkens Korczaks ergeben sich im System Erziehung sowie im System Gesellschaft und Politik neue Möglichkeiten des wechselseitigen Verstehens:

- Die Korczak-Pädagogik ist eine menschenrechtlich begründete Pädagogik; sie gibt der kindgerechten Umsetzung der Konvention grundlegende Impulse für eine ganzheitliche Bildung.
- Kein Kind darf als Objekt staatlicher Verpflichtungen, sondern muss als Subjekt eigener Menschenrechte gesehen werden.

- Jedes Kind ist ein zu achtendes, zu schützendes, zu begleitendes und zu förderndes Rechtssubjekt, das bei Entscheidungen, die es betreffen, angemessen zu beteiligen ist.
- Alle Kinder haben die gleichen Rechte, ihre Potenziale auszuschöpfen und ihre Selbstwirksamkeitserfahrungen zu machen.
- Menschengerechtes Denken und Handeln entfalten in den Kindern humane Potenziale und Ressourcen.
- Pädagogisches Handeln versteht sich als ein wechselseitiges Lernen von Erwachsenen und Kindern in konkreten Lebenssituationen.
- Erziehung ist ein inter-generationelles Geschehen, das von allen Menschen, die am Prozess direkt und indirekt beteiligt sind, Respekt und Offenheit verlangt (Kerber-Ganse, 2009, S. 242 ff.).
- Von Korczak können die Erwachsenen eine Haltung der Achtung gegenüber dem Kind lernen, die es ihnen ermöglicht das Machtverhältnis in ein Dienstverhältnis zu wandeln.
- Das verlangt vom Erwachsenen einen Perspektivwechsel, ein Begegnen auf Augenhöhe und ein „Lernen vom Kind", denn es ist Experte in eigener Sache.
- Als Experte in Angelegenheiten, die es betreffen, ist das Kind mit zu beteiligen. Mit dieser Mitbeteiligung verbindet sich für die pädagogische Fachkraft eine größere Sicherheit, dass die Entscheidungen von allen an der Situation beteiligten Menschen getragen werden und „auch bei auftretenden Konflikten tragfähig sind" (Maywald, 2011, S. 21). Darüber hinaus erfährt sie die Gedanken, die sich das Kind über die Situation macht und sie kann aus dieser Erfahrung ganz neue und unerwartete Vorschläge aufgreifen und weiterentwickeln.
- Nach Arno Gruen, der die Macht sozialpsychologisch und psychoanalytisch untersucht, ist das Mitgefühl des Menschen eine fundamentale Lebenskraft (Gruen, 1999). Diese Fähigkeit zur Empathie macht gegen den Bazillus der Gewalt und des Bösen immun. Das lehrt Korczak: Auch wenn Liebe und Anerkennung in der frühen Entwicklungszeit fehlt, kann das Defizit aufgeholt werden durch das Erleben von Gerechtigkeit, Teilnahme und Sympathie (Gruen, 2003).
- In seiner *Kinderrepublik* lässt der *konstitutionelle Erzieher* Korczak die Kinder ihre *Macht* (Würde) konkret erfahren.
- Diese Erfahrung ermöglicht den Kindern die Entwicklung der eigenen Ressourcen und Kompetenzen „im Interesse ihres Zusammenlebens und im Interesse einer Konfliktlösung, die konstruktiv ernst macht mit den vielfältigen Widersprüchen ihrer Impulse, ihrer Erfahrungen, Bedürfnisse und Widerstände" (Kerber-Ganse, 2009, S. 151).
- Mit dem polnischen Korczak-Forscher Aleksander Lewin fragen wir abschließend: „Sollen wir uns mit dem gegenwärtigen Stand der Dinge im Verhältnis zwischen Erwachsenen und Kindern, so wie es seit Jahren existiert und erstarrt ist, abfinden, oder wollen auch wir, von Korczak inspiriert, ein völlig neues Modell

entwickeln, ein anderes Muster der Beziehungen zwischen den Generationen? Ein Muster, in dem die Altersunterschiede nicht mehr zählen, in dem die Barrieren, die die Welt der Kinder von der der Erwachsenen trennen, überwunden werden. Ein Muster, in dem das zum Tragen kommt, was im Menschen am besten ist" (Lewin, 1998, S. 147).

2.2 Perspektive: Kinderrechte ins Grundgesetz

Für Maria von Welser, stellvertretende Vorsitzende des Kinderhilfswerks Unicef in Deutschland, ist die Bundesrepublik Deutschland beim rechtlichen Schutz der Jüngsten und Schwächsten erstaunlich langsam (Welser, 2011). Bis heute erfolgte nicht die Verpflichtung der Aufnahme von Kinderrechten ins Grundgesetz, da von vielen die Auffassung vertreten wird, dass der Artikel 6 ausreichend sei. Er schützte Ehe und Familie, sie „stehen unter dem besonderen Schutz der staatlichen Ordnung" (Art. 6, Abs. 1). Darin sei den Eltern das Recht auf Erziehung zugesichert: „Pflege und Erziehung der Kinder sind das natürliche Recht der Eltern und die zuvörderst ihnen obliegende Pflicht" (Art 6, Abs. 2). Eltern müssen das Kindeswohl bedenken. Deshalb seien die Kinderrechte nicht ausdrücklich in das Grundgesetz aufzunehmen. Aus juristischer Sicht sind die Kinder lediglich ein „Regelungsgegenstand" der Norm. Sie sind also Objekte.

Vom Vorrang des Kindeswohls, wie er in der UN-Kinderrechtskonvention gefordert wird, kann hier nicht wirklich gesprochen werden, wenn man an Vernachlässigung und seelischen Verletzungen oder an Gewalt bei Kindern denkt. Hier darf die Polizei nicht unmittelbar für das Kindeswohl eingreifen, weil zunächst die Familie geschützt ist. Das Wohl des Kindes steht nicht an erster Stelle. Sobald aber die Kinderrechte im Grundgesetz verankert sind, dann hat jedes Kind ein Recht auf uneingeschränkte Anerkennung und Achtung seiner Persönlichkeit. Eltern müssen dann ihre Kinder an allen Entscheidungen, die sie betreffen, beteiligen – und zwar je nach Alter und Einsichtsfähigkeit.

Die Kinderrechtskonvention ist kein vages Versprechen, sondern eine völkerrechtlich bindende Verpflichtung für Politik und Gesellschaft, sich das Wohlergehen der Kinder zur Kernpriorität zu machen. In Österreich wurden die Kinderrechte im Januar 2011 in die Verfassung aufgenommen. Und „in den anderen europäischen Ländern ist die Forderung der Kinderrechtskonvention längst umgesetzt" (Welser, 2011).

Durch die Aufnahme der Kinderrechte ins Grundgesetz würde einer in 2004 verfassten Empfehlung des UN-Ausschusses für die Rechte des Kindes entsprochen werden, ebenso auch der Rechtsangleichung an Vorgaben der EU-Grundrechte-Charta (Artikel 24: Kinderrechte). Dieser Schritt würde auch das politische und gesellschaftliche Bewusstsein für die Rechte des Kindes stärken und darüber hinaus

die Position des Kindes sowohl gegenüber dem Staat als auch im Konfliktfall gegenüber den Eltern verbessern. Die Verankerung von Kinderrechten in der Verfassung würde die elterliche Verantwortung dafür stärken, die Rechte des Kindes tatsächlich zur Geltung zu bringen, und die Berücksichtigung von Kindesinteressen im politischen Raum fördern. Nicht zuletzt würde Deutschland dadurch international dokumentieren, welch hohen Rang auch in verfassungsrechtlicher Hinsicht die Gesellschaft hierzulande dem Wohl und den Rechten der Kinder beimisst (Maywald, 2011, S. 28).

Um die Kinderrechte in den Mittelpunkt des gesellschaftlichen und staatlichen Handelns zu stellen, wurde in Deutschland das *Aktionsbündnis Kinderrechte* gegründet (www.kinderrechte-ins-grundgesetz.de), dem u. a. auch die *Deutsche Liga für das Kind* (E-Mail: post@liga-kind.de) angehört, deren Geschäftsführer der Soziologe Prof. Dr. Jörg Maywald ist (vgl. Maywald, 2011, S. 29). Sobald die Kinderrechte im Grundgesetz verankert sind, hat jedes Kind ein Recht als eigenständige Persönlichkeit geachtet und wertgeschätzt zu werden, und es kann seinen Beitrag zu einer kinderfreundlichen Gesellschaft leisten, die auch Janusz Korczak ganz entschieden im Blick hatte, als er von der Selbstverwaltung der Kinder zu den Parlamenten der Welt sprach. Die Kinderrechte im Grundgesetz würden mit dazu beitragen, dass den Kindern eine gewaltfreie und selbstdisziplinierende Erziehung ermöglicht wird, eine Erziehung, die kindgerecht, bedürfnisbezogen und situationsorientiert ist. Und es würde der Kindheit zu ihrem Recht verholfen werden, von dem in dem Kapitel *Einleitende Impulse* gesprochen wurde. Diese Forderung nach einer gerechten Erziehung ist auch aufgrund der jüngsten Geschichte bei Menschen mit Behinderung dringend geboten.

Wir erinnern an die jüdische Heilpädagogik im Nationalsozialismus. Sie pflegte mit behinderten Menschen Solidarität, der die Theorie und Praxis der *Zedaka* zugrunde lag. Zedaka versteht sich als Pflicht zur sozialen Gerechtigkeit, die von der Überzeugung getragen ist, „dass ‚die Erhaltung eines Menschenlebens so gewertet wird, als habe man die ganze Welt erhalten'" (Ellger-Rüttgardt, 1996, S. 26).

Im schroffen Gegensatz zu dieser individuellen Verantwortungsethik wurde im gleichen Land zur gleichen Zeit vielen behinderten Menschen die Menschlichkeit abgesprochen. Die Nazidiktatur mit ihrer rohen Intoleranz ließ kein vernünftiges Argument zu. Jegliches Handeln musste sich dem Staat und seiner faschistischen Ideologie unterordnen.

Noch 13 Jahre nach dem Ende dieser unvergleichlichen Katastrophe der Humanität wirkte die im Reichsschulpflichtgesetz vom 6. Juli 1938 getroffene Abgrenzung der Schulbefreiung schwerbehinderter Kinder in den Schulgesetzen der Länder nach. Es waren Bürger- und Elterninitiativen, die die politisch Verantwortlichen auf die ungeheuerlichen Versäumnisse hinwiesen. Erst 1958 wurden die schulbefreiten Kinder in schulische Bildungseinrichtungen aufgenommen. Bei diesen Aktivitäten ließen die Verantwortlichen, die für die Rechte dieser Kinder kämpften, ihr Handeln nicht von den politischen Rahmenbedingungen bestimmen, sondern von Entscheidungen, die sie vor ihrem Gewissen verantworteten. Diese Initiativen führten von 1963 an zu einem rechtlichen Rahmen. Und heute ermöglicht die republikanische Rechtsordnung die Realisierung einer schulischen Kultur der Vielfalt in der Gemeinschaft mit anderen. Doch wir müssen wachsam bleiben.

In seinen moralischen Schriften spricht Umberto Eco davon, dass er durch die Kraft des Wortes *Freiheit* neu geboren wurde.

Wir müssen wachsam bleiben, damit der Sinn dieser Worte nicht wieder in Vergessenheit gerät. Der Ur-Faschismus ist immer noch um uns, manchmal in gutbürgerlich-ziviler Kleidung. [...] Der Ur-Faschismus kann in den unschuldigsten Gewändern daherkommen. Es ist unsere Pflicht, ihn zu entlarven. [...] Freiheit und Befreiung sind eine niemals endende Aufgabe (Eco, 2000, 67 f.).

Und in seiner einzigartigen Bonner Rede zum vierzigsten Jahrestag der Beendigung des Zweiten Weltkrieges wies am 8. Mai 1985 der damalige Bundespräsident Richard von Weizsäcker auf den Tag der Befreiung hin. Der 8. Mai 1945 „hat uns alle befreit von dem menschenverachtenden System der nationalsozialistischen Gewaltherrschaft" (Hofmann, 2010, S. 188). Dieser Tag nimmt uns in die Pflicht aus eigener Kraft der Wahrheit ins Auge zu sehen, Versöhnung durch Erinnerung zu pflegen und Verantwortung für den Anderen zu tragen.

Das lehrt auch Korczak: Er sieht aus seinem innersten Menschsein der Wahrheit ins Auge. Er schaut nicht weg. Er schweigt nicht. Er erlebt den Konflikt immer tiefer. Er handelt, tut Gutes und Rechtes. Durch sein Handeln zeigt er, wie der Ur-Faschismus an seinen Wurzeln zu bekämpften ist. Bleiben wir also wachsam. Wegschauen und Schweigen helfen nur dem Ur-Faschismus, der durch Erziehung an den Wurzeln bekämpft werden muss, noch ehe er zu einer Doktrin gerinnt. *Niemals Gewalt* (Astrid Lindgren) ist das erste Erziehungsgebot, um Kindern die Entwicklung ihrer Ressourcen und Kompetenzen und ihr Selbstwirksamwerden zu ermöglichen.

Der weltberühmten schwedischen Kinderbuchautorin Astrid Lindgren wurde in der Frankfurter Paulskirche 1978 der Friedenspreis des Deutschen Buchhandels verliehen. Ihre Dankesrede trägt die Überschrift *Niemals Gewalt!*:

[...] Müssen wir uns nach diesen Jahrtausenden ständiger Kriege nicht fragen, ob der Mensch nicht vielleicht schon in seiner Anlage fehlerhaft ist? Und sind wir unserer Aggressionen wegen zum Untergang verurteilt? Wir alle wollen ja den Frieden. Gibt es denn da keine Möglichkeit, uns zu ändern, ehe es zu spät ist? Könnten wir es nicht vielleicht lernen, auf Gewalt zu verzichten? Konnten wir nicht versuchen, eine ganz neue Art Mensch zu werden? Wie aber sollte das geschehen, und wo sollte man anfangen?

Ich glaube, wir müssen von Grund auf beginnen. Bei den Kindern. Sie, meine Freunde, haben Ihren Friedenspreis einer Kinderbuchautorin verliehen, und da werden Sie kaum weite politische Ausblicke oder Vorschläge zur Lösung internationaler Probleme erwarten. Ich möchte zu Ihnen über die Kinder sprechen. [...]

Ob ein Kind zu einem warmherzigen, offenen und vertrauensvollen Menschen mit Sinn für das Gemeinwohl heranwächst oder aber zu einem gefühlskalten, destruktiven, egoistischen Menschen, das entscheiden die, denen das Kind in dieser Welt anvertraut ist, je nachdem, ob sie ihm zeigen, was Liebe ist, oder aber dies nicht tun. ‚Überall lernt man nur von dem, den man liebt', hat Goethe einmal gesagt, und dann muss es wohl wahr sein. Ein Kind, das von seinen Eltern liebevoll behandelt wird und das seine Eltern liebt, gewinnt dadurch ein liebevolles Verhältnis zu seiner Umwelt und bewahrt diese Grundeinstellung sein Leben lang. Und das ist auch dann gut, wenn das Kind später nicht zu denen gehört, die das Schicksal der Welt lenken. Sollte das Kind aber wider Erwarten eines Tages doch zu diesen Mächtigen gehören, dann ist es für uns alle ein Glück, wenn seine Grundhaltung durch Liebe geprägt worden ist und nicht durch Gewalt. Auch künftige Staatsmänner und Politiker werden zu Charakteren geformt, noch bevor sie das fünfte Lebensjahr erreicht haben – das ist erschreckend, aber es ist wahr.

Blicken wir nun einmal zurück auf die Methoden der Kindererziehung früherer Zeiten. Ging es dabei nicht allzu häufig darum, den Willen des Kindes mit Gewalt, sei sie physischer oder psychischer Art, zu brechen? Wie viele Kinder haben ihren ersten Unterricht in Gewalt ‚von denen, die man liebt', nämlich von den eigenen Eltern erhalten und dieses Wissen dann der nächsten Generation weitergegeben! Und so ging es fort. ‚Wer die Rute schont, verdirbt den Knaben', heißt es schon im Alten Testament, und daran haben durch die Jahrhunderte viele Väter und Mütter geglaubt. Sie haben fleißig die Rute geschwungen und das Liebe genannt. Wie aber war denn nun die Kindheit aller dieser wirklich ‚verdorbenen Knaben', von denen es zurzeit so viele auf der Welt gibt, dieser Diktatoren, Tyrannen und Unterdrücker, dieser Menschenschinder? Dem sollte man einmal nachgehen. Ich bin überzeugt davon, dass wir bei den meisten von ihnen auf einen tyrannischen Erzieher stoßen würden, der mit einer Rute hinter ihnen stand, ob sie nun aus Holz war oder im Demütigen, Kränken, Bloßstellen, Angstmachen bestand. [...]

Muss man da nicht verzweifeln, wenn jetzt plötzlich Stimmen laut werden, die die Rückkehr zu dem alten autoritären System fordern! Denn genau das geschieht zurzeit mancherorts in der Welt. Man ruft jetzt wieder nach ‚härterer Zucht', nach ‚strafferen Zügeln' und glaubt dadurch alle jugendlichen Unarten unterbinden zu können, die angeblich auf zu viel Freiheit und zu wenig Strenge in der Erziehung beruhen. Das aber hieße den Teufel mit dem Beelzebub austreiben und führt auf die

Dauer nur zu noch mehr Gewalt und zu einer tieferen und gefährlicheren Kluft zwischen den Generationen. Möglicherweise konnte diese erwünschte ‚härtere Zucht' eine äußerliche Wirkung erzielen, die die Befürworter dann als Besserung deuten würden. Freilich nur so lange, bis auch sie allmählich zu der Erkenntnis gezwungen werden, dass Gewalt immer wieder nur Gewalt erzeugt – so wie es von jeher gewesen ist. […]

Jenen aber, die jetzt so vernehmlich nach härterer Zucht und strafferen Zügeln rufen, möchte ich das erzählen, was mir einmal eine alte Dame berichtet hat. Sie war eine junge Mutter zu der Zeit, als man noch an diesen Bibelspruch glaubte, dieses ‚Wer die Rute schont, verdirbt den Knaben.' Im Grunde ihres Herzens glaubte sie wohl gar nicht daran, aber eines Tages hatte ihr kleiner Sohn etwas getan, wofür er ihrer Meinung nach eine Tracht Prügel verdient hatte, die erste in seinem Leben. Sie trug ihm auf, in den Garten zu gehen und selber nach einem Stock zu suchen, den er ihr dann bringen sollte. Der kleine Junge ging und blieb lange fort. Schließlich kam er weinend zurück und sagte: ‚Ich habe keinen Stock finden können, aber hier hast du einen Stein, den kannst du ja nach mir werfen.' Da aber fing auch die Mutter an zu weinen, denn plötzlich sah sie alles mit den Augen des Kindes. Das Kind musste gedacht haben, meine Mutter will mir wirklich wehtun, und das kann sie ja auch mit einem Stein.

Sie nahm ihren kleinen Sohn in die Arme, und beide weinten eine Weile gemeinsam. Dann legte sie den Stein auf ein Bord in der Küche, und dort blieb er liegen als ständige Mahnung an das Versprechen, das sie sich in dieser Stunde selber gegeben hatte: ‚NIEMALS GEWALT!' (Strömstedt, 2001, S. 333 ff.)

Astrid Lindgren sah in ihrer Dichtkunst die Welt mit den Augen des Kindes. Das macht auch folgendes Beispiel deutlich: Das Mädchen Irina von Martens, ein Kind mit Downsyndrom, war mit der Fantasie, den Gedanken und Gefühlen von Astrid Lindgren in einem innigen Dialog. Irina von Martens schrieb dann selbst ein eigenes Märchen: *Irinas Buch. Ronjas neues Leben.* (Strömstedt, 2001, S. 348)

Lindgrens Friedensappell sollte von jedem Bürger als politisches, gesellschaftliches und pädagogisches Axiom, als gültige Wahrheit, die keines Beweises bedarf, verstanden werden.

In der unmittelbaren pädagogischen Situation, die Lindgren in ihrer Friedensrede beschreibt, steht im Grunde die Erzieherin jeden Tag immer wieder neu. Jedes Kind, das sie mit seinen Augen sieht, stellt ihr eine noch unbekannte Aufgabe. Sie macht – oft ganz unerwartete und überraschende – Entdeckungen und Erfahrungen.

2.3 UN-Behindertenrechtskonvention als Leitbild einer modernen Sozial- und Behindertenpolitik

Jeder Versuch eines einzelnen, für sich zu lösen,
was alle angeht, muss scheitern
(Friedrich Dürrenmatt, 1921–1990).

Abbildung 2: Die Flagge der Vereinten Nationen ist seit 1947 das offizielle Kennzeichen der Vereinten Nationen (UN).[1]

Das *Übereinkommen über die Rechte von Menschen mit Behinderungen* wurde von den Vereinten Nationen 2006 erlassen. Es konkretisiert die Menschen- und Kinderrechte aus der Perspektive der Menschen mit Behinderungen vor dem Hintergrund ihrer spezifischen Lebenslagen. Damit stellt das Übereinkommen einen wichtigen Schritt zur Stärkung der Rechte behinderter Menschen dar. Das universelle Vertragsinstrument führt im Einzelnen die Menschenrechte für die Lebenssituation von Menschen mit Behinderungen mit dem Ziel aus, ihre Chancengleichheit und volle gesellschaftliche Teilhabe zu fördern. Der völkerrechtliche Vertrag stellt einen wichtigen Schritt zur Stärkung der Rechte von rund 650 Millionen Menschen mit Behinderungen in der ganzen Welt dar.

Das Übereinkommen würdigt Behinderung als Teil der Vielfalt menschlichen Lebens und überwindet damit das noch in vielen Ländern vorherrschende Prinzip der Wohltätigkeit und Fürsorge.

1 http://www.flaggen.de

Einen völkerrechtlichen Vertrag muss jedes Land ratifizieren und dann ohne Vorbehalte in nationales Recht umsetzen. Deutschland hat das Übereinkommen am 19.12.2008 ratifiziert. Seit dem 26.03.2009 ist die UN-Behindertenrechtskonvention rechtsgültig und damit in deutsches Recht umzusetzen. Im Ratifizierungsverfahren wurde die Konvention wie ein Bundesgesetz behandelt. Sie wurde im Bundestag beraten und der Bundesrat hat zugestimmt. Der Text wurde dann im Bundesgesetzblatt veröffentlicht. Damit ist die Rechtskonvention auch für die Länder der Bundesrepublik Deutschland ein verbindlicher Handlungsrahmen.

Die Ratifizierung wurde mit einer Denkschrift versehen, in der die einzelnen Kapitel im Hinblick auf das deutsche Bildungssystem kommentiert sind. Die Kommentierung entschärft oder deutet die Rechtskonvention um, wenn beispielsweise vom integrativen Schulsystem gesprochen und der Begriff der Inklusion mit dem der Integration weitgehend gleichsetzt wird (Lindmeier, 2009, S. 397). Das führte zu heftigen kontroversen Diskussionen in Politik und Wissenschaft. Der Behindertenbeauftragte der Bundesregierung, Hubert Hüppe, verlangt eine konsequente Umsetzung der Rechtskonvention: Die volle gesellschaftliche Teilhabe sei „kein Gnadenakt, sondern ein Menschenrecht" (Süddeutsche Zeitung, 29. März 2010).

- Die UN-Behindertenrechtskonvention wird als Meilenstein auf dem Weg von einer Politik der Wohltätigkeit und Fürsorge zu einer Politik der Menschen- und Bürgerrechte gesehen. Sie führt den Menschenrechtsansatz ein: Bildung für Menschen mit Behinderungen ist ein Menschrecht!
- Die Rechtskonvention gilt als Leitbild einer modernen Sozial- und Behindertenpolitik. Sie wird ihre Ziele erst dann erreichen, wenn sich das gesamte Erziehungs- und Bildungswesen grundlegend ändert.
- Notwendig ist ein tiefgreifender Umbau des Bildungssystems von der Krippe bis zur Hochschule, der von einem Bewusstseinsbildungsprozess (vgl. Artikel 8 der Konvention) begleitet werden muss.

Die Konvention (siehe Literatur: Bundesministerium für Arbeit und Soziales 2010) bestimmt in Artikel 1 den Zweck:

Zweck dieses Übereinkommens ist es, den vollen und gleichberechtigten Genuss aller Menschenrechte und Grundfreiheiten durch alle Menschen mit Behinderungen zu fördern, zu schützen und zu gewährleisten und *die Achtung der ihnen innewohnenden Würde zu fördern.* Zu den Menschen mit Behinderungen zählen Menschen, die langfristig körperliche, seelische, geistige oder Sinnesbeeinträchtigungen haben, welche sie in Wechselwirkung mit verschiedenen Barrieren an der vollen, wirksamen und gleichberechtigten Teilhabe an der Gesellschaft hindern können (Hervorh. A. K./F. K.).

Nach Artikel 7 der Konvention haben die Vertragsstaaten alle erforderlichen Maßnahmen zu treffen, „um zu gewährleisten, dass Kinder mit Behinderungen gleichberechtigt mit anderen Kindern alle Menschenrechte und Grundfreiheiten genießen können."

Und Artikel 8 spricht von der Verpflichtung der Mitgliedstaaten, in allen Bereichen und bei allen Mitgliedern der Gesellschaft ein Bewusstsein für die Rechte und Würde behinderter Menschen zu schaffen sowie diskriminierende Praktiken und Vorurteile abzubauen. *Damit wird Bewusstseinsbildung ausdrücklich als staatliche Aufgabe hervorgehoben.* Als Maßnahmen werden u. a. „die Förderung einer respektvollen Einstellung gegenüber den Rechten von Menschen mit Behinderungen auf allen Ebenen des Bildungssystems, auch bei allen Kindern von der frühen Kindheit an" genannt (Hervorh. A. K./F. K.).

Artikel 24 thematisiert ausführlich das Recht auf Bildung für alle Menschen. Er enthält die Verpflichtung der Anerkennung des Rechts auf Bildung in einem inklusiven Bildungssystem – ohne Diskriminierung und auf der Grundlage der Chancengleichheit. Das Anstreben der inklusiven Bildung auf allen Ebenen hat das Ziel,

- die menschlichen Möglichkeiten sowie das Bewusstsein der Würde und das Selbstwertgefühl des Menschen voll zur Entfaltung zu bringen und die Achtung vor den Menschenrechten, den Grundfreiheiten und der menschlichen Vielfalt zu stärken;
- Menschen mit Behinderungen ihre Persönlichkeit, ihre Begabung und ihre Kreativität sowie ihre geistigen und körperlichen Fähigkeiten voll zur Entfaltung bringen zu lassen;
- Menschen mit Behinderungen zur wirklichen Teilhabe an einer freien Gesellschaft zu befähigen.

Sowohl das Institut für Menschenrechte in Berlin als auch prominente Völker- und Menschenrechtsexperten leiten aus der Behindertenrechtskonvention ein individuelles Recht auf inklusive Erziehung und Bildung ab. Es handelt sich also um ein gerichtlich einklagbares individuelles Menschenrecht (vgl. Wocken, 2011, S. 28). Damit verpflichtet die Konvention die Vertragsstaaten, das Wohl des Kindes mit Behinderung zu achten und das inklusive Bildungssystem in den Ländern der Bundesrepublik Deutschland zu schaffen (vgl. Klein, 2010, S. 13).[2]

---

2 Siehe auch Anhang: UN-Konvention über die Rechte von Menschen mit Behinderungen in leichter Sprache: Menschen-Rechte für behinderte Frauen, Männer und Kinder auf der ganzen Welt. Die gesamte Konvention kann kostenlos bezogen werden (siehe Literatur: Bundesministerium für Arbeit und Soziales 2010).

In der Bundesrepublik Deutschland sind alle Rechtsansprüche auf einen zusätzlichen Unterstützungsbedarf an den Terminus *behindert* gebunden. Insofern ist der Begriff der Behinderung ein sozialpolitischer, gesetzes- und verwaltungstechnischer Begriff, der seit 1994 im Grundgesetz (GG) verankert ist. Das Grundgesetz verpflichtet jeden Bürger, die unantastbare Würde des Menschen zu achten und zu schützen. Der Gesetzgeber hat 1994 ausdrücklich den Diskriminierungsschutz für Menschen mit Behinderungen als Grundrecht in das Gesetz aufgenommen: „Niemand darf wegen seiner Behinderung benachteiligt werden" (Art. 3 Abs. 3 Satz 2 GG).

Mit diesem Benachteiligungsverbot findet die Inklusion von Menschen mit Behinderung zum ersten Mal Aufnahme in die rechtliche Grundordnung. Auf diesem Verfassungsdokument stehen drei Säulen der Behindertenpolitik in Deutschland: Das Neunte Sozialgesetzbuch (2001), das Behindertengleichstellungsgesetz als Beitrag zur Umsetzung des Benachteiligungsverbotes im Grundgesetzt (2002) und seit August 2006 das Behindertengleichstellungsgesetz und das Allgemeine Gleichbehandlungsgesetz. Diese Rechtsgrundlagen sind ein gutes Fundament für die Realisierung der UN-Konvention über die Rechte von Menschen mit Behinderungen.

Der Begriff der Behinderung

- verleiht rechtlichen Schutz,
- ermöglicht den sozialrechtlich zugesicherten Hilfebedarf nach dem individuellen Erziehungs- und Bildungsbedarf und
- er stigmatisiert zugleich.

Die über zweihundertjährige Geschichte der Heil- und Sonderpädagogik führte zu begrifflichen Differenzierungen (Körperbehinderung, geistige Behinderung, seelische Behinderung u. a.), die dazu dienen, berechtigte spezielle Ansprüche durchzusetzen. Andererseits ist damit die Gefahr verbunden, dass Abwertungen und Ausgrenzungen verstärkt werden.

Inzwischen sind die Ziele und Inhalte der UN-Behindertenrechtskonvention in den Köpfen der Verantwortlichen in Politik und politischer Administration auf Bundes-, Landes- und kommunaler Ebene angekommen. Sie stehen in der Pflicht zu handeln. Ihr politisches Handeln bedarf der Unterstützung und Ergänzung durch fachkompetentes – pädagogisches, sozialpädagogisches und elementarpädagogisches – Handeln, um ein flächendeckendes Netz inklusiv gestalteter Kindertagesstätten in Verbindung mit wohnortnahen Freizeitangeboten für alle Kinder nachhaltig zu schaffen (vgl. Sarimski/Schaumburg, 2010, S. 128). Politisches und administratives Handeln sowie fachkompetentes Handeln müssen sich hier einander ergänzen, um zu nachhaltig wirksamen und gerechten Veränderungen zu kommen.

Abschließend sind folgende Aspekte festzuhalten:

- Integration strebte danach, den Menschen mit Behinderung in das bestehende soziale System einzupassen. Inklusion hingegen sieht den Menschen von Beginn an als Teil der Gesellschaft.
- Inklusion hat seine Grundlage im Diversity-Ansatz: Die Verschiedenheit aller Menschen ist Normalität. An diese Normalität ist das System anzupassen – und nicht umgekehrt.
- Inklusion will von Beginn an das System (Krippe, Kindergarten, Schule, Wohnen, Arbeiten) an die Bedürfnisse und an den Bedarf der Menschen anpassen.
- Die Inklusionsidee, verstanden als politisches Leitbild und sozialethisches Konzept, ist als unstreitiges Grundrecht in der Rechtsordnung der Bundesrepublik Deutschland verankert.
- Ihre Realisierung ist ein langfristiges politisches und gesellschaftliches Programm, das jeden Bürger und jede Bürgerin angeht; sie hängt vor allem auch von Rahmenbedingungen ab.
- Diese Bedingungen sind durch Politik und politische Administration auf allen Ebenen, vor allem in den Bildungs-, Erziehungs- und Sozialministerien der Länder in Verbindung mit pädagogischen Fachkompetenzen und den Kompetenzen von Menschen mit Behinderungen zu schaffen, indem das gesamte Erziehungs- und Bildungswesen nach der Idee der Inklusion von Grund auf neu strukturiert und nach und nach realisiert wird.

2.4 Das Normalisierungsprinzip: Basis pädagogischen Handelns für alle Kinder

Behinderung ist kein Zustand; sie ist ein Prozess.
In ihm wirken Vorurteile und Klischeevorstellungen von Leid und
mangelnder Lebensqualität zum Schaden der Betroffenen zusammen.
Nicht die Menschen mit Behinderungen zu eliminieren,
sondern die unseligen Gedanken aus den Köpfen der Zeitgenossen,
ist die gesellschaftliche Aufgabe unserer Tage
(Dr. Peter Radtke, von Geburt an körperlich schwer behindert,
Mitglied des Deutschen Ethikrats).

Die Inklusionspädagogik hat eine ihrer wesentlichen Wurzeln in dem international bedeutsamsten Reformkonzept der Behindertenhilfe: dem Normalisierungsprinzip. Das Normalisierungsprinzip geht auf das dänische *Gesetz über die Fürsorge für geistig Behinderte und andere besonders Schwachbegabte* aus dem Jahre 1959 zurück. Es wurde von dem Dänen Niels Erik Bank-

Mikkelsen entworfen, von dem Schweden Bengt Nirje weiter ausformuliert und in allen westlichen Ländern der Welt, vor allem in Nordamerika und Kanada, als Menschenrecht verbreitet. Nirje versteht das Normalisierungsprinzip als ein Menschenrecht. Es bedeutet, dass man richtig handelt, wenn man für alle Menschen mit Behinderungen Lebensmuster und alltägliche Lebensbedingungen schafft, die den gewohnten Lebensgegebenheiten ihres Lebensraumes oder ihrer Kultur soweit wie möglich entsprechen.

Das Normalisierungsprinzip bezieht sich auf die folgenden „Elemente der normalen Lebensmuster und Lebensbedingungen, an welchen auch behinderte Menschen das Recht haben teilzunehmen" (Nirje, 1994, S. 13):

1. Einen *normalen Tagesrhythmus* (u. a. Schlafen, Aufstehen, Frühstücken; Kindergarten, Schule, Arbeit, Freizeit).
2. Einen *normalen Wochenrhythmus* (u. a. Wochenende, Ausflüge).
3. Einen *normalen Jahresrhythmus* (u. a. Feste, Geburtstage, Urlaub).
4. *Normale Erfahrungen im Ablauf des Lebenszyklus* (u. a. Familie, Kindergarten, Schule, Beruf, Arbeit, Ablösung vom Elternhaus).
5. *Normalen Respekt vor dem Individuum und dessen Recht auf Selbstbestimmung* (u. a. Anerkennung und Achtung der Rechte, Bedürfnisse, Wünsche, Interessen, Entscheidungen, Eigenheiten).
6. *Normale sexuelle Lebensmuster ihrer Kultur* (u. a. Freundschaften und sexuelle Beziehungen pflegen, pädagogisch begleiten).
7. *Normale ökonomische Lebensmuster und Rechte im Rahmen gesellschaftlicher Gegebenheiten* (u. a. Sicherung wirtschaftlicher Existenz durch eigene Arbeit; das zur Verfügung stehende Geld selbst verwalten und ausgeben).
8. *Normale Umweltmuster und -standards innerhalb der Gemeinschaft* (u. a. eigenes Zimmer; altersentsprechende Ausstattung der Wohnung; Teilnahme an allen kulturellen Veranstaltungen, Festen und Feiern der Gemeinschaft).

Der Lebensbereich 5 *(Normalen Respekt vor dem Individuum und dessen Recht auf Selbstbestimmung)* kann folgendermaßen beschrieben werden: Menschen mit Behinderungen sind soweit wie möglich in die Bedürfnisermittlung einzubeziehen. Ihre Wünsche, Entscheidungen und Willensäußerungen sind zu beachten, zu respektieren und zu berücksichtigen.

Seit 1984 wurde das Normalisierungsprinzip in der Bundesrepublik Deutschland vor allem durch die Forschungen des Heilpädagogen und Soziologen Walter Thimm (1936–2006) bekannt. Thimm ging es bei der Anwendung dieses Reformkonzepts um

- Teilhabe der Menschen mit Behinderungen,
- Änderungen der Haltungen und Einstellungen ihnen gegenüber,

- sinnstiftende Beziehungen und Bindungen sowie
- solidarische und am Gemeinwesen orientierte Hilfen.

Walter Thimm hebt auch hervor, dass die Einbeziehung Behinderter letztlich nur gesichert werden kann, „wenn über die Dienstleistungen des professionellen Systems hinausgehend nichtprofessionelle, solidarische Hilfeleistungen der Gemeindeglieder mobilisiert werden" (Thimm, 2005, S. 233). Die Inhalte des Konzepts beziehen sich auf kulturelle und gesellschaftliche Gegebenheiten, die als ganz selbstverständlicher „Anspruch an das Leben" empfunden werden und anzustreben sind.

Das Normalisierungsprinzip, das ursprünglich aus praktischen Notwendigkeiten hervorging, nämlich der Verbesserung der Lebenssituation behinderter Menschen in Einrichtungen, ist für alle Menschen mit Behinderungen gültig – „wo immer sie auch leben". Es „kann in jedem Gesellschaftssystem und in jeder Altersgruppe" (Nirje, 1994, S. 13) angewandt und an unterschiedliche individuelle Entwicklungen sowie an soziale Veränderungen angepasst werden.

Dieses universelle Prinzip soll als Richtlinie für die

- erzieherische
- medizinische
- psychologische
- soziale
- gesetzliche und
- politische

Arbeit im Bereich der Hilfe für Menschen mit Behinderungen dienen. Entscheidungen und Handlungen, welche sich auf das Normalisierungsprinzip stützen, sind sinnvoll und richtig.

Die Aussagen und Feststellungen zum Normalisierungsprinzip entfalten in den verschiedenen Lebens- und Handlungsfeldern in der ganzen Welt ihre Wirkung. Ihre System verändernde Wirkung ist radikal. Sie geht an die Wurzeln des menschlichen Zusammenlebens, der „gemeinsamen Daseinsgestaltung im menschlichen Miteinander und Zueinander" (Kobi, 2004, S. 74).

Die Idee der Normalisierung ist eine Basis für das Handeln von Fachkräften im Umgang mit dem Kind und seinen Eltern. Um das Normalisierungsprinzip zu verwirklichen, ist es notwendig, sich an den Bedürfnissen der Menschen mit Behinderung und ihren Angehörigen zu orientieren, sich Klarheit über die Beziehungen zwischen den alltägliche Lebensgewohnheiten der Familie, Gruppe oder Gemeinschaft einerseits und den Lebensweisen behinderter

Menschen andererseits zu verschaffen, denn erst dann kann es seine Wirkung entfalten. Das zeigt das folgende Beispiel: In seiner sensiblen Studie über Kinder mit Anencephalie (Anencephalie, häufigste Fehlbildung des Gehirn, etwa 1:1 000 Lebendgeborene, bedeutet das Fehlen des Großhirns, Überlebensdauer der Kinder ist kurz, maximal wenige Tage) hebt der Heil- und Sozialpädagoge Harald Goll (Universität Erfurt) das Normalisierungsprinzip hervor. Orientiert am Elternbedürfnis, stellt er überzeugend dar, dass mit Neugeborenen mit Anencephalie so umzugehen ist, wie das mit nichtbehinderten Neugeborenen allgemein üblich ist, nämlich so normal wie möglich. Eltern gewinnen durch die normale Begegnung mit ihrem Kind die Erkenntnis und Einsicht, dass es sie „einen größeren Respekt vor dem Leben" (Goll, 2005, S. 75) lehrt.

Ausdrücklich ist auf das im März 2002 gegründete *Institut Mensch, Ethik und Wissenschaft – IMEW* (Warschauer Straße 58A, 10243 Berlin, Tel. 030/29 38 17 70, Fax 030/29 38 17 80, info@imew.de) hinzuweisen, das mit Veröffentlichungen, Vorträgen und Diskussionen, Ethikforen und Politikberatung sich gegen ein Menschenbild wendet, das den Menschen auf Leistungen oder Gene reduziert. Diese wissenschaftlich argumentierende Bürgerinitiative argumentiert aus der Perspektive der Menschen mit Behinderungen: Siehe z. B. die Veröffentlichung im Eigenverlag IMEW PROJEKT *Disability Mainstreaming in Berlin – Das Thema Behinderung geht alle an* (5/2011).

Das IMEW stärkt, erweitert und festigt die Perspektive der Behinderten. Dr. Peter Radtke würdigt die Arbeit des IMEW:

Behinderung ist kein Zustand; sie ist ein Prozess. In ihm wirken Vorurteile und Klischeevorstellungen von Leid und mangelnder Lebensqualität zum Schaden der Betroffenen zusammen. Nicht die Menschen mit Behinderungen zu eliminieren, sondern die unseligen Gedanken aus den Köpfen der Zeitgenossen, ist die gesellschaftliche Aufgabe unserer Tage. Das IMEW nimmt diese Herausforderung in beispielhafter Weise an und trägt hiermit zur Enthinderung der Gehinderten bei (vgl. www.imew.de).

Das *Übereinkommen über die Rechte von Menschen mit Behinderungen* bejaht Menschen mit Behinderungen als normalen Teil der menschlichen Gesellschaft. Sie versteht Menschen mit Behinderungen als Quelle kultureller Bereicherung. Dieser Gedanke wird durch Disability Mainstreaming nachhaltig gestützt. Was ist darunter zu verstehen?

Das seit 1995 in den USA und in England eingeführte Projekt des Disability Mainstreaming betont die politische Dimension der Inklusion, weist auf die Verknüpfung von Inklusion und Gesellschaftsordnung hin.

Aus diesem Projekt der Entwicklungspolitik entstand mit den Disability Studies eine politische Behindertenbewegung, die den Fachdisziplinen vorwirft, sie analysieren nicht aus der Perspektive des behinderten Menschen und tragen dadurch zu seiner Stigmatisierung und Diskriminierung bei. Die wissenschaftlichen Disziplinen trennen sich nicht vom individualistischen Modell, blenden das soziale und kulturelle Modell von Behinderung weitgehend aus, drohen dem Machbarkeits- und Rentabilitätskult, dem Schönheits- und Gesundheitskult zu verfallen.

Mit Disability Mainstreaming ist also ein sozialer Prozess in Gang gekommen. Der Begriff *Mainstreaming* lässt sich nicht übersetzen. Er kann wie folgt beschrieben werden: Ein Thema oder eine Aufgabe wird von der Peripherie ins Zentrum der Gesellschaft gerückt und soll in der Gesellschaft verankert werden. Das bedeutet, das Anliegen des Menschen mit Behinderung ist zum grundlegenden Bestandteil von politischen und gesellschaftlichen Prozessen zu machen – und zwar von Beginn an, nicht erst, nachdem bereits Vorentscheidungen gefallen sind.

Insofern ist Disability Mainstreaming ein Instrument zur Verwirklichung der Gleichstellung behinderter Menschen und ein Konzept, weil es einen grundlegenden Perspektivwechsel notwendig macht, der behinderte Menschen in alle Entscheidungsprozesse einbezieht (vgl. Grüber, 2010, S. 33 ff. und IMEW 2007).

Soll Disability Mainstreaming in Politik und Gesellschaft, in Wissenschaft, Forschung und Praxis erfolgreich verankert werden, dann ist zuallererst ein Umdenken bei den Menschen ohne Behinderung dergestalt notwendig, dass sie sich auf die Perspektive des behinderten Menschen, auf seine Bedürfnisse und Interessen und auf seinen Unterstützungsbedarf einlassen. Darüber hinaus sind Fort- und Weiterbildungen notwendig, damit die Verantwortlichen diese ungewohnte Perspektive nachvollziehen lernen. Die Implementierung und Etablierung von Disability Mainstreaming in Ministerien, Verwaltungen und Organisationen ist eine vordringliche Aufgabe, denn es werden positive Ziele formuliert, die über Maßnahmen gegen Diskriminierung hinausgehen.

Zusammenfassend ist nochmals hervorzuheben: Dem Ziel der Inklusion steht der individuelle Bildungsanspruch für jedes Kind gegenüber. Dieser Anspruch ist an Voraussetzungen gebunden, die die Elementarpädagogik allein nicht schaffen kann: Erforderlich sind personalintensive, fachliche und räumliche Voraussetzungen. Hier steht die Politik am Anfang eines langen Weges. Angesichts der Größe der Aufgabe wird die Umsetzung der Idee der Inklusion schrittweise und unter Einbeziehung der verantwortlichen Akteure der (kommunalen) Politik und (Elementar-)Pädagogik, der Menschen mit Behinderungen, der Initiativgruppen in den Gemeinden und der Verbände der Behindertenhilfe erfolgen können. Entscheidend ist ihr Wunsch, der nach dem Philosophen Ernst Bloch (1885–1977) aufbaut und Wirkliches schafft.

Die elementarpädagogische Fachkraft kann diesen Perspektivwechsel mitgestalten, indem sie im Rahmen ihrer Möglichkeiten zeigt, wie inklusive Erziehungs- und Bildungsarbeit zum Wohle aller Kinder gelingen kann. Dadurch schafft sie aus der Praxis heraus die Bedingungen für die Weiterentwicklung. Entscheidend ist, wie sie ihre Professionalität versteht. Versteht sie sich als Bildungsträger für alle Kinder?

Eine Fachkraft, die sich als Bildungsträger für alle Kinder versteht, wird ihre Einrichtungen als einen Lebens- und Erfahrungsraum für alle Kinder sehen, institutionelle, organisatorische, pädagogische und didaktische Grundsatzfragen aufwerfen, diskutieren und beantworten.

Und sie wird bei ihrem inklusiven situationsorientierten und entwicklungsfördernden pädagogischen Handeln das beachten, was pädagogische Erfahrungen und Einsichten sowie wissenschaftliche Erkenntnisse lehren:

- Jedes Kind bindet sich gern aus eigener Kraft in den gemeinsam gewählten Tages- und Wochenrhythmus sowie in die gemeinsam verantwortete zeitliche und räumliche Strukturierung ein.
- Jedes Kind will einen geordneten, verlässlichen und sicheren Erfahrungs-, Erziehungs- und Bildungsraum, in dem es sein Können erproben und sich bilden kann (Klein, 2010, 2011; Krenz, 2008, 2009b, 2011).

Dieser bindungsgestaltete Erfahrungs-, Erziehungs- und Bildungsraum entspricht dem kindlichen Bedürfnis nach Sicherheit, Kontinuität, Rhythmus und Wiederholung, er schafft innere Zufriedenheit, Freude und Dankbarkeit im Miteinander. Die fröhliche Atmosphäre wirkt unmittelbar und motiviert jedes Kind zum geordneten und disziplinierten schöpferischen Tun: In diesem gemeinsam strukturierten Raum des Wohlfühlens bilden sich stabile soziale Gewohnheiten aus, die dem Kind mit und ohne Behinderung Sicherheit und Zuversicht in die Potenziale der eigenen Entwicklung geben.

3. Sozial- und erziehungswissenschaftliche Reflexionen

Nicht behindert zu sein ist wahrlich kein Verdienst, sondern ein Geschenk,
das jedem von uns jederzeit genommen werden kann.
Lassen Sie uns die Behinderten und ihre Angehörigen auf ganz
natürliche Weise in unser Leben einbeziehen.
Wir wollen ihnen die Gewissheit geben, dass wir zusammengehören.
Damit helfen wir nicht nur ihnen, sondern auch uns selbst.
Denn wir lernen im Umgang mit ihnen wieder zu erkennen,
was wirklich wichtig ist in unserem Leben
(Weizsäcker zit. n. Schwender, 2011, S. 3).

3.1 Zum inklusionspädagogischen Menschenbild

Dietmar Zöller, ein Mensch mit Autismus, der an seiner Lebensbeeinträchtigung leidet, sagt: „Wichtig ist ein Leben in Würde für alle Menschen zu garantieren, auch für die, die mit einer Behinderung geboren werden. Darin sehe ich eine gesellschaftliche Aufgabe" (Zöller, 2009, S. 70).

Peter Radtke, ein Mensch mit schwerer Körperbehinderung, der mutig für die Belange aller Menschen mit Behinderungen kämpft, sagt:

Wir dürfen uns nicht auseinanderdividieren lassen, geistig Behinderte, Körperbehinderte und Sinnesgeschädigte, wie dies bereits in den Diskussionen um Sondereinrichtungen weitgehend geschehen ist. […] (Radtke, 2009, S. 4).

Margot Käßmann: „Ich empfinde ein Mädchen mit Down-Syndrom schön, weil sie von innen her strahlt und etwas spüren lässt von der Liebe zum Leben, vom Glücklichsein" (Käßmann, 2009, S. 43)

Die Zitate dieser Persönlichkeiten zeigen uns ein Menschenbild, das für die Verantwortlichen der inklusiver werdenden Kita maßgebend sein soll. Es ist ein Menschenbild, das Josef Fragner, Vater einer Tochter mit schwerer Behinderung, Professor für Pädagogik in Linz und Chefredakteur der Fachzeitschrift *behinderte menschen. Zeitschrift für gemeinsames Leben, Lernen und Arbeiten*, für die Erziehungs- und Bildungsarbeit, auf den Punkt bringt:

Für Eltern ist ihr Kind nicht ein wahrnehmungsgestörtes, verhaltensgestörtes, aggressives, sprachloses oder defizitäres Wesen. Für Eltern besteht ihr Kind nicht aus typischen Syndromen. Für uns Eltern ist ihr behindertes Kind unser Kind. Ein Kind, das uns anlächelt, ein Kind, das uns Freude bereitet, ein Kind mit leuchtenden Augen, ein Kind mit seidigen Haaren. Ein Kind, das wir versuchen, in seiner positiven Entwicklung zu sehen (Fragner, 1989, S. 232).

Fragners wertgebundene Menschenbild *der Pädagogik vom Kinde aus und für alle Kinder* lehrt die Geschichte vom Holzpferd:

Das Holzpferd lebte länger in der Kindergruppe als irgend jemand sonst. Es war so alt, dass sein brauner Stoffbezug schon ganz abgeschabt war und eine ganze Reihe Löcher zeigte. Die meisten seiner Schwanzhaare hatte man herausgezogen, um Perlen daran aufzuziehen. Es war in Ehren alt geworden. ‚Was ist eigentlich wirklich?', fragte eines Tages der Stoffhase, als beide Seite an Seite [...] lagen. ‚Bedeutet es, Dinge in sich zu haben, die summen, oder mit einem Griff ausgestattet zu sein?' ‚Wirklich', antwortete das Holzpferd, ‚wirklich ist nicht, wie man gemacht ist, sondern das, was mit einem geschieht. Wenn dich ein Kind liebt, nicht nur um mit dir zu spielen, sondern dich wirklich liebt, dann wirst du wirklich!' (Fragner, 1989, S. 241).

Wirklich ist also, was mit einem geschieht. Wenn Erzieher und Therapeuten sich bemühen ein Kind mit Behinderung so positiv wahrzunehmen, wie es Josef Fragner sagt, und wenn sie es wirklich lieben und danach handeln, wie es das Holzpferd sagt, dann sind sie auf dem Weg, das inklusionspädagogische Menschenbild Wirklichkeit werden zu lassen, das Gute und Rechte, von dem die Korczak-Pädagogik spricht, zu tun. Und sie werden sich mit diesem Menschenbild im Herzen und im Kopf den auf sie zukommenden Anforderungen und Herausforderungen stellen und nach ihren Möglichkeiten zum Guten und Gerechten wandeln.

Auf die Frage was das Wesentliche der inklusiven Pädagogik ist, lässt sich mit folgenden zwei Gedanken antworten, die tief in das menschliche Bewusstsein reichen und etwas von der Spiritualität des Menschen wie der Menschheit verspüren lassen:

- „Wirf deinen Anker nicht nach der Tiefe des Erdenschlammes, sondern nach der Höhe des Himmelblaues und dein Schifflein wird glücklich landen im Sturm." Diese Worte schrieb der kranke jüdische Dichter van Hoddis in das Album der Tochter seiner Pflegefamilie vor der Deportation in das Vernichtungslager (vgl. Dörner, 2001, S. 33). Aus diesem Geist der Achtung entfaltete auch Janusz Korczak

seine Lebenspädagogik. Van Hoddis und Korczak zeigen durch ihr Beispiel den Weg zum Menschlichen. Beide verbinden das Prinzip Verantwortung mit dem Prinzip Hoffnung. Sie haben der Sehnsucht des Menschen nach einer neuen Ordnung zwischen den Generationen und nach einem friedlichen Zusammenleben der Menschen jeglicher Art und Herkunft eine bis heute wirkende Chance gegeben.
- Der ungarische Schriftsteller Lázló Krasznahorkai (2010) schrieb in seiner Erzählung *Meister Inoue Kazuyukis Leben und Kunst* Worte, die mit Leiden, Trauer und schmerzhafter Schönheit erfüllt sind:

Er erinnere sich an einen Jungen mit Fahrrad, sagt er, noch bevor er in die Schule gekommen sei, an einen Jungen, der auf der Straße mit seinem Fahrrad gestürzt war und sich sehr weh getan hatte, aber alle lachten nur darüber, es waren gerade ziemlich viele Leute auf unserer Straße draußen, und alle lachten laut darüber, dass er mit seinem Fahrrad gestürzt war, ich nicht, ich weinte, so sehr tat er mir leid, vor allem, weil ich spürte, wie sehr ihm vom Sturz das Knie schmerzte, meine Mutter sagte dann, es sei genug, ich solle nicht mehr weinen, er war auch schon längst wieder weg, hatte den Staub von seiner Hose geklopft, war auf das Fahrrad gestiegen und in Richtung Horikawa-dori davongefahren, er aber habe noch immer geweint, denn der Junge habe ihm leid getan, sehr leid getan, dass man ihn ausgelacht hatte, aber das sind eigentlich nicht wirklich seine Erinnerungen, sagt er, das habe ihm seine Mutter erzählt, als er größer war, und so seien sie zu seiner Erinnerung geworden, und heute würde er sie erzählen, als erinnere er sich selbst daran, dabei seien sie nur, dank seiner Mutter, zu seinen Erinnerungen geworden [...]" (S. 234).

Drei stille Rebellen aus unterschiedlichen Epochen: Van Hoddis und Korczak einerseits und Krasznahorkai andererseits. Sie beschäftigen sich mit einer Welt der Qualität, in der Menschen miteinander leben, miteinander lieben und leiden, miteinander Freude und Leid teilen. Ihre Welt der Qualität ist offen, frei, ergänzungsbedürftig und lädt in die gemeinsame Sprache ein. Ihre sinnlich und sprachlich erlebten Gehalte lassen die Welt der Quantität hinter sich. Sie kämpfen – über alle Kulturen und Zeitsituationen hinweg – gegen die Erosion der Welt.

Sie nehmen die Wirklichkeit wahr und weisen auf einen Möglichkeitssinn hin. Ihre Sehnsucht, die Welt zum Guten und Gerechten zu wandeln, ist groß. In ihrer Sehnsucht existiert das Unerreichbare. Mit dieser Chiffre hat es die Heil- und Sonderpädagogik im 21. Jahrhundert zu tun. Die inklusiv arbeitende elementarpädagogische Fachkraft steht vor ganz neuen Anforderungen, denn die Welt der Qualität wird durch die Welt der Quantität in ihren Grundfesten erschüttert.

Als vor 17 Jahren in der Bildungsakademie Tutzing (bei München) Soziologen, Psychologen, Historiker und Mediziner über die Zukunft des menschlichen Seelenlebens nachdachten, wagte eine Minderheit die Prophezeiung, dass psychische Erkrankungen stark zunehmen würden. Vor allem Angstneurosen und Depressionen haben – wie die Statistiken der deutschen Krankenkassen ausweisen – inzwischen bald den Status einer Epidemie erreicht (Schurz, 2010). Mit was aber ist die Psyche überfordert, das zu seelischen Erkrankungen führen kann? Vier Aspekte sind zu nennen, die für die inklusive Pädagogik der Gegenwart bedeutsam sind. Sie zeigen aus unterschiedlichen Blickwinkeln, wie die Bedingungen des Lebens, den Menschen aus seiner Mitte vertreiben und die (elementar-)pädagogische Profession gefährden können.

- Das *Ich* des Menschen wird zur Ware
  Diskurse über das *neue Profil des Menschen* weisen darauf hin, dass das *Ich* des Menschen zur Ware zu werden droht. Schon allein durch das Internet hat sich die Definition des *Ichs* verändert. Der Mensch ist nicht mehr nur Person mit ein paar persönlichen Daten, sondern er ist zu einem Datensatz geworden, der durch Firmen wie Facebook und Google im Netzwerk vermarktet wird. Informatiker sprechen vom Computer als Bewusstseinsmaschine, die ein mit Hypothesen geleitetes Denken überwindet und neue Formen des Erkennens in vernetzten Zusammenhängen generiert. Doch die hergestellten Zusammenhänge sind keine Sinnzusammenhänge mehr. Sie verfeinern lediglich Muster. Die Google-Facebook-Welt besagt also, dass ich nicht für sie bedeutsam bin und auch kein anderes Ich bedeutsam wäre, obwohl sie alles vom Menschen erfahren wollen. Bedeutsam ist für sie immer nur die große Zahl der Ichs, von denen sie alles wissen müssen, damit ihre Rechner komplexe Profile von Menschen erstellen können, die wir nicht mehr erkennen. „Diesseits dieser Welt aber muss ich die Bedeutung, meine Bedeutung, behaupten und unvermindert verteidigen. Andernfalls wird das Ich zur bewusstlosen Ware" (Graff, 2010, S. 14).
  Das neue Profil des Menschen lässt seine *Sehnsucht* verkümmern. Sehnsucht kann sich erst entwickeln, wenn ein Mensch über sein Leben und Handeln autonom nachdenken, (mit-)fühlen, Fragen stellen und selbst entscheiden kann.

- Der Mensch wird als Summe von Einzelfunktionen verstanden
  Heute sehen sich viele Human- und Sozialwissenschaftler einem Denken verpflichtet, das den Menschen nicht mehr als Person beschreibt, sondern als Organisationssystem von Verhaltensweisen, die analysiert, gemessen und geprüft – kurz: verrechnet – werden können. In diesen Theoriegebäuden ist nicht mehr der Mensch in seiner Ganzheit das Bezugssystem.
  Wird aber der Mensch in formale Kategorien aufgelöst und als Summe seiner Einzelfunktionen verstanden, dann wird sein Bedürfnis, aus seinem inneren Kraftzentrum heraus autonom zu handeln, ignoriert. Er wird weitgehend in sinnleeren

Funktionszusammenhängen gesehen und aus seiner seelischen Mitte vertrieben. Sein *ursprüngliches Sehnen* nach tiefer liegenden Fragen, nach Fragen der Individualität und Sozialität des Menschen erlischt. Das hatte bereits Adorno prophezeit (Adorno, 1966).

◆ Das solidarische Miteinander wird der Beschleunigung geopfert
Heute wird von der verwertungsorientierten Lern- und Wissensgesellschaft gesprochen, in der Begriffe wie Leistungssteigerung und Konkurrenz dominieren, die Selektion erzeugen und den Schwächeren zurückdrängen oder aussondern. Diese Praxis der Starken ist mit Eile verbunden. Es ist das *Veloziferische*, eine Wortschöpfung Goethes (aus dem Lateinischen velocitas = Eile und dem Italienischen velozifero = Eilwagen oder Eilpost), das zum Stigma seiner Zeit wurde. Es zeigt sich nun als Stigma der Gegenwart (vgl. Osten, 2003). Doktor Faustus wollte immer mehr, unterlag Mephisto und musste des Teufels Joch der Eile tragen. Die Antizipation des Schnellen und des Mehr führt zu einer wechselseitigen Steigerung des Beschleunigens. Wer mehr hat will noch mehr und wer noch mehr hat, vermehrt sein Mehr-Haben. Dieses Anspruchsdenken ist heute in der modernen Forderungsgesellschaft präsent.
Das Stigma der Gegenwart kann, wie die neuropsychiatrischen Praxen zeigen, tief in das körperlich-seelisch-geistige Befinden eingreifen und zu Störungen des moralischen Denkens bei jedem Menschen jeder Profession führen. Der Mensch hat durch die Beschleunigung aller Lebensvorgänge seine Geborgenheit verloren, nach der er *sich sehnt*.

◆ Bildung wird auf den Fokus der Nützlichkeit reduziert
Die Praxis des Starken dominiert auch im europäischen Bildungswesen, das von der Politik wie ein Wirtschaftsbetrieb gesehen wird. Der Bologna-Prozess steht auf dem Prüfstand. Das Bildungssystem kann nicht technokratisch umgesteuert und nach betriebswirtschaftlichem Muster (messbare Leistung, Steigerung der Effizient) technokratisch verrechnet werden. Inzwischen wird ein europäischer Qualifikationsrahmen angestrebt. Dieser politische Dirigismus verengt den Sinn wissenschaftlichen Erkenntnisstrebens. Gerade die Gegenstände der Humanwissenschaften dürfen nicht den betriebswirtschaftlichen Standards folgen und die geistes- sowie sozialwissenschaftlich ausgebildete elementarpädagogische Fachkraft darf nicht zum Ökonom umfunktioniert werden.
Das träfe die Demokratie in ihrem innersten Kern, denn es wird ihr nicht gelingen den nützlichen, fügsamen und technisch angepassten Menschen zum verantwortlichen, selbstbewussten und kritischen Staatsbürger zu bilden. Konformismus ist Gift für eine weiterzuentwickelnde dezentral organisierte Demokratie, die in überschaubaren Systemen in den Kommunen und ihren Bildungseinrichtungen ihre Wirkung entfalten soll.

Mögen die vier zeitdiagnostischen Aspekte überzogen sein. Doch sie bündeln sich in Folgendem: Der Mensch als Ware und Summe von Einzelfunktionen wird im Sog der Beschleunigung zum Objekt für fremde nützliche Zwecke. Seine Autonomie soll der Fremdkontrolle und Fremdherrschaft weichen.

Die Pluralität der Postmoderne, die einerseits mehr Freiheit und Autonomie verspricht, führt gerade bei Menschen in sozialen und pädagogischen Berufen zu Unsicherheiten und Ängsten, zu Beziehungsstörungen, zur Destabilisierung bisheriger Lebensmuster, zu erhöhter Einsamkeit, seelischer Verarmung und zu mehr individuellen Problembelastungen (Speck, 2008).

Sie geraten aus dem inneren Gleichgewicht und haben eine tiefe Sehnsucht nach Orientierung. Ebenso leben auch junge Menschen von Beginn an im Sog der Zeit. Viele neue Störungs- und Krankheitsbilder fallen nun in den Verantwortungsbereich der Elementarpädagogik. Diese Menschen sehnen sich in gleicher Weise wie die Fachkräfte (Elementarpädagogin, Therapeutin, Heil- und Sonderpädagogin) nach Orientierung.

3.2 Sehnsucht – eine Triebkraft des Lebens

Angesichts aufkommender nationalistischer Formierungstendenzen machte der Schweizer Heil- und Sonderpädagoge Heinrich Hanselmann schon 1931 auf die im Menschen tief verwurzelte Haltung der Sehnsucht aufmerksam:

Inwendige Heiterkeit ist das beste und verlässlichste Gut, das der Mensch in dieser Welt erwerben kann. Er kann sie mitbringen, wohin ihn das Leben führt; selbst im Armenhaus kann sie ihm niemand nehmen; weder Mode noch irgend eine Polizei kann sie verbieten. Die inwendige Heiterkeit macht weit und führt hinaus über das Ich, zu andern hin und auch über die andern hinaus. […] Inwendige Heiterkeit ist fröhliche Sehnsucht (Hanselmann, 1931, S. 52).

Von dieser Haltung ist auch Gadamers philosophische Hermeneutik *Wahrheit und Methode* (2010) durchdrungen. Und heute erkennen die Humanwissenschaften, dass die Fähigkeit zur *Sehnsucht* die ehrlichste Eigenschaft des Menschen ist (vgl. Weber, 2010). Dass die Sehnsucht auch eine gesellschaftliche Kraft entfalten kann, hat der eschatologische Kommunist Ernst Bloch formuliert. Für ihn baut sich Sehnsucht auf, sie schafft eine neue Wirklichkeit. Sein „Prinzip Hoffnung" wird heute meist dann zitiert, wenn ausgedrückt werden soll, dass man in einer bestimmten Situation nichts mehr tun kann, als nur noch zu hoffen. Das steht allerdings ganz im Gegensatz zu Bloch, der seine *Hoffnung* nicht als Warten auf einen zufälligen glücklichen Ausgang oder eine günstige Wendung verstand, sondern als konkrete Utopie, als bewusst planendes und aktives Einwirken auf die Entwicklung von Natur, Mensch und Gesellschaft. Er hoffte, er könne etwas in die Welt der realen Demokratie bringen, was alle Menschen brauchen, „das allen in die Kindheit scheint und worin noch niemand war: Heimat" (Bloch, 1985, S. 1628). Heute verweist diese Hoffnung auf die Stärkung des bürgerlich-zivilgesellschaftlichen Engagements, auf die Bereitschaft zur Übernahme von Verantwortung für das Handeln und seine Folgen.

Erwähnenswert ist, dass der kalifornische Neurologe und Hirnforscher Antonio Damasio bei seinen umfassenden Forschungen die Sehnsucht und Hoffnung des Menschen als eine universale Emotion erkennt (vgl. Damasio, 2010, 2011). Für diesen Humanwissenschaftler ist ein vernünftiges Handeln nur möglich, wenn es in der Einheit mit dem menschlichen Gefühl erfolgt. Von dieser geistigen Kraft kann sich die pädagogische Fachkraft leiten lassen. Sie ist eine Triebkraft des Lebens, des Handelns und Denkens, und sie kann durch selbstreflexives Handeln Ambiguitätstoleranz, also das Wahrnehmen und Bewältigen von Widersprüchen, pflegen.

3.3 Verantwortung in der konkreten pädagogischen Situation

Diese Triebkraft entfaltete z. B. die Pädagogin Anne Sullivan bei der Erziehung des taubblinden Kindes Helen Keller, auf die wir in dem einleitenden Impuls *Seelenproviant zum Leben erwecken und begleiten* aufmerksam machten. Durch das dialogische und Sinn erschließende methodische Handeln der Erzieherin erkannte Helen, „dass es zwei Welten gibt, eine, die sich mit Schnur und Winkelmaß messen lässt, und jene andere, die wir nur mit unseren Herzen und in der Intuition erfahren können" (Keller, 1991, S. 158). Bei Sullivan erwuchs aus der Kraft des Herzens, die ihre Schülerin bei ihr erkannte, die Bereitschaft, die Verantwortung für ihr konsequentes erzieherisches Handeln zu übernehmen. Ihr pädagogisches Selbstverständnis bestand darin, jene unsichtbaren Grenzen zu überschreiten, die Menschen mit Behinderungen von Menschen ohne Behinderungen trennen. Dieses ganzheitliche Wahrnehmen und Handeln sieht im anderen Menschen den unversehrten Kern, seine Geistigkeit. Auf dieser Basis realisiert sich das Menschenrecht auf Inklusion im ko-existenziellen Sinn.

Diese inklusive pädagogische Praxis gründet in tiefen Schichten des Menschseins. Sie kann sich der Erosion der Welt stellen und dort einwirken, wo sie sich durch äußere Umstände beunruhigt fühlt. Ihre Verantwortungsbereitschaft hat die Unmittelbarkeit der Lebenserfahrung im Blick. Sie gründet auf der Wirklichkeit des pädagogischen Geschehens, in dessen Zentrum die Qualität der konkreten Praxis und damit die in der Persönlichkeit der pädagogischen Fachkraft liegenden Ressourcen stehen.

4.
Bildung durch Bindung –
Herausforderungen an die Fachkraft

Man sollte Kinder lehren
ohne Netz auf einem Seil zu tanzen
bei Nacht allein unter freiem Himmel zu schlafen
in einem Kahn auf das offene Meer hinauszurudern.
Man sollte sie lehren
sich Luftschlösser statt Eigenheime zu erträumen
nirgendwo sonst als nur im Leben zu Hause zu sein
und in sich selbst Geborgenheit zu finden
(Hans-Herbert Dreiske, 1987, S. 13).

Seit über einem Vierteljahrhundert weisen vielfältigste Publikationen und unterschiedliche Wissenschaftler kontinuierlich – Jahr für Jahr – auf ein zunehmend stärker werdendes Phänomen hin: das Verschwinden der Kindheit in einer sich rasant verändernden Welt.

So haben z. B. Aries (München 1975) und De Mause (Frankfurt 1977), Muchow (Bentheim 1980) und Hengst (Frankfurt 1981) neben vielen anderen Autoren[1] Biografien und Lebensbedingungen von Kindern in Deutschland beschrieben, die sich in tausendfacher Wiederholung Tag für Tag in den Lebenswirklichkeiten sehr vieler Kinder widerspiegeln: *Kindheit* als ein eigenständiger Entwicklungszeitraum wird immer mehr und gleichzeitig immer stärker eingeschränkt, zerrissen und begrenzt. Kinder werden ihrer Kindheiten regelrecht beraubt. So sprechen Entwicklungspsychologen immer häufiger von der permanenten Zunahme einer *inneren Heimatlosigkeit* in der seelischen Entwicklung vieler Kinder.

Daneben zeigen uns in den vergangenen Jahren Wissenschaftler und wissenschaftlich orientierte Pädagogen, Ärzte und Psychologen fachkompetent und deutlich auf, wie nachhaltige Entwicklungsprozesse in Kindern entstehen

---

1 Im Literaturverzeichnis finden Sie eine detaillierte Auflistung der einschlägigen Standardliteratur zum Thema *Biografien und Lebensbedingungen von Kindern in Deutschland.*

und aufgebaut werden (Holt 1997; Ciompi 1997; Astington 2000; Hüther 2001 etc.), um nicht zu einer Kindergeneration zu mutieren, die Kinder in einer modernen Gesellschaft immer stärker in seelische Nöte manövriert (Gebauer 2000; Bergmann 2003; 2009; Herbst 2010).

Gleichzeitig mahnen sie – ebenso wie andere Kindheitsforscher, Entwicklungspsychologen, Kinderpsychotherapeuten und Pädagogen –, einen deutlichen Perspektivwechsel in der Pädagogik vorzunehmen und sich in der Bildungsarbeit mit Kindern auf deutlich andere Wege zu begeben als es üblicher Weise in Deutschland geschieht (z. B. Honig 1999; Tschöpe-Scheffler 1999; etc.).

Diese deutlichen Mahnungen, die sich an Eltern, Kindergärten und Schulen richten, sowie die aufgezeigten Notwendigkeiten, um Kinder seelisch, sozial und kognitiv zu stärken und damit auf ein Zukunft vorzubereiten, die durch immer neue Herausforderungen charakterisiert sein wird, erfordert eine Persönlichkeitsbildung von Anfang an, die Kindern helfen wird, persönliche Irritationen mit sich selbst zu klären und Handlungsschritte im Leben so zu gestalten, dass Klärungen und aktiv gestaltete Lösungswege zum festen Bestandteil des Lebens gehören. Dazu brauchen Kinder für ihre Gegenwart und ihre Zukunft eine kreative Intelligenz (Mutius 2003). Sie brauchen besondere Handlungskompetenzen (Wyrwa 2001) und Handlungsstrategien, die ihnen helfen, weitestgehend autonom und selbstständig zu agieren (Crain 2003). Um all diese Fähigkeiten aufzubauen und nachhaltig nutzen zu können, bedürfen sie einer Pädagogik der bewussten Entwicklungsbegleitung (Günster 2007; König 2010).

Um all dies zum Ausgangspunkt einer *neuen Pädagogik zu machen ist es notwendig, sich einem bindungsorientierten Bildungsverständnis* zuzuwenden – ganz im Sinne der sorgsam formulierten Gedanken des damaligen Bundespräsidenten Johannes Rau auf dem ersten Kongress des Forums Bildung *Wissen schafft Zukunft* am 14.07.2000 in Berlin. Er brachte seine Gedanken wie folgt auf den Punkt:

Wir sollten [...] Bildung wieder stärker ganzheitlich verstehen. In der Bildung vergewissern wir uns unserer selbst und finden unsere Identität. Bildung ist, wie jede Kultur, die menschliche Form der Weltaneignung und zugleich ihr Ergebnis. Wer nicht denken gelernt hat, der kann diesen Mangel durch noch so viele Informationen nicht ersetzen [...] Denken und Verstehen: das hat zu tun mit dem ganzen Menschen, mit Leib und Seele, Herz und Verstand. Denken und Verstehen: Das hat zu tun mit analytischen Fähigkeiten, mit Einfühlungsvermögen und mit der Fähigkeit, sich neue Wege zu erschließen. Denken und Verstehen: Das bedeutet Orientierung suchen, Orientierung haben und Orientierung geben zu können in einer Welt, die uns mit immer neuen und immer mehr Einfällen, Eindrücken und Einsichten überhäuft [...] (In: Kesberg, 2002, S. 57).

Das bedeutet auch, sich gleichzeitig bewusst und deutlich von der aktuellen Bildungshysterie abzuwenden, die in der berechtigten Forderung gipfelt: *Lasst eure Kinder in Ruhe! Gegen den Förderwahn in der Erziehung* (Bergmann, 2011).

Viele Kinderwelten sind inzwischen räumlich und durch die Art der Tagesgestaltung massiv eingeengt, viele Kinderzeiten sind von morgens bis abends verplant und durchstrukturiert, viele Lebensperspektiven sind von Erwachsenen für Kinder auf das ferne Ziel Zukunft hin programmiert und damit für Kinder zerrissen, weil sie *eigentlich* die Gegenwart erleben und selbstbestimmt erfahren wollen (vgl. Zeiher, 1990). Sicherlich trifft in diesem Zusammenhang der Text von Peter Maffay exakt zu, wenn es in dem Musical Tabaluga heißt:

Ich wollte nie erwachsen sein, hab' immer mich zur Wehr gesetzt, von außen wurd' ich hart wie Stein und doch hat man mich oft verletzt. Irgendwo tief in mir bin ich ein Kind geblieben. Erst dann, wenn ich's nicht mehr spüren kann, weiß ich es ist für mich zu spät.

Auch in der Zeitschrift *Psychologie heute* rüttelten schon im Februar 1990 die beiden Leitartikel *Kindheit: organisiert und isoliert* sowie *Kinder im Dauer-Stress* die Öffentlichkeit auf und 1996 wurde der Fachartikel von Prof. Dr. S. Hebenstreit in der Zeitschrift TPS (5/96) mit der Überschrift *Über das Kind, die Welt und die Zukunft – der Vertreibung von Kindheiten entgegensteuern* viel beachtet. Und schließlich konstatiert Susanne Gaschke in der Zeitung DIE ZEIT (19. April 2000) schon vor über einem Jahrzehnt das *Ende der Kindheit*.

Doch was ist von der Aufforderung und Mahnung an Erwachsene, Kindheit als ein eigenständiges Zeitfenster zu begreifen und entsprechend mit Kindern zu erleben, geblieben? Die Praxis zeigt: Wenig! In immer mehr frühpädagogischen Einrichtungen scheint es ein *Qualitätsmerkmal* zu sein, möglichst viel mit Kindern zu unternehmen, um Eltern zu verdeutlichen, dass Quantität ein Qualitätshinweis zu sein scheint. Und selbst die Aufregung durch die bisherigen Studien PISA sowie die entsprechenden Nachuntersuchungen brachten es an manchen Orten mit sich, dass nun wieder (alte) Vorschulblätter hervorgezaubert wurden, statt gemeinsam draußen zu spielen, ein frühes Lesenlernen in den Fokus rückte, statt lebendige Abzähl- und Reimspiele gemeinsam zu erleben, Sprachtrainings als besonders wertvolle Übungseinheiten eingesetzt wurden, statt eine lebendig gepflegte Sprachkultur zu pflegen, und frühe Logopädie-Voruntersuchungen dazu führ(t)en, besondere graphomotorische Trainingseinheiten zu initiieren, statt auf Bäume zu klettern, Hüpf- und Versteckspiele zur Freude aller zu gestalten. Daneben gab es Suchtprophylaxe-Programme für Kinder, um sie entsprechend *stark* zu machen, Anti-Gewalt-Trainings zur Verbesserung der Kommunikationsfähigkeit, anstatt eine sozial-empathische Atmosphäre in der Einrichtung zu kultivieren, kleinere Lehrprogramme zur nach wie vor bedeutsamen gesunden Ernährung anstatt eine grundsätzlich sorgsam gepflegte Esskultur zu erleben und gezielte Waldtage, um bestimmte Naturvorgänge exemplarisch kognitiv zu verstehen und weniger die Wunder der Natur mit allen Sinnen wahrzunehmen.

Zunehmend fiel auf, dass *ADS- und ADHS-Kinder immer mehr Probleme machten und einer* gezielten Therapie bedurften, ohne dass die Fachkräfte sich der Mühe unterzogen, die von den Kindern gezeigten Verhaltensweisen zu beschreiben, sinnzusammenhängende Vernetzungen mit biografischen Daten herzustellen und auf eine gleichzeitig vorschnelle Nutzung von medizinisch geprägten Etikettierungen zu verzichten. Und nicht zuletzt wurden bzw. werden unterschiedlichste Curricula entwickelt, die im Sinne einer *Bildungsoffensive* in der *Praxis* abgearbeitet werden (sollen) und unmerklich die frühpädagogische Einrichtungen in eine funktionalisierte Vorschulinstitution – wenn nicht gar in sogenannte *Kaderschulen* – verwandeln. Spielmittel und diverse Spielzeugarten werden zunehmend zu Lerngeräten und Lernübungen funktionalisiert, anstatt das Spiel in seinem grundsätzlichen Ausdruckswert zu genießen. Außenräume entwickeln sich mancherorts zu gefahrlosen und völlig langweiligen Orten, die zwar keine Herausforderung mehr für Kinder bieten, dafür aber vom TÜV/GUV ein Sicherheitssiegel verliehen bekamen, weil mögliche Unfallgefahren nahezu vollkommen ausgeschlossen werden konnten.

Viele Arbeitsimpulse in der Elementarpädagogik besitzen in zunehmendem Maße den Charakter einer *Kinderbelehrung* mit der Folge, dass es schleichend und zunächst kaum bemerkbar zu einer *sozial-emotionalen Kinderentleerung* wird, weil Kinder im Gegensatz zu den belehrenden Absichten von Erwachsenen in Zusammenhängen – *real existierenden Kontexten* – fühlen, denken und handeln (wollen/müssen), ihre Absichten und Erfahrungen in Handlungsvernetzungen begreifen möchten/müssen und nur das als lernbedeutsam aufnehmen werden, was für sie selbst attraktiv, existenziell und lernmotivierend ist. Stattdessen steckt die Frühpädagogik und stecken viele Eltern die Kinder in immer mehr pädagogisierte Arrangements, durch die sie ihre eigenen Lernimpulse immer weiter verdrängen müssen, ihre ursprüngliche Lernfreude verlernen, ihre angeborene Lernneugierde aufgeben und passiv darauf warten, dass es vielleicht noch etwas Spannenderes gibt als ihre vorprogrammierte Lebensrealität (vgl. Elkind, 1991; Ellneby, 2001; Römer, 2001; Lee, 2004; Rittelmeyer, 2007; Kullmann, 2009; Herbst 2010).

Der Weg vom Säugling über das Kind zum Jugendlichen und Erwachsenen wird immer kürzer, voller Entwicklungsabbrüche und weniger nachvollziehbar für die Kinder selbst. Nicht selten entstehen dadurch Entwicklungsbrüche vielfältigster Art – ausgedrückt als Verhaltensirritationen, auf die die Erwachsenenwelt mit immer neuen therapeutisierten Pädagogikprogrammen reagiert (vgl. GEO Wissen, 2004).

Dort, wo ein Leben zunehmend in Bedingungen geschieht – und das macht den Alltag auch in immer mehr frühpädagogischen Einrichtungen aus – wird und ist die aktive Selbstbestimmung vieler Kinder radikal reduziert. Der Alltag ist aus Fertigbausteinen zusammengesetzt, der den Kindern wenig Raum lässt, *Forscher, Entdecker, Wissenschaftler mit eigenen Neigungen* sein zu können. Janusz Korczak, der bekannte Arztpädagoge, hat einmal gesagt:

Wir belasten Kinder mit neuen Pflichten des Menschen von morgen, ohne ihnen die Rechte des Menschen von heute zuzugestehen […] Um der Zukunft willen wird gering geachtet, was es heute erfreut, traurig macht, in Erstaunen versetzt, ärgert und interessiert. Für dieses Morgen, das es weder versteht noch zu verstehen braucht, betrügt man es um viele Lebensjahre (1987, S. 73).

Damit Kinder nicht noch mehr *Ohnmachtserlebnisse, Auslieferungserlebnisse, Trennungserlebnisse, Beziehungsnöte und Bedrohungsängste* erfahren müssen, ist es vielleicht hilfreich, sich an die schon vor über zwei Jahrzehnten getroffene Aussage von Prof. Hans-Herbert Dreiske zu erinnern: „Zu früh, zu ausschließlich lehrt man Kinder, was sie hören, sehen, fühlen und denken dürfen. Was würden sie später doch alles können, hätten sie nicht so früh so viel gelernt" (1987, S. 29).

4.1 Veränderte Kindheiten

„Früher war alles anders!" Dieser Satz ist selbst uns Autoren ein ganz und gar nicht seltener und zudem nicht ganz unbekannter Gedanke. Und fällt dieser Satz in der eigenen Partnerschaft, kontert der Ehepartner schmunzelnd: „Ja, ja – früher war auch alles aus Holz und es gab noch einen Kaiser."

Es stellt sich *sicherlich nicht* die Frage, ob *früher* alles anders war, weil die gesellschaftliche-industrielle Entwicklung nur wenig beim Alten beließ. Ob es hingegen *besser* war und es sich um ein eher unausgesprochen *idealisiertes, Gedankengut* handelt, verbunden mit subjektiv positiv erlebten und ebenso positiv bewerteten Kindheits- und Jugenderfahrungen, möge dahin gestellt bleiben. Angefangen vom Herumstromern im Wald, dem Zelten im eigenen Garten, dem Bau von unterirdischen Höhlen und Baumbuden, den unterschiedlichen Mutproben und dem Verbleib in den Dorfstraßen, auf Hinterhöfen, bei Freunden, bis zum Dunkelwerden – dem Signal für uns Kinder, nun langsam nach Hause zu kommen.

Ohne Zweifel hat sich Vieles in den Lebenswelten und Umfeldbedingungen der Menschen in aller Welt – und damit auch in Deutschland – verändert, und Kinder bilden die Generation, die einerseits Vergleiche *zu früher* nicht durch eigene lebenserfahrene Eindrücke herstellen können, andererseits in einer Welt aufwachsen, die unwiederbringlich ihre eigene Gegenwart und ganz bestimmte, neue Besonderheiten mit sich bringt.

Um sich einen *Eindruck heutiger Kindheiten* zu verschaffen, ist es notwendig, einige bedeutsame Fakten zu betrachten, die ihren Einfluss auf die kindliche Entwicklung nicht verfehlen und die Notwendigkeit einer besonders intensiven bindungsorientierten Pädagogik deutlich machen.

Aus einer schier unüberschaubaren Datenmenge zum Faktenstand, wie Kinder heute aufwachsen, seien nur einige wenige – und dennoch besonders bedeutsame – Realitäten herausgegriffen und genannt:

- Kinder und Jugendliche wachsen in Deutschland in einer *zunehmend alternden Gesellschaft* auf. So kann nach Angaben des Statistischen Bundesamtes davon ausgegangen werden, dass 2030 etwa jede dritte Person in Deutschland sechzig Jahre und älter sein wird. Der Anteil der unter Zwanzigjährigen wird ein Sechstel der Gesamtbevölkerung betragen. Mit dieser Verschiebung der Altersstruktur in der Bevölkerung ergeben sich für die nachwachsende Generation unterschiedliche Probleme.
- Kinder und Jugendliche wachsen überwiegend *mit einem Geschwisterkind* in Lebensformen auf, die dem sogenannten *Normalentwurf* der ehelichen Zwei-Eltern-Familie entsprechen. Damit fehlen vielen Kindern entsprechend alltagsorientierte Sozialbezüge im Umgang mit (mehreren) Geschwistern.
- Kinder und Jugendliche leben im Altersverlauf zunehmend *in wechselnden Familientypen*.
- Gleichwohl leben Kinder und Jugendliche häufiger als früher in *alternativen Familienformen* – in nicht-ehelichen Paargemeinschaften, in Stieffamilien, in Alleinerziehenden-Haushalten und vereinzelt auch in gleichgeschlechtlichen Paargemeinschaften.
- In den jungen Bundesländern hat sich in einer sehr viel kürzeren Zeitspanne und in einem größeren Umfang der Anteil von unter 18-Jährigen in ehelichen Haushalten verringert – gleichzeitig wachsen erheblich *mehr Kinder bei allein erziehenden Elternteilen* auf als in den alten Bundesländern.
- Kinder und Jugendliche (bis zum 17. Lebensjahr) sind immer häufiger mit der *Trennung und Scheidung* ihrer Eltern konfrontiert.
- Innerhalb der deutschen Bevölkerung ist im letzten Jahrzehnt die *mütterliche Erwerbstätigkeit* kontinuierlich gestiegen (vor allem durch die Zunahme an Halbtags- und Teilzeitbeschäftigungen).
- Kinder aus den jungen Bundesländern haben nach wie vor häufiger eine *vollzeit-*

erwerbstätige Mutter, während Mütter in den alten Ländern öfter Teilzeit arbeiten oder gar nicht erwerbstätig sind. Väter gehen – unabhängig von der Kinderzahl – in der Regel einer Vollzeiterwerbstätigkeit nach.
- Die *beruflich bedingten Abwesenheitszeiten* verändern sich nach Alter und Anzahl der Kinder. Fast 25 % der aktiv erwerbstätigen Mütter in den jungen Bundesländern (mit einer wöchentlichen Arbeitszeit von 36 Stunden und mehr) haben ein Kind unter drei Jahren, während dies in den alten Ländern unter 10 % liegt.
- Fast 40 % der *Frauen* mit unter 14-jährigen Kindern *arbeiten* durch die zahlenmäßige Zunahme von geringfügigen Beschäftigungsverhältnissen in den Abendstunden (19.00–22.00 Uhr) und am Samstag, mehr als ein Viertel am Sonntag und 16 % nachts.
- Der *Alltag* von Kindern und Jugendlichen wird weitgehend *institutionell strukturiert* – durch Kinderbetreuungsangebote, die Verlängerung der Schulzeit im Lebensalter sowie durch die alltäglichen Unterrichts- und Lernzeiten, die Fülle von Freizeitangeboten der Vereine und Verbände, der Kinder- und Jugendhilfe sowie gewerbliche Anbieter im sogenannten Bildungs- und Kulturbereich.
- Durch die Schaffung spezieller kindspezifischer und jugendlicher Lebensräume manifestiert sich zum einen die *Trennung der Lebenswelten* von Kindern und Erwachsenen, zum anderen differenzieren sich mit der wachsenden Vielfalt von Angeboten die Lebenswelten von Kindern und Jugendlichen sowohl im Tages- als auch im Biografieverlauf aus.
- *Institutionelle Lebenswelten* strukturieren den Alltag, bestimmen und begrenzen Handlungs- und Bewegungsräume (Stichwort: *Terminkindheit*).
- Etwa zwei Drittel der 10- bis 15-jährigen Kinder werden schon früh in *biografisch relevante Entscheidungen* einbezogen (Stichwort: *Verhandlungshaushalt*).
- Ältere Kinder ab 13 Jahren und in noch größerem Ausmaß Jugendliche verdienen ihr eigenes Geld durch *Jobben* neben der Schule – sie können damit als *eigenständige Konsumenten* handeln und werden auch von der Konsumindustrie und Werbung gezielt angesprochen (Anmerkung: Es wird geschätzt, dass 6- bis 13-Jährige eine Kaufkraft von etwa 5,6 Milliarden Euro jährlich aufbringen – rechnet man Taschengeld, Sparguthaben und Geldgeschenke zusammen; die 14- bis 19-Jährigen verfügen über eine jährliche Kaufkraft von ca. 15 Milliarden Euro).
- Die *soziale Situation* sowie die gesellschaftliche Stellung einer Familie und ihrer Kinder ist zunehmend abhängig von deren sozioökonomischen Lage, ihrer ethnischen Zugehörigkeit, dem Geschlecht und den regionalen Lebensbedingungen.
- Bildungsprozesse – etwa durch Nachhilfeunterricht, Schülerhilfen, Paukkurse, Auslandsaufenthalte, Sprachreisen etc. – verlagern sich zunehmend in die schulfreie Zeit von Kindern und Jugendlichen. Aufgrund der unterschiedlichen ökonomischen Ausgangssituationen der Eltern können dadurch *deutliche Ungleichheiten im Bildungsniveau* der Kinder und Jugendlichen entstehen.

- Gleichaltrigenkommunikation und -unternehmungen, Cliquen-Leben, *Fernsehen sowie Video-, PC-Spiele* und zunehmend *gemeinsames Chatten* gehört zu den beliebtesten Freizeitbeschäftigungen von Kindern und Jugendlichen. Die Freiräume und Gestaltungsmöglichkeiten umfassen wochentags knapp sechs Stunden.
- *Medien* wie Fernsehen, Computer, Internet, CD-Player, Handys gehören für viele Kinder und Jugendliche zum alltäglichen Erfahrungsfeld. So ergab eine Online-Umfrage des Kindersenders Jetix, dass knapp 75 % aller befragten Kinder zwischen sieben und 14 Jahren beispielsweise einen eigenen Fernseher und einen PC besitzen, genau 75 % aller Kinder einen DVD-Player ihr eigen nennen, 84 % der Kinder das Internet für Spiele nutzen und gut 50 % E-Mails schreiben und chatten. 70 % der Kinder besitzen ein Handy. Im Vergleich mit anderen europäischen Ländern liegen Kinder in Deutschland, was die *medientechnische Ausstattung* betrifft, damit an der Spitze. Auch wenn es alters-, geschlechts-, bildungs- und schichtspezifische Unterschiede in der Nutzung und im Zugang zu den Medien gibt, kann dennoch von einer weitgehenden Durchdringung der Lebensführung von Kindern und Jugendlichen durch Medien gesprochen werden. (Stichwort: *Mediatisierung, Virtualisierung, heimliche Miterzieher*). Die Auswirkungen auf Entwicklungsprozesse, Entstehung von Meinungen und Wertebildungen sowie Verhaltensweisen wird in der Wissenschaft kontrovers diskutiert (Anmerkung zum Fernsehen: In Deutschland werden in einer normalen Woche im Schnitt 600 Mordszenen ausgestrahlt. Amerikanische Studien gehen davon aus, dass Kinder im Laufe ihrer Fernsehbiografie bis zu 12.000 Morde und Gewaltszenen konsumiert haben).
- Durch die *Globalisierung* (= weltweite Annäherung und Angleichung von Arbeits-, Wirtschafts- und Lebensformen) und Internationalisierung ergibt sich für viele Kinder und Jugendliche in immer jüngerem Alter eine *Ausweitung ihrer Erfahrungs- und Erlebnismöglichkeiten* (Stichwort: frühe Auslandsreisen; Produktvielfalt der Nahrungsmittel).
- Eine Durchmischung und Verflechtung unterschiedlichster Nationen und Kulturen – auch angesichts der EU-Erweiterung – wird weiter zunehmen; die *Multikulturalität* wird größer.
- Alleinerziehende Personen sind einem deutlich höheren *Armutsrisiko* ausgesetzt als Paare mit Kindern. So liegt die aktuelle durchschnittliche Armutsrate bei Alleinerziehenden bei knapp 40 % – bei einer durchschnittlichen Armutsrate der Bevölkerung von 16 %. Die Armutssituation der Kinder und Jugendlichen zeigt ab den 1990er Jahren einen konstanten Anstieg. Mehr als die Hälfte aller von Armut betroffenen Personen gelingt es allerdings, ihre Situation nach einer *Armutsperiode* von bis zu drei Jahren zu verbessern. Gleichzeitig ist belegt, dass von den Kindern, die die Armutssituation überwunden haben, wieder die Hälfte in einem Zeitraum von vier Jahren zurückfällt. Dabei gibt es deutliche Unterschiede zwischen den jungen (83 %) und alten (58 %) Bundesländern.

◆ Kinder und Jugendliche, die in innenstadtnahen oder innerstädtischen verkehrsreichen Wohngebieten mit einem eher schlechten Baubestand, mangelnden Spiel- und Freiflächen bzw. fehlenden Freizeitangeboten, einer überwiegend homogenen Bevölkerung mit einem eher niedrigen Sozialstatus und einem damit häufig verbundenen hohen sozialen Konfliktpotenzial aufwachsen, müssen in ihren Erfahrungs- und Entwicklungsmöglichkeiten im *häuslichen Wohnumfeld* starke Einschränkungen erfahren.
◆ Laut Statistischem Bundesamt geben Eltern heute bis zur Hälfte ihres monatlichen Haushaltsnettoeinkommens für die Kinder aus – Miete und Möbel anteilig mitgerechnet. Je nach Kinderzahl und Einkommen belaufen sich die Ausgaben pro Heranwachsenden und Monat auf eine Summe zwischen 255 bis 865 Euro.

All diese Tatsachenabbildungen zeigen *deutliche Merkmale von veränderten Kindheiten* im Vergleich mit vorangegangenen Kindheiten zurückliegender Generationen. Konnten Kinder in früheren Zeiten eher in einem größeren Familienverbund mit zumeist mehreren Geschwistern und im Zusammenleben mit ihren Großeltern bei gleichzeitiger Pflege von Verwandtschaftsbeziehungen aufwachsen, gibt es heute vermehrt *Schlüsselkinder*, die in einer eher technisierten, medial und konsumorientiert geprägten Umwelt groß werden. Gleichzeitig sind sie in ihren Bewegungs- und Handlungsräumen eher eingeschränkt und durch vielerlei Einflüsse außergewöhnlich vielen akustischen und optischen Eindrücken ausgesetzt. In diesem Zusammenhang spricht man im Allgemeinen von einer Reizüberflutung.

Durch die Notwendigkeit der beruflichen Mobilität von Eltern und eine damit verbundene räumliche Mobilität (Wohnortwechsel, Umzüge) müssen Kinder zunehmend die Erfahrung machen, dass Eltern(-teile) einen überaus großen Teil des Tages entweder abwesend sind oder aufgebaute Beziehungen müssen durch einen/mehrere Wohnortwechsel abgebrochen werden.

Die zunehmende Armut vieler Familien und die *Ängste vieler Arbeitnehmer und Arbeitnehmerinnen um den Erhalt ihres Arbeitsplatzes* bringt allgemeine und besondere Verunsicherungen in ein Familiensystem, die Kinder und Jugendliche bemerken und die auch auf ihr Verhalten Einfluss nehmen.

Dadurch, dass viele Eltern nur das Beste für ihr Kind wünschen und die gleichzeitig öffentlich geführte Bildungsdiskussion den Eindruck vermittelt, Kindern schon möglichst früh Bildung zu vermitteln, setzt auf der einen Seite die *Zukunftsplanung* für Kinder und Jugendliche immer früher ein. Das trägt dazu bei, dass gezielt initiierte *Bildungsmaßnahmen* Kinder häufig schon weit vor der Kindergartenzeit erreichen, wodurch der Aspekt einer freien Zeitgestaltung sehr eingeschränkt ist. Auf der anderen Seite ist aber auch zu beobachten, dass sogenannte bildungsferne Eltern aus einem Gefühl eigener Ohnmacht oder Resignation heraus wenig bzw. gar keine Bildungsimpulse für Kinder setzen.

Der *Einfluss der Gleichaltrigen* auf das Erleben und Verhalten von Kindern und Jugendlichen nimmt einen zunehmend größeren Raum ein und scheint den Einfluss von elterlichen Einflussmöglichkeiten weiter einzuschränken. Gleichzeitig eröffnet die Globalisierung und Internationalisierung den Kindern und Jugendlichen einen Erfahrungshorizont, der in dieser Ausprägung im Vergleich mit zurückliegenden Kinder- und Jugendgenerationen noch nicht existierte.

Alle Ergebnisse machen deutlich, dass es aufgrund der aktuellen Gegebenheiten und der Erkenntnisse der Kindheitsforschung nicht mehr möglich ist, von *einer unbelasteten Kindheit in Deutschland* zu sprechen, weil es eine allgemein positiv geprägte und zeitlich gesonderte, altersgemäß mehr oder weniger abgeschlossene *eigenständige Lebensphase* nicht mehr gibt (vgl. Ellneby, 2001; Göppel, 2007; Konrad/Schultheis, 2008; Betz, 2008).

Insofern ist es fachwissenschaftlich richtig, von *Kindheiten mit besonders typischen Einflüssen und häufigen Kindheitserfahrungen* zu sprechen. Zwar ist es vielen Kindern heute leichter und eher als in vergleichbar zurückliegenden Generationen möglich, kognitive Entwicklungsmöglichkeiten aufzunehmen und zu nutzen, allerdings ist es ihnen schwerer möglich, sich emotional stabil und räumlich-körperlich zu entfalten. *Stabile Beziehungsverhältnisse* verändern sich zunehmend in eher *punktuelle Erziehungsverhältnisse*, in denen Kinder und Jugendliche verstärkten Verhaltenserwartungen einer durch die Erwachsenenwelt geprägten Umgebung ausgesetzt sind. Die den Kindern und Jugendlichen zur Verfügung stehenden Entfaltungschancen, die ungleich höher sind als bei Kindern und Jugendlichen vergangener Generationen, sind aber auch *stets mit neuen Belastungen verbunden*, weil sie die individuell möglichen Entwicklungsmöglichkeiten häufig strapazieren und die Bewältigungskapazitäten mancher Kinder und Jugendlichen überfordern (können). Darin ist auch der Hintergrund für *viele Verhaltensirritationen bei Kindern und Jugendlichen* in den Bereichen der persönlichkeitsbezogenen, sozialen und körperlichen Auffälligkeiten zu sehen und zu verstehen. Viele Eltern erfüllen häufiger als früher die materiellen Wünsche ihrer Kinder, wobei eine *Sättigung der seelischen Grundbedürfnisse* allerdings in zunehmendem Maße unberücksichtigt bleibt.

So laufen zunehmend mehr Kinder *neben der Erwachsenenwelt* her und werden in der *Verarbeitung ihrer Lebenswelt* allein gelassen, ohne grundlegende Kompetenzen zu besitzen, ihr Leben selbstständig und autonom in den Griff zu bekommen. Kinder und Jugendliche sind eingebunden in eine *Erwartungswelt* der Kinderkrippe, des Kindergartens, der Schule, ihrer Eltern, ihres Wohnbereiches und ihrer Freundesclique, ohne häufig einen selbsterfahrungsorientierten Freiraum zu erhalten, um zu sich selbst zu finden und mit sich selbst (sowie in der Folge mit ihrem unmittelbaren Umfeld) kompetent umgehen zu können. Wurden Kinder früher als unfertige, un[ter]entwickelte Wesen eingeschätzt, so werden sie heute von bildungsaktiven Erwachsenen als kindliche Persönlichkeiten mit förderungsnotwendigen Potenzialen betrachtet. Sie werden häufig wie ernst zu nehmende Akteure eingestuft und befinden sich gleichzeitig in einer abhängigen, erwartungszentrierten Position. Insoweit tragen Erwachsene (Amateure und professionelle Fachkräfte) täglich dazu bei, Kindheiten in einem Widerspruch einzuschätzen. Entsprechend widerspruchsvoll entwerfen sie in ihren Vorstellungen ein Bild vom Kind und gestalten den Alltag von Kindern auch häufig uneinheitlich, was zur weiteren Irritation bei Kindern führt.

Klaus Peter Brinkhoff hat das Thema *Kindheiten in der heutigen Zeit* in seinem Beitrag *Kindsein ist kein Kinderspiel* (in: Mansel, 1996, S.25–39) treffend auf den Punkt gebracht. Dabei bringt er bestimmte Begriffe ins Spiel:

1. **Airbag-Kindheit**
   Ausgangspunkt: Die meisten Kinder sind heute im Hinblick auf Ernährung und Versorgung, Wohnsituation, Kinderzimmer, Spielzeug, Kleidung, Lebenschancen etc. gut bis außergewöhnlich gut ausgestattet und werden gleichzeitig von einem überwiegend funktionierenden (sozial)pädagogischen *Airbag-System* auf- und abgefangen.
2. **Konsumkindheit**
   Ausgangspunkt: Ging es in vergangenen Generationen noch darum, genügend Essen für die ganze Familie zu beschaffen, so steht heute ein gnadenloser Konsum von industriellen Massenspielgütern im Vordergrund.
3. **Medienkindheit**
   Ausgangspunkt: Die materielle Medienausstattung der Kinderzimmer und der Umfang der Mediennutzung ist so hoch wie in keiner Generation zuvor. Kinder werden als Konsumenten wie nie zuvor umworben und beeinflusst.
4. **Erste-Reihe-Kindheit**
   Ausgangspunkt: Kinder erleben und erfahren in immer jüngerem Alter Geschehnisse – sowohl in ihrer familiären und in ihrer mittelbaren Welt als auch ihrem unmittelbaren Umfeld –, sodass sie von keinem Lebensbereich ausgeschlossen sind. Alle Bereiche wie beispielsweise Kriegshandlungen in der Welt oder Naturkatastrophen kommen per Fernsehbilder ins Elternhaus, die Sexualität wird offen in Printmedien oder durch andere Informationsträger thematisiert und die weite Welt wird im immer jüngeren Alter durch Fernreisen erlebt.
5. **Karrierekindheit**
   Ausgangspunkt: Sowohl in der familiären als auch der institutionellen Pädagogik steht für viele Erwachsene das Thema *Bildung der Kinder von Anfang an* an

erster Stelle, durch die möglichst viele Kinder schon möglichst früh einen „komfortablen Platz im Bildungskarussel" (Brinkhoff, 1996, S. 34) ergattern sollen/müssen.

6. **Inselkindheit**
Ausgangspunkt: Die Wohn- und Lebenssituation von Familien findet überwiegend in „vorstrukturierten Sozialräumen" (Brinkhoff, 1996, S. 35) statt. Freizeiteinrichtungen, Arbeitsstätten der Eltern, Einkaufsparks, Mittelpunktschulen, Spielflächen, Bewegungsräume und aushäusige Erholungsmöglichkeiten sind immer stärker voneinander getrennt; Kinder werden häufig von den Eltern zu Freunden und Verabredungsorten gefahren und kontinuierliche Sozialkontakte sind damit immer stärker eingeschränkt.

7. **Entsinnlichte Kindheit**
Ausgangspunkt: Aufgrund der eingeschränkten Handlungsfelder und eingegrenzten Lebensräume greifen Kinder [und Erwachsene] immer häufiger zu einer medial aufbereiteten „Wirklichkeits-Software" (Ebd.) und finden somit immer stärker den Weg zu einer „Second-Hand-Erfahrung" (Ebd.). Statt dem Rauschen der Bäume zu lauschen gibt es Natur-CDs und statt selbst im Garten oder im Wald eine Baumhütte zu bauen, greifen Kinder zum entsprechenden interaktiven Bauspiel im Internet.

8. **Gefährdete Kindheit**
Ausgangspunkt: Der Preis für die sich ständig weiterentwickelnde Kommerzialisierung, Modernisierung, Technisierung, Industrialisierung und Urbanisierung ist hoch. Gewalt und Aggression unter Kindern und Jugendlichen, die Zunahme der psychosomatischen Beschwerden, der Anstieg an Alkohol-, Tabletten- und Drogenmissbrauch, der hohe Anteil an Fehlernährung bei über- und untergewichtiger Kindern und Jugendlichen, die Unfallhäufigkeiten im Straßenverkehr, die Zunahme der chronischen Krankheiten sowie die versuchten und vollzogenen Selbstmorde legen offen, dass viele Kinder und Jugendliche vermehrt in psychosozialen Spannungssituationen gefangen sind.

9. **Multikulturelle Kindheit**
Ausgangssituation: Durch die zurückliegenden Auflösungsprozesse in Ost-Europa, die wirtschaftlich motivierten, armutsbegründeten und flüchtlingsbedingten Einwanderungsbewegungen sowie die Grenzöffnungen in Europa, hat sich Deutschland zu einem immer ausgeprägteren multikulturellen Staat entwickelt. Damit sind auf der einen Seite wichtige Entwicklungschancen für ein Land entstanden, auf der anderen Seite bringt eine kulturelle Vielfalt auch Risiken mit sich, die weder dogmatisch betrachtet noch in irgendeiner Form a priori negativ eingeschätzt werden sollten/dürfen.

10. **Individualisierte Kindheit**
Ausgangssituation: Dadurch, dass sich familiäre, kulturelle, religiöse, verwandtschaftsorientierte und soziale Wertmaßstäbe sehr stark durch den Freiheitsgrad

der Personen verändert haben, kommt es immer stärker zu einer „Vereinzelung in der Masse Gleicher" (Ebd.). Traditionelle Wertorientierungen verlieren zunehmend und in einem immer schnelleren Tempo an Bedeutung für den Einzelnen und die Gesellschaft, sodass es für Kinder, Jugendliche und Erwachsene immer notwendiger wird, einen *neuen, festen Boden unter den Füßen* zu finden, der sowohl eine weitere Persönlichkeitsentwicklung zulässt als aber auch eine stabile Sozialverträglichkeit mit sich bringt.

11. **Ungewisse Kindheit**
Ausgangspunkt: Trotz vieler Entwicklungen im Bereich der Technik oder der Medizin sind Kinder und Jugendliche in der Zukunft mit vielen Problemen konfrontiert. Sei es, wenn es um die Frage einer späteren Berufstätigkeit und einen Arbeitsplatz geht oder ob es sich um die gesamte Entwicklung des Weltklimas und die klimatischen Auswirkungen auf Deutschland handelt, sei es, dass viele soziale Fragen offen sind (Renten-/Pensionsversorgung; Generationsgerechtigkeit; Ordnung des Gesundheitswesens) oder noch viele international-politische Fragen einer Klärung bedürfen.

Eines wird durch diese Aufzählung von Besonderheiten im Leben vieler Kinder sicherlich besonders deutlich: Kinder brauchen mehr denn je Entwicklungssicherheiten, um eine stabile Identität aufzubauen. Elementarpädagogische Fachkräfte müssen in Erfahrung bringen, *was* Kinder für ihre individuellen Entwicklungsfortschritte brauchen und *welche* pädagogische Grundlagenqualität bzw. bindungsorientierte Beziehung den Kindern hilft, ihre Entwicklungsressourcen immer weiter zu entdecken und in wirksamen Alltagserfahrungen auf- bzw. auszubauen.

Anders ausgedrückt: Kinder wurden zunächst über viele Jahrhunderte als abhängige Objekte betrachtet, die sich willenlos den Vorstellungen der Erwachsenen zu beugen hatten. Erst später entwickelte sich dann ein Bild zum aktiv angepassten Objekt, schließlich zum passiven Subjekt bis hin zum selbstaktiven Subjekt in der heutigen Zeit.

Den Kindern wurde – aus der geschichtlichen Betrachtung heraus – eine *eigenständige Lebensphase Kindheit* erst relativ spät zuerkannt, wenn man dies unter dem Aspekt einer persönlich positiven Lebensgestaltung und im Hinblick auf eine Zukunft für die Gesellschaft betrachtet. Zwar gab es immer wieder und zu allen Zeiten Personen, die einen respektvollen Umgang mit „dem Proletariat auf kleinen Füßen" (Korczak, 1972, S. 23) anmahnten, doch erst im Verlauf des 19. Jahrhunderts setzte sich langsam eine stärkere Beachtung und Wertschätzung des Kindes durch. Schließlich entwickelte sich im 20. Jahrhundert ein pädagogisches Selbstverständnis, das sich nicht nur auf die Pflege und Betreuung richtete, sondern auch eine Entwicklungsunterstützung und -förderung zum Ziel hatte – wenn auch mit einem unterschiedlichen Verständnis und mit unterschiedlichen Methoden.

Während noch in den 1980er Jahren in den Köpfen vieler Laien und auch Wissenschaftler das Bild vorherrschte, dass der Säugling und das junge Kleinkind eher ein hilflos passives, mehr von seinen Trieben gesteuertes und ausgeliefertes Wesen sei und zu gezielten kognitiven Leistungen bzw. differenzierten Wahrnehmungsaktionen nicht in der Lage ist, so haben in den letzten Jahren viele Untersuchungsergebnisse (Keller, 1998, Fuhrer, 2009, Hasselhorn, 2007) genau das Gegenteil bewiesen.

Schon der Säugling besitzt bereits kurz nach der Geburt *Interaktions-, Kommunikations- und Lernbereitschaften, die durch Interesse und Neugierdeverhalten an seinem unmittelbaren Umfeld* gekennzeichnet sind. Er sucht mit all seinen Sinnen nach Anregungsimpulsen und möchte gleichzeitig einen Einfluss auf die ihn interessierenden Objekte/Abläufe nehmen (vgl. Keller, 1997; Haug-Schnabel, 2005; Largo, 2005; Leu/Behr, 2010). Welche Objekte und Abläufe von Interesse sind, können nur durch aufmerksame, sorgfältige Beobachtungen ausgemacht werden. Darüber hinaus haben auch Forschungsergebnisse der Neurobiologie gezeigt, dass beispielsweise die Gehirnstrukturen des Menschen mit der Geburt *nicht* genetisch festgelegt, sondern durch Umwelteinflüsse in Bau und Funktion veränderbar sind (Stichwort: *neuronale Plastizität*). D.h., dass das menschliche Gehirn nicht alle bedeutsamen Informationen aus dem unmittelbaren Umfeld wie mit einem Fotoapparat lediglich ablichtet, sondern dass es seine Vernetzungen nach den Aspekten (neu) konstruiert, die erkannt und bestätigt bzw. ergänzt oder neu verknüpft werden. Dadurch, dass persönliche *Erfahrungen, Erlebnisse, Eindrücke und Gefühle wie beispielsweise Sorgen, Freude, Ängste, Hoffnung, Unsicherheit, Entlastung oder Glücksempfinden* ihre Spuren im Substrat des Gehirns hinterlassen, stehen solche psychosozialen Prozesse mit entsprechenden neurobiologischen Vorgängen stets in einem permanenten Austauschprozess.

An dieser Stelle sei auch noch einmal darauf hingewiesen, dass schon zu Beginn der 1980er Jahre der amerikanische Soziologe Neil Postmann mit seinem Aufsehen erregenden und bis heute bedeutsamen Buch vor dem *Verschwinden der Kindheit* eindringlich gewarnt hat. Auch im Jahr 1990 sprach H. Zeiher schon von einer „Kindheit, die organisiert und isoliert ist" (1990, S. 20), dass Kindheit heute kein Kinderspiel mehr sei und dass der Alltag vieler Kinder ein „Leben in Bedingungen" darstellt (S. 23).

So scheint es selbst in der Vorstellung der Erwachsenenwelt kaum vorstellbar, was passieren würde, wenn Kinder fein gekleidete Damen oder Herren mit Holunderbeeren bewerfen oder Mutproben unter Beweis stellen würden, indem sie Regenwürmer verspeisen. Kinder und Jugendliche, die sich zusammenfinden und eine feste Gruppe bilden, geraten schnell in den Verdacht, einer Bande anzugehören, von der eine Gefahr für andere ausgehen könnte und Kinder, die sich schließlich den hohen und ständigen Erwartungen von Erwachsenen entziehen würden, bekämen schnell das Prädikat eines *bildungsunwilligen* Kindes.

Kommt es nun zu einer zusätzlichen Berücksichtigung des weiteren Zeitverlaufs zwischen den wiedergegebenen Aussagen vom Jahreswechsel 1988/89 und dem heutigen Zeitpunkt, so muss und kann von einer deutlichen Verschärfung des Problems ausgegangen werden. Wenn Prof. Dr. Süßmuth schon

> Die ehemalige Präsidentin des Deutschen Bundestages, Prof. Dr. Rita Süßmuth, hat in einem Zeitschriftenaufsatz schon vor über 20 Jahren drei Begriffe in die öffentliche Diskussion gebracht, die die bisherigen Ausführungen zusammenfassend bündeln. Ihre Betrachtungen von Kindheiten in einem so hoch industrialisierten Land wie Deutschland beschreiben das *Kinderleben* als eine weitestgehend verplante und verpädagogisierte Zeit, die *Kinderzeiten* als eine in viele Zeitsegmente *aufgeteilte* und aus ganzheitlichen Zusammenhängen *zerrissene Angelegenheit* sowie die *Kinderwelten* als eine *eingeengte und immer künstlicher gestaltete und eingegrenzte Erfahrungsvielfalt* (in: Kinderzeit 1989/89, S. 7 ff.).

damals von einem zunehmendem „Verlust an Erfahrungen" (Ebd., S. 7), „arrangierten Erfahrungsräumen", einer „Vereinzelung der Kinder" und „Erfahrungsarmut" sowie „kaum vorhandenen Spielräumen"(Ebd., S.8) spricht und ihre Hauptaussage darin endet, dass sie die These vertritt, „eine Gesellschaft, die ihre Kinder nicht versteht und schätzt, wird sie in Zukunft verlieren" (Ebd., S.9), dann ist nachvollziehbar, wie schwierig es für Kinder und Jugendliche ist und in naher Zukunft immer schwieriger werden wird, eine weitestgehend unbeschwerte Kindheit zu erleben, Identität zu entwickeln und Selbst-, Sach- sowie Sozialkompetenzen auf- und auszubauen.

Wenn zudem in vielen Familien das sogenannte „Vier-Zwei-Eins-Schema" (Hamann, 2004, S.19) zum Tragen kommt – was soviel bedeutet, dass es vier Großelternteile gibt, zwei Elternteile da sind und alle ihre gesamte Konzentration auf ein Kind ausrichten –, dann wird deutlich, in welch starken Mittelpunkt sich das betreffende Kind befindet. Nicht nur, dass Eltern auf ihr Kind stolz sein wollen und oftmals ihre eigenen Wünsche und besonderen Vorstellungen auf das Kind übertragen, sondern auch dadurch, dass diese Kinder häufig in einem materiellen Schlaraffenland leben.

Hamann schreibt im Vorwort seines ZEIT-Artikels: „Kinder leben in einer mit Marken voll gestopften Welt – und der Überfluss nimmt zu" (2004, Nr. 22, S. 19). Im weiteren Verlauf seines Beitrags heißt es:

Weil die Zahl der Konsumenten wegen der demografischen Entwicklung schrumpft wie nie zuvor, ist es für alle Unternehmen eine Frage des Überlebens, weniger Kindern mehr zu verkaufen. [...] Also geben sie Milliarden Euro aus, um sich im kindlichen Bewusstsein festzusetzen. [...] SMS-Werbung, Schulsponsoring, Internet-Kampagnen: Werbetreibende besetzen mit immer neuen Methoden auch das letzte Fleckchen kindlicher und jugendlicher Lebenswelt. Sie wollen präsent sein. Anlocken. Abverkaufen. [...] Auf bis zu eine Milliarde Dollar schätzen Marktforscher von Forrester diesen Werbemarkt in den kommenden zwei Jahren" (S. 19).

So zahlte beispielsweise ein Computerchip-Konzern mehr als zwei Millionen Dollar für die Platzierung seines Logos in einem Online-Spiel. Diese Vorgehensweise entspricht schon der in den Anfängen des gezielten Marketings geäußerten Strategie: Es

[...] braucht seine Zeit, aber wenn Sie auf Dauer im Geschäft bleiben wollen, dann bedenken Sie, was es für Ihre Firma für einen Gewinn bedeuten kann, wenn Sie millionenfach Kinder abrichten können, aus denen Erwachsene werden, gedrillt, ihr Produkt kaufen, wie Soldaten gedrillt sind, sich in Bewegung zu setzen, wenn sie die Kommandoworte ‚Vorwärts, marsch' hören" (Miller, 1946).

Und so machten und machen sich noch heute Marktforscher und Marktanalysten auf, „um Kinderseele, Psyche und Befindlichkeit auszuspähen" (Hamann, 2004, S. 19). Die Frage, wie es möglich sein wird, diesen vielfältigen und entwicklungsschädigenden Tendenzen von zerstörten bzw. verstörten Kindheiten professionell und kompetent entgegenzuwirken, ist nur durch einen *konsequenten Perspektivwechsel* zu beantworten. Dieser besteht darin, das seelische Wohl des Kindes im Auge zu haben und eigene, ökonomische Interessen in den Hintergrund zu stellen.

Als Konsequenzen für eine gegenwartsorientierte Pädagogik sind folgende Aspekte zu beachten:

- ◆ Es ist notwendig, verstärkt dafür zu sorgen, dass Kinder auch Kinder sein dürfen.
- ◆ Eine verantwortungsvolle Pädagogik und Psychologie hat sich der spezifischen Altersstufe der Kinder zuzuwenden und darf nicht darauf ausgerichtet sein, die Gegenwart von Kindern einer Zukunft zu opfern.
- ◆ Die Vorstellung von einem möglichst *frühzeitig perfekten und bestgeförderten Kind* ist aufzugeben, weil Kinder Fehler machen dürfen/müssen/sollen, um eigene Handlungsstrategien kennenzulernen und aus Fehlern bzw. handlungsorientierten Umwegen neue handlungsleitende Konsequenzen zu ziehen.

- Kinder brauchen immer wieder authentische Vorbilder, die ihnen helfen, sich in ihren Handlungsmöglichkeiten orientieren zu können.
- Kinder brauchen – statt einer verstärkten Konsumausrichtung – Seelenproviant, der ihnen hilft, ein stabiles Persönlichkeitsfundament auf- und auszubauen.
- Kinder sind auf Erwachsene angewiesen, die immer wieder die Aufgabe an sich selbst stellen, Kinder in ihren vielfältigen Ausdrucksformen zu verstehen.
- Kinder brauchen vor allem das Gefühl von Sicherheit, um neue Handlungsschritte zu wagen und zu entdecken, Handlungsperspektiven zu entwickeln und alternative Handlungsmöglichkeiten zu internalisieren.
- Kinder brauchen feste Bindungen und zuverlässige Beziehungen, um sich bei persönlichkeitsirritierenden Erfahrungen mit Zuversicht und Engagement den täglichen Herausforderungen und Notwendigkeiten aufs Neue zu stellen.
- Kinder brauchen keine künstlich arrangierten Lebenswelten, sondern umfassende und umfangreiche Handlungs(spiel-)räume, in denen sie reale, fassbare und vor allem für sie selbst bedeutsame Erfahrungen machen können.
- Kinder brauchen zur Wahrnehmung, Festigung und Verarbeitung ihrer Erfahrungen, Erlebnisse und Eindrücke ausreichend Zeit und Ruhe, um Sinnzusammenhänge zwischen ihren Handlungsschritten und deren Konsequenzen zu verstehen.
- Kinder sind auf ein stabiles Selbstbewusstsein angewiesen, um mit zunehmendem Alter selbstständig, handlungsaktiv, anstrengungsbereit und lernfreudig alltägliche Aufgaben einer verantwortungsvollen Lebensgestaltung auf sich zu nehmen.
- Kinder brauchen Erwachsene, die mit Optimismus, Lebensfreude und Einsatzbereitschaft an einer Welt mitarbeiten, die sich für eine Wiederherstellung bzw. Bewahrung des eigenständigen Zeitraumes Kindheiten *aktiv und engagiert, überzeugt und identisch* einsetzen.

Prüfen Sie selbst einmal, mit wie viel Engagement, Innovationsfreude, Mut, Anstrengungsbereitschaft, Lebensbejahung, innerer Zufriedenheit, Arbeitsfreude, Lebendigkeit und innerer Anteilnahme am Leben der Kinder Sie an der Wiederherstellung bzw. Aufrechterhaltung einer solchen lebenswerten Welt aktiv beteiligt sind.

4.2 Bildungsarbeit in der Elementarpädagogik – kritische Anmerkungen

Wie kann man ein Kind in seinem Menschsein achten?
Indem man ihm das Risiko eigener Erfahrungssammlung zugesteht,
die einseitige Zukunftsorientierung
zu Lasten der Gegenwart des Kindes aufgibt und
die Individualität und Identität eines jeden Kindes respektiert
(Beiner, 1988, S. 56).

Ein Blick in die vielfältigen und strukturell sehr unterschiedlichen Fachzeitschriften für das Arbeitsfeld Elementarpädagogik offenbarte schon kurz nach dem Bekanntwerden der PISA-Ergebnisse, dass man – bis auf wenige Ausnahmen – fast ausschließlich auf thematisch gleiche oder sehr ähnlich klingende Beiträge stieß. Beiträge, die in allen Facetten das Thema *frühkindliche Bildung* zum Schwerpunkt hatten und bis in die heutige Zeit haben. Betrachtet man gleichzeitig die *Fort- und Weiterbildungsschwerpunkte für Mitarbeiterinnen* aus dem Kindertagesstättenbereich, so scheint es auch für deutsche Fortbildungsträger (auf Gemeinde-, Kreis-, Landes- oder Bundesebene) nur ein Hauptthema zu geben: *Bildung als grundlegende und zurzeit notwendigste Aufgabenstellung der Kindergartenpädagogik.* Schaut man sich darüber hinaus die Themen der meisten *Fachkongresse* für den Elementarbereich in Deutschland an, so steht auch hier das Thema *Bildung im Focus der Elementarpädagogik* im Vordergrund. Und studieren interessierte, lesebegeisterte Fachkräfte die unterschiedlichen Neuerscheinungen in den pädagogisch ausgerichteten Fachverlagen, so scheinen – vorsichtig geschätzt – über 75 % aller Neuwerke das Thema *Bildung* zu ihrem aktuellen Schwerpunkt erklärt zu haben – und das seit einigen Jahren.

Deutschland scheint damit ohne Frage im Bildungsfieber zu sein, ähnlich wie verschiedene Fernsehsender. Da treten Lehrer, Bürgermeister, Schauspieler und Pastoren im kognitiven Wettkampf gegeneinander an. Prominente unterstützen das einfache Volk bei Quizsendungen und selbst in Kindersendungen soll die Frage geklärt werden, wer das klügste Kind Deutschlands ist – fein gestaffelt nach Altersgruppen und manches Mal auch nach Schularten. So könnte man sagen: „Wie gut, dass es PISA gab – ein neuer Stern ist aufgegangen und nun wird ihm fleißig gehuldigt – selbstverständlich schließen sich da die Kindergärten in Deutschland an, hat doch schon die erste Studie PISA 2000 gezeigt, dass es sehr viel für deutsche Schülerinnen und Schüler nachzuholen gilt; dass das Einschulungsalter der in Deutschland einzuschulenden Kinder zu hoch ist und daher eine Einschulung mit fünf Jahren in immer mehr Bundesländern zur Praxis wurde; dass die Kinder und Jugendlichen in der Schule zu wenig gefordert und gefördert werden (Hinweis: G8 ist in einer Reihe von Bundesländern schon landläufige Praxis); dass der Bildungsauftrag von Seiten der elementarpädagogischen Fachkräfte in den letzten Jahren offensichtlich nicht ernst genug genommen wurde; dass im Kindergarten zu viel gespielt und zu wenig gelernt werde; dass Kinder mehr gefordert werden müssen, dass …"

Doch was hat eigentlich die Studie PISA 2000 tatsächlich gezeigt? Zunächst nicht mehr und nicht weniger, dass es eine international standardisierte Leistungsmessung mit 15-jährigen Schülern aus 32 Staaten gab, bei der in jedem Land unterschiedlich zwischen 4.500 und 10.000 Schülern getestet wurden. Damit die Ergebnisse der PISA-Studie innerhalb Deutschlands auch auf Länderebene verwertbar waren, wurde die Stichprobe von 219 Schulen auf 1.466 Schulen erhöht (bei 50.000 Schülern). Bei der Mischung aus Multiple-Choice-Aufgaben und Fragen, für die eigene Antworten ausgearbeitet werden mussten, wurden Items für eine Testdauer von sieben Stunden eingesetzt. Ferner ging es auch um die Geschlechtsunterschiede in Basiskompetenzen, um selbst reguliertes Lernen, um familiäre Lebensverhältnisse und Lebens- und Lernbedingungen von Jugendlichen im internationalen Vergleich. Bei den drei Schwerpunkten – der Lesekompetenz, der mathematischen und naturwissenschaftlichen Grundbildung – zeigten die Ergebnisse – je nach Ländern – gravierende Unterschiede und Deutschland schnitt insgesamt gesehen schlecht ab.

Nun stellt sich die Frage: Und was wurde in dieser Studie über die *seelische Gesundheit* der Schüler ausgedrückt, über ihre intrinsisch vorhandene Schul- und *Lernfreude*, ihre *Lebensfreude* und ihr Freizeitverhalten zur Regeneration ihrer verbrauchten Kräfte, die *Qualitäten ihrer Freundschaftsbeziehungen* und ihr *Sozialverhalten* oder die *erlebte Lebensqualität* ihrer Gegenwart? Nichts!

Gleichzeitig muss es um die Frage gehen, was in dieser Studie zur Qualität der Kindergartendidaktik ausgesagt wurde als eine sinnverbundene Vernetzung zu den untersuchten Schulleistungen der Jugendlichen? Nichts! *Die Elementarpädagogik stand in keiner Weise im Fokus dieser Studie*. Doch diese bedeutsame Tatsache interessierte offensichtlich nur wenige Menschen. Vielmehr gab es eine durchaus richtige und wichtige Fragestellung und gleichzeitig eine dramatische Alltagstheorie. Die Frage, inwieweit die Elementarpädagogik mitverantwortlich für das sehr schlechte Abschneiden der 15-jährigen Jungen und Mädchen ist, hat durchaus ihre Berechtigung und muss folgerichtig auch – aber nicht nur bzw. nicht primär – unter diesem Aspekt betrachtet werden. Zum anderen – und hier beginnt eine Verkettung von einer sich immer stärker selbst dynamisierenden Entwicklung – ergab sich aus einer Alltagstheorie die nächste. Ausgangspunkt der alltagstheoretischen Hypothese war/ist folgender: Wenn die in Deutschland untersuchten 15-jährigen Jungen und Mädchen entsprechend schlechte Untersuchungsergebnisse zum Ausdruck brachten, dann kann bzw. muss es vor allem nur daran liegen, dass Jugendliche im Zeitfenster früher Kindheiten zu wenig gefördert worden sind. Weiß man doch, dass Kinder gerade im Vorschulalter besonders lern-, wiss- und förderbegierig sind. Doch ist diese Forderung in dieser Einfachheit wirklich richtig?

Ein spezifisches, individuell gezeigtes Leistungsverhalten ergibt sich aus einer großen Fülle unterschiedlicher Einflussgrößen frühester, früher und späterer Erfahrungen und Bedingungen, die auf Kinder wirksam sind. Bildung hat selbstverständlich etwas mit dem Bildungsniveau von Eltern (1.), ihren selbst gelebten Bildungsinteressen (2.), ihrem besonderen Freizeitverhalten (3.), ihrem Interesse an Kulturaneignung und -vermittlung (4.), den die Kinder prägenden Erziehungsstil (5.), elterlichen Erziehungsmethoden etc. zu tun (6.). Gleichzeitig hat das soziale Umfeld, in dem die Kinder und Jugendlichen aufwachsen, die die Persönlichkeit prägenden Lebensumstände und die gesamte Infrastruktur der unmittelbaren Umgebung und der Freundeskreis in gleichem Maße eine Auswirkung auf die Bildung von Kindern und Jugendlichen (7.), wie z. B. die besondere Didaktik des von den Kindern besuchten Kindergartens (8.), die personalen und beruflichen Merkmale der elementarpädagogischen Fachkräfte (9.), die Gruppenzusammensetzung und -größe (10.), die räumliche Ausstattung im Innen- und Außenbereich (11.). In der Schule kommt es gleichfalls auf die Didaktik des Unterrichts an (12.), die Klassengröße (13.), das besondere Können der Lehrkräfte (14.), ihre Beziehungsfähigkeit (15.) und ihr Bindungsverhalten zu Kindern etc. an (16.).

Doch all diese Betrachtungen – gemeint ist eine dezidierte Beachtung dieser Vernetzungen – scheinen in der *Praxis* der Elementarpädagogik (wie auch in der Landes- und Bundespolitik) zurzeit eine immer untergeordnetere Bedeutung zu spielen (vgl. Stahlmann, 2002; Firlei, 2004; Schäfer, 2005). Stattdessen werden hemdsärmelige, einfache und pauschale Konsequenzen gezogen und so stehen Bildungsaufgaben, Bildungsansprüche und Bildungsobjekte von vornherein fest: Wer gebildet werden muss ist das Kind! Entsprechend gibt es dazu Symposien, Tagungen sowie Fortbildungsveranstaltungen für elementarpädagogische Fachkräfte und jede Menge didaktischer Materialien mit methodischen Hinweisen zur optimalen Förderung von Kindern – fein säuberlich in den teilweise äußerst umfangreichen und bis ins kleinste Detail ausgeführten Bildungsrichtlinien und Bildungskonzepten einzelner Bundesländer formuliert. Darüber hinaus verstehen viele elementarpädagogische Fachkräfte diese lernzielorientierten und didaktisierten Bildungsvorschläge als ein Bildungsprogramm, das tagtäglich abgearbeitet werden sollte.

„Hast du heute schon gelernt?" So oder in ähnlicher Art und Weise könnte eine Frage formuliert sein, die Erwachsene heute an Kinder im Kindergartenalter und in didaktischer Formulierung an elementarpädagogische Fachkräfte stellen. Das ist nicht verwunderlich, suggerieren uns doch einerseits die meisten der bisher durch die einzelnen Länder verabschiedeten und publizierten

Bildungsprogramme bzw. Bildungsvereinbarungen oder Bildungsorientierungen, dass *spätestens* im Kindergarten die Fülle der brachliegenden Lernkapazitäten der meisten Kinder gezielt aktiviert werden muss. Ob es dabei um die Förderbereiche der Sensorik, Motorik, Emotionalität, Kommunikationsfähigkeit, Ästhetik, Kognition, Soziabilität, Sprache, Interkulturalität, Kreativität oder Welterkundung, Gesundheit, Naturwissenschaft, den Schwerpunkt Literacy, ein mathematisches Grundverständnis oder eine Zweisprachigkeit geht. An alle Möglichkeiten und Bildungsfenster wird gedacht, gilt es doch, möglichst keinen Bereich zu keinem Zeitpunkt außer Acht zu lassen. Und schon zeigt sich schnell ein weiterer Trend: *Quantität vor Qualität* – so heißt in vielen Einrichtungen inzwischen das Zaubermittel der Gegenwart. Eine Einrichtung, die möglichst viele Angebote in unterschiedlichen Schwerpunkten den Kindern offeriert und gleichzeitig den Eltern im Sinne einer Angebotsskala offenlegt, was Kinder in diesem speziellen Kindergarten alles lernen können, ist in den Augen vieler Eltern, die nicht zuletzt als Kunden betrachtet werden (wollen), eine wirklich qualitätsgeprägte Institution. Und das Lob der Eltern bestärkt dabei viele Erzieherinnen in der Annahme, auf dem richtigen Weg zu sein. So wird das Wort *Bildung* immer stärker unter dem Gesichtspunkt einer *späteren Verwertbarkeit* definiert und eingestuft, die die postmoderne Gesellschaft aus aktueller Sicht offensichtlich für nötig erachtet.

So spielen bei dem aktuellen Bildungsverständnis eine tiefe Erlebnisqualität für das Kind, die Frage der Sinnhaftigkeit für das aktuelle Leben heutiger Kinder, ein tiefes Glücksempfinden und hohe Glücksmomente für das gegenwärtig erfahrene Leben dabei, eine notwendigerweise immer geringere, ja untergeordnete Rolle. Bildung wird bedarfsgerecht zusammengestellt und so konzipiert, dass sie effiziente Lernauswirkungen bedingt. Natürlich versteht es sich in diesem Zusammenhang dann von selbst, dass regelmäßige Leistungs- und Erfolgskontrollen, Ranking-Verfahren und permanente Evaluationen, Lerntagebücher und sorgsam geführte Portfolios den Erfolg dokumentieren sollen bzw. Misserfolge zu neuen Anstrengungen auffordern.

> Kurzum: Waren es also in den sechziger Jahren die Vorschulblätter und das frühe Leselernen, die eine Faszination für die Elementarpädagogik bedeuteten, in den siebziger Jahren der damals revolutionäre Situationsansatz, in den achtziger Jahren die Momente der Neuorientierung und Stabilisierung von Ansätzen und Konzeptionen inklusive der Blicke über die Grenzen hinaus – erinnert sei an die Faszination der Reggio-Pädagogik – und ab der Mitte der neunziger Jahre die Qualitätsdiskussion, so scheint es heute nur noch die *Magie der Bildung*, mit einem größtenteils identischen Vokabular aus den sechziger Jahren, zu geben.

Wieder gibt es Vorschulhefte, die zu einem guten Start in die Schule verhelfen sollen, Hefte mit mathematischen Angeboten zur Durchführung von Zahlenprojekten, naturwissenschaftliche Angebote zur Förderung von Begabungen und Entdeckungshefte, die jede Menge Brain-Gym für kluge Köpfe anbieten.

Antoine de Saint-Exupèry (1991, S. 2) hat einmal geschrieben: „Wenn du mit anderen ein Schiff bauen willst, so beginne nicht, mit ihnen Holz zu sammeln, sondern wecke in ihnen die Sehnsucht nach dem großen, weiten Meer."

Nehmen wir diese wundervolle Aussage als Ausgangsbetrachtung für den Begriff *Bildung* auf und setzen die bisher zusammengetragenen Fakten in Beziehung zu diesem Zitat. So kann gesagt werden, dass Bildung in Deutschland noch nicht einmal darin besteht, dass mit Kindern gemeinsam das Holz für einen Schiffbau gesammelt wird, sondern stattdessen vom Strand zusammengetragenes Bruchholz den Kindern zum Bau eines vorgegebenen Schiffmodells an den Tisch gebracht wird. So sei spätestens in diesem Zusammenhang die Frage erlaubt, ob und was dies tatsächlich mit einer *Bildung von Anfang an* zu tun hat?

Im sogenannten *Delors-Bericht* beschreibt der UNESCO-Bericht zur Bildung für das 21. Jahrhundert, der 1997 in deutscher Sprache von der Deutschen UNESCO-Kommission herausgegeben wurde, in angemessener Kürze und in treffender Inhaltsprägnanz das wichtigste Ziel der Bildung: Bildung wird als Kern der Persönlichkeitsentwicklung und der Gemeinschaft verstanden, wobei es ihre Aufgabe ist, jeden Menschen, ohne Ausnahme, in die Lage zu versetzen, die vorhandenen Talente voll zu entwickeln und das kreative Potenzial, einschließlich der Verantwortung für das eigene Leben und der Erreichung persönlicher Ziele, auszuschöpfen.

Wer die große inhaltliche Bedeutung Wort für Wort versteht, merkt schnell, dass die in Deutschland – und damit auch die in deutschen Kindergärten – überwiegend umgesetzte Bildungsarbeit außergewöhnlich wenig mit diesem Bildungsverständnis zu tun hat.

Hier wird Bildung zunächst als Fundament einer *Persönlichkeitsentwicklung* des einzelnen Menschen verstanden und einer sozial miteinander verbundenen Gruppe.

- Gemeint ist *nicht* eine Vermittlung kognitiver Ansammlungsfakten, sondern vielmehr die *Entwicklung und der Ausbau der lebensbedeutsamen Kompetenz, neugierig zu sein* und dies ein Leben lang zu bleiben.
- Gemeint ist *nicht* primär, den kognitiven Bereich anzusprechen, sondern den Menschen zu befähigen, *das eigene Leben selbstständig und aktiv, verantwortungsvoll gestalten zu können*.

- Gemeint ist *nicht*, sich anderen Menschen weitestgehend erwartungsorientiert unterzuordnen oder das zu tun, was andere erhoffen, sondern *Autonomie zu entwickeln und Partizipationskompetenzen zu zeigen*.
- Gemeint ist *nicht*, Aufgaben, die von anderen an einen selbst gestellt werden, zu erfüllen, sondern die Fähigkeit zu entdecken und zu nutzen, *sich selbst für Aufgaben zu interessieren und zu motivieren, Leistungsbereitschaft zu entwickeln und Leistungsfähigkeit zu demonstrieren*.
- Gemeint ist *nicht*, einzelne Teilleistungsaufgaben zu sehen und zu erfüllen, sondern *die Dinge der Welt vernetzt miteinander zu betrachten*, Sinnzusammenhänge zwischen unterschiedlichen Aspekten zu entdecken und Interdisziplinarität zu realisieren.
- Gemeint ist *nicht*, viel zu lernen, sondern gelernt zu haben, *wie Wissen selbstständig zu erwerben* ist und entsprechende *Anstrengungen zu unternehmen*, um aus einer breiten Allgemeinbildung (!) selbstaktiv vertiefende Kenntnisse zu suchen und zu erwerben.
- Gemeint ist *nicht*, die Dinge der Welt so zu betrachten, wie sie in der Vergangenheit und Gegenwart betrachtet wurden, sondern *mit einem weltoffenen, kreativen Blickwinkel zu sehen*, um neue Perspektiven zu entwickeln bzw. *Innovationen zu initiieren*.
- Gemeint ist *nicht*, Arbeitsstrategien anderer Menschen zu kopieren, sondern *selbst hilfreiche Planungs- und Umsetzungsstrategien zu beherrschen*, die entscheidend dazu beitragen werden, eigene Talente immer wieder aufs Neue auszubauen.
- Gemeint ist *nicht*, theoretisch über Konflikte zu reden, sondern eine *Konfliktkompetenz zu beherrschen*, die zu einer tiefen Kommunikationskultur mit anderen Menschen beiträgt.
- Gemeint ist *nicht*, eigene Egozentrismen zu pflegen (Verhalten nach dem Lustprinzip), *sondern Empathie und Solidarität zu entwickeln*.
- Gemeint ist *nicht*, die Urteile anderer Menschen zu übernehmen, sondern *ein eigenes Urteilsvermögen zu besitzen*.
- Gemeint ist *nicht*, ein passives Lernverhalten zu zeigen, sondern *eigenständige Lernaktivitäten an den Tag zu legen*, um beispielsweise Wesentliches von Unwesentlichem unterscheiden zu können.

Versucht man nun, genau den Kern des Selbstverständnisses einer Bildung von Anfang an zu treffen, dann muss von folgenden Grundlagen ausgegangen werden:

- Bildung existiert nicht von Anfang an – sie ist nicht genetisch programmiert. Vielmehr ergibt sich Bildung aus einer *Entwicklung* der in Kindern vorhandenen Neugierde.

- Bildungsentwicklung umfasst offensichtlich zwei Aspekte, durch die sie selbst entstehen kann: Zum einen ist es möglich, sie selbst bewusst zu initiieren und damit zu steuern, zum anderen geschieht sie auch unterbewusst (nebenbei) durch bestimmte Erlebnisse, Erfahrungen und Eindrücke, denen das Kind in seiner Biografie ausgesetzt ist und denen das Kind eine individuelle Bedeutung beimisst.
- Bildung umfasst die Entwicklung menschlicher Anlagen. Wenn nach aktueller entwicklungspsychologischer Sicht und aufgrund des heutigen Wissensstandes davon ausgegangen werden kann, dass mit dem Begriff *Anlage* „die genetische Ausstattung eines Menschen gemeint ist und diese wiederum das *vorhandene Entwicklungspotenzial* umfasst, so handelt es sich hierbei also um die Möglichkeiten zur Verwirklichung von Fähigkeiten, die als ‚Werdemöglichkeiten' verstanden werden und durch entsprechende Umfeldeinflüsse entfaltet werden müssen" (in Hobmair, 2005, S.17).
- Bildung geschieht durch zwei Einflusspotenziale – zum einen durch das weite Feld der Erziehung, die sich in direkter und indirekter Form auf die Bildungsorientierung und die Bildungspotenzen des Kindes auswirkt. Zum anderen bleibt die Erziehung in Sachen Bildung unwirksam, wenn sich nicht auch das Kind selbst aktiv in eine Bildungsentwicklung (i. S. der Selbstbildung) begibt.
- Bildung kreist und konzentriert sich in erster Linie auf die Erfassung von Werten, wobei mit Werten Einstellungen, Einschätzungen, Sichtweisen gemeint sind (im Unterschied zur Wissensaneignung und kognitiven Kompetenz). So zeichnen sich beispielsweise bildungsaktive Menschen durch Lernfreude, Lerninteresse, Lernbereitschaft, Lernmotivation, Anstrengungsbereitschaft und Selbstreflexion aus.
- Bildung als Werteerfassung ist nur dann im Sinne einer Nachhaltigkeit gelungen, wenn persönliche Einstellungen, Einschätzungen und Sichtweisen auch tatsächlich verinnerlicht sind und damit zu konstanten Persönlichkeitsmerkmalen werden konnten bzw. geworden sind.

> **Bildung muss demnach als eine persönlichkeitsbildende und nachhaltige Entwicklung angesehen werden, die sich in erster Linie auf emotional-soziale und handlungsorientierte Kompetenzen bezieht, ausgerichtet auf bedeutsame Einstellungen, Werte und Sichtweisen.**

Diese gilt es auf der Grundlage von *verinnerlichten Erkenntnissen* in eigene Entscheidungen und in das eigene Handeln einfließen zu lassen. Insofern muss dringend zwischen den Begrifflichkeiten *Qualifizierung* einerseits und *Bildung* andererseits strikt unterschieden werden, ebenso wie zwischen den Begriffen *Wissenskompetenz* und *Bildung*.

Würde diese Differenzierung nicht vorgenommen werden, könnte aus gesellschaftspolitischer und allgemeinpädagogischer Sicht angenommen werden, die Elementarpädagogik befinde sich zurzeit in einer Bildungsoffensive. Genau das Gegenteil ist der Fall. Solange Bildung als eine Art Ware, ein Konsumgut angesehen wird, solange müssen zwangsläufig Kinder als Bildungsempfänger und damit als entsprechend leere Gefäße betrachtet werden, die es mit entsprechenden *Bildungsmengen* unaufhörlich *zu füllen* gilt. Allerdings machen neurophysiologische und aktuelle entwicklungspsychologische Untersuchungen immer wieder deutlich, dass Bildungsprozesse *nicht* nach diesem Gedankenmodell einer Warenvermittlung funktionieren. *Es ist wissenschaftlich nicht haltbar, anzunehmen, Bildung könne einem Menschen beigebracht, weitergegeben oder auf ihn übertragen werden.*

> Nach wie vor wird Bildung in Kindern nur dann initiiert, wenn sie aus ihrer subjektiven Sicht und Einschätzung heraus innerlich spüren, dass die von ihnen bemerkten und aufgenommenen Wahrnehmungsimpulse etwas mit ihrer eigenen Motivation, ihrer aktuelle Lebenssituation und Neugierde zu tun haben. Kinder müssen immer wieder einen Kontext erleben. Ihre bisherigen Vorerfahrungen machen es ihnen möglich, die neuen Sinneseindrücke und Erlebnisse miteinander zu vernetzen, die neuen Lernimpulse als bedeutsam zu decodieren und aufgrund zurückliegender Informationen einzuordnen. Damit ist das Kind in der Lage, diese Informationen als für sich sinnvoll zu erschließen. All dies muss in einer entwicklungsfreundlichen Atmosphäre erlebt werden können.

Prof. Dr. Gerd E. Schäfer spricht in diesem Zusammenhang von einer „Bildung aus erster Hand" im Unterschied zu einer „Bildung aus zweiter Hand", mit dem im zweiten Fall ein Lernen als Übernahme von dem, was andere einem vorgeben, gemeint ist. Und schon in seiner Veröffentlichung von 1995 – also vor dem Beginn der PISA-Diskussion – schreibt Schäfer (1995, S. 19): „Bildung hat etwas mit Selbstständigkeit zu tun. Man kann nicht gebildet werden, bilden muss man sich selbst." Und der Bildungsforscher H.-J. Laewen drückt sich auf einer Fachtagung in Potsdam am 27./28.01.1998 so aus: „Das Kind ist also nicht auf Vermittlung in Form von Belehrung angewiesen, sondern strebt von sich aus nach Weltdeutung und Handlungskompetenz." Prof. Dr. Klaus Firlei (Universität Salzburg) bringt die gegenwärtige Bildungsarbeit konkret auf den Punkt wenn er davon spricht, dass zurzeit nach seiner Einschätzung der „Bildungsarbeit die Bildung zum Abschuss freigegeben ist" und „Sinn verkauft wird, wo keiner ist" (2004, S. 169). Natürlich ist es gut, wenn tatsächlich eine schon seit Jahren dringend überfällige Bildungsrenaissance auch in Kindertageseinrichtungen, ebenso wie in Familien und Schulen, Einzug halten würde. Dann kämen die Begriffe *Freude am Entdecken, Wertschätzung von Scharfsinn, Konzentration auf das Wesentliche, Wertebildung als höchste Form einer verantwortungsvollen Lebensgestaltung, Liebe zur Ästhetik, die pure Freude an Selbstentwicklung, Spiritualität in der Auseinandersetzung mit sich, der Welt, den Sinnfragen des Lebens und anderen Menschen, Respekt vor der Natur, Entwicklung der Emotionalität und der Klarheit, das Interesse an Geschichte, der Kunst und der Musik* verstärkt zum Vorschein. Bezogen auf die Frage einer Bildungsbedeutung für die Elementarpädagogik in diesem Sinne bringt es ein afrikanischer Spruch auf den Punkt: „Was nicht in die Wurzeln gelangt, kommt auch nicht in die Krone."

Erinnert sei in diesem Zusammenhang an die erfolgreiche Bildungsarbeit der Schweden, wo mit dem *Kunskapens Träd* – dem *Baum der Erkenntnis* – der Leitfaden für die elementar- und schulpädagogische Arbeit in Form eines Baumes dargestellt ist. Die Wurzeln und der untere Stammbereich zeigen die Lernbereiche und -ziele für den Elementarbereich. Beispielsweise heißt es dort, dass in der Elementarpädagogik danach zu streben ist, dass jedes Kind:

- seine Identität entwickelt und sich sicher fühlt;
- seine Neugierde und seine Lust sowie Fähigkeit zu spielen und zu lernen entwickelt;
- Selbstständigkeit und Vertrauen in die eigenen Fähigkeiten entwickelt;
- seine Schaffensfähigkeit und seine Fähigkeit, Erlebnisse, Gedanken und Erfahrungen in vielen Ausdrucksformen wie Spiel, Bild, Bewegung, Gesang und Musik, Tanz und Schauspiel auszudrücken, entwickelt;
- Vertrauen in seine eigenen Fähigkeiten fühlt und wagt, entsprechend seiner eigenen Meinungen und Erfahrungen zu handeln und zu argumentieren;
- zu seiner eigenen Kraft Zutrauen empfindet und fühlt: Ich bin tüchtig. Ich wage. Ich kann. Ich darf. Ich werde gebraucht;
- seine eigene Bedeutsamkeit fühlt;
- ein beginnendes Gruppengefühl entwickelt;
- wagt, eigene Ansichten auszusprechen;
- alle Menschen als gleichwertig ansieht;
- einzugreifen wagt, wenn jemand geärgert wird;
- darüber reden kann, dass man verschiedene Meinungen hat (Berger, 2004, S. 3 ff.).

Die Ziele und Lernbereiche der anschließenden neun Schuljahre befinden sich im oberen Stamm- und im Baumkronenbereich als *Folge eines starken Wurzelwerks*. Dabei sind die zuvor genannten Lernziele als Wurzeln für die Schwerpunktarbeit der Elementarpädagogik gedacht.

Der ehemalige Bundespräsident Johannes Rau hat es schon in seiner Rede auf dem ersten Kongress des Forums Bildung *Wissen schafft Zukunft* am 14.07.2000 in Berlin so treffend formuliert:

Zur Bildung gehören die Vorstellungen und Einstellungen, die Fähigkeiten und Gewohnheiten, die es dem Menschen ermöglichen, die Welt selbstbestimmt und verantwortlich zu gestalten. *Bildung ist etwas anderes als Wissen.* Wissen lässt sich büffeln, aber Begreifen braucht Zeit und Erfahrung. […] Selbständig und frei denken zu lernen [darauf kommt es an, AK]. […] Wer nicht denken gelernt hat, der kann diesen Mangel durch noch so viele Informationen nicht ersetzen. […] (2000, S. 628).

Ein solches Verständnis von Bildung hat außergewöhnlich viele Konsequenzen. Vor allem die, dass viele Eltern, Einrichtungsträger und politische Mandatsträger, elementarpädagogische Fachkräfte ebenso wie viele Fachberaterinnen und Fachschullehrerinnen einen deutlichen, teilweise radikalen Perspektivwechsel vornehmen (müssen) um einem wissenschaftlich haltbaren und gleichzeitig kindorientierten Bildungsverständnis Raum zu bieten. Dazu gehört allerdings auch, dass erwachsene Personen (Eltern und Fachkräfte) *sich selbst als die ausschlaggebende Bildungsdidaktik verstehen*, einer tiefen Bindungsqualität zu Kindern eine außergewöhnlich hohe Priorität einräumen, sich selbst als Modell für Bildungsprozesse offenbaren und die Kinder als Bildungssubjekte in einer immer stärker bildungsreduzierteren Welt wertschätzen. Bildung ist damit a priori zunächst als eine sehr bedeutsame Herausforderung für alle elementarpädagogischen Fachkräfte unter der Überschrift: *Selbstbildung als Aufgabe im Bildungsprozess aller elementarpädagogischen Fachkräfte* zu verstehen.

Der bekannte Psychoanalytiker Carl Gustav Jung pflegte zu seinen Lebzeiten, als er mit Kindern und Eltern in therapeutischer Arbeit war, immer wieder zu betonen, dass wir Erwachsene zuerst prüfen sollten, ob es sich nicht um etwas handelt, das wir an uns selbst ändern müssen, wenn wir bei einem Kind etwas ändern wollten. Eine Übertragung dieser personenbezogenen Philosophie und zugleich einer grundsätzlichen Arbeitsauffassung auf die Elementarpädagogik sei nicht nur zugelassen, sondern dringend empfohlen.

Doch elementarpädagogische Fachkräfte sind es durch ihre (geschichtlich zurückliegende und darin begründete) Profession gewohnt, Bildungsziele eher für Kinder zu formulieren.

Sie versuchen immer wieder in ihren Alltagsbemühungen dafür zu sorgen, dass sich Kinder auf unterschiedlichste Herausforderungen einlassen, Wesentliches von Unwesentlichem unterscheiden lernen, sich selbst und ihre Handlungstätigkeiten genau anschauen, Fragen stellen und Hypothesen bilden, Theorien entwerfen für ihre Tätigkeiten und diese handlungsorientiert und kognitiv reflektierend überprüfen, ihre Handlungen durch Versuch und Irrtum immer wieder neu einrichten und gestalten, an neuen Erkenntnissen arbeiten und Erfolge erringen, unbrauchbare Strategien verwerfen und expansiv die Herausforderungen der Zeit und der Welt aufgreifen. So weit, so gut. Doch an dieser Stelle sei spätestens jetzt darauf hingewiesen, dass Bildung nur dann geschehen kann, wenn *Erwachsene die für Kinder formulierten Ziele zunächst immer zu eigenen Zielsetzungen erklären*, getreu dem Motto: Nur was ich selbst begreife, verstehe und auf mich selbst übertrage, ist ggf. dazu geeignet, als Zielsetzung für Kinder und deren Bildungsprozess tauglich zu sein.

Bildung ist – wie der zuvor erwähnte Delors-Bericht festgestellt hat – nicht nur der Kern der Persönlichkeitsentwicklung, in dem es darum geht, all unsere Talente voll zu entwickeln und unser kreatives Potenzial, einschließlich der Verantwortung für unser eigenes Leben und der Erreichung persönlicher Ziele auszuschöpfen, sondern auch eine selbstverantwortliche Aufgabe, dass Bildung stets mit Selbstbildung beginnt (vgl. Strätz, 2003; Ahnert, 2003; Liegle, 2003; Schäfer, 2003). Pestalozzi vertrat stets die Auffassung, dass Erziehung Liebe und Vorbild, sonst nichts sei. Etwas abgewandelt könnte nun die aktualisierte Form dieser Aussage lauten: Bildung ist Selbstbildung und Modell. Sonst nichts.

Auf den Punkt gebracht, könnte dies im Einzelnen bedeuten: Bildungsarbeit im Kindergarten beginnt dort, wo elementarpädagogische Fachkräfte selbst Freude und ein hohes Interesse daran haben,

- immer wieder ein neues Wissen zu erwerben,
- vertiefende Kenntnisse über Problemstellungen, Herausforderungen, unlösbar erscheinende Aufgabenstellungen gewinnen zu wollen,
- Lernherausforderungen (aufzu-)suchen und Handlungskompetenzen durch Versuch und Irrtum aufzubauen bzw. zu erweitern,
- Konfliktkompetenzen zu erwerben, um vorurteilsfrei, offen und neugierig schwierige Situationen zu meistern,
- an der eigenen Lern- und Lebensgeschichte aktiv und kontinuierlich zu arbeiten,
- bisher verborgene Talente zu entdecken, mutig aufzugreifen und neu zu nutzen,
- weltoffen auf alles Unbekannte zuzugehen,
- sich immer wieder selbst zu motivieren, mit Engagement und Risikofähigkeit die Welt humaner mitzugestalten.

So ist die besondere berufliche Identität stets mit der persönlichen Bildungsidentität der Erzieherin auf das Engste verknüpft – und beide Identitätsbereiche entstehen nicht von allein. Sie entwickeln sich vielmehr aus der eigenen Motivation heraus, human orientierte, kompetente und professionelle Verhaltensmerkmale auf- und auszubauen, um einerseits selbstverantwortlich mit sich umgehen zu können, andererseits eine qualitätsgeprägte und bindungsstarke Elementarpädagogik durchzuführen, die das geflügelte Wort von der frühen Bildung von Anfang an zu Recht beansprucht. Die persönliche und berufliche Identität entwickelt sich im (selbst-)kritischen Umgang mit den eigenen, fremden und arbeitsfeldspezifischen Anforderungen, die mit dem Berufsbild der

Erzieherin auf das Engste verbunden sind. So geht es beispielsweise darum, immer wieder selbstreflexiv die eigene Lebensgeschichte und das konkrete Verhalten mit dem konkreten Alltagsgeschehen vor Ort zu vernetzen, um festzustellen, welche Handlungsmomente konstruktiv und welche destruktiv waren/sind. Dazu gehört unter anderem eine ausgebaute Dialogfähigkeit, um mit sich in den unterschiedlichsten Lebens- und Arbeitssituationen in Selbstbetrachtungen und -verhandlungen einzutreten. Hier heißt es dann, lebendige Entwicklungsfelder zu entdecken, Entwicklungschancen zu nutzen und Fehlentwicklungen durch neue Handlungsstrategien zu ersetzen. In einem immer wiederkehrenden Klärungsprozess müssen unterschiedliche Erwartungen und Anforderungen, die man selbst an sich (zu haben) hat und die von außen kommen, auf ihre fachliche Existenzberechtigung hin überprüft werden, um Kindern bindungsstarke und sicherheitgebende Beziehungen anzubieten (vgl. Haug-Schnabel/Schmid-Steinbrunner, 2002; Neumann, 2004; Kammerer, 2004; Koneberg, 2006; Opp, 2007; Völkel/Viernickel, 2009). Es müssen

- Widersprüche zwischen einem ideellen Anspruch (auf kognitiver Ebene) und der Alltagswirklichkeit (auf der Handlungsebene) entdeckt und geklärt,
- rigide Verhaltensmuster, die Machtansprüche Kindern gegenüber offenkundig werden lassen, entdeckt und verändert,
- Auseinandersetzungen mit sich und anderen geführt,
- immer wieder bei Erwartungen, die an die Elementarpädagogik gestellt wurden, Stellung bezogen,
- Selbstaktivität in der Erreichung von Zielsetzungen gezeigt,
- Lernmöglichkeiten für sich und mit Kindern gesucht,
- Selbstverantwortung für Misserfolge und Erfolge übernommen und
- neue Handlungsstrategien ausprobiert werden.

Weiterhin geht es darum,

- Vermutungen und Vorurteile bestimmten Kindern und ihren gezeigten Verhaltensweisen gegenüber zu entdecken und stattdessen Wahrnehmungsoffenheit für Realitäten zu entwickeln,
- Lernanregungen selber zu bemerken und Lernräume für sich zu nutzen und zu gestalten sowie
- Handlungsalternativen für die Situationen zu finden, in denen bisher bekannte Möglichkeiten zur Lösung dieser anstehenden Probleme nicht ausreichten.

Bei all den vielen Selbstentwicklungsaufgaben wird es nicht ausbleiben, dass immer wieder Identitätskrisen auftauchen. Doch gerade sie sind immer eine Chance, ein erlebtes, aktuelles Chaos als einen Neuanfang zu verstehen (vgl. Morgenroth, 1995; Stavemann, 2001; Baumann-Bay, 2003). So heißt es in einer fernöstlichen Weisheit: „Du musst Abschied nehmen, wenn du weitergehen willst." Krisen und Störungen sind Wege für innovative Veränderungen.

Seit vielen Jahren schon zeichnet sich das realisierte Berufsbild der elementarpädagogischen Fachkräfte nach Ansicht von Professorin Helga Fischer vor allem durch zwei Merkmale aus: Erstens bleibt das berufliche Selbstbewusstsein der Erzieherinnen weit hinter der Bedeutung der tatsächlich geleisteten bzw. zu leistenden Arbeit zurück und zweitens ist das berufliche Selbstverständnis von Erzieherinnen geprägt von einer überhöhten Bereitschaft, möglichst allen Verhaltenserwartungen, die an sie gerichtet werden, gerecht zu werden. Es wäre bzw. ist eine zwingende Aufgabe in der Elementarpädagogik, diese beiden Annahmen/Aussagen/Realitäten endlich ins Gegenteil zu wandeln. Doch eines ist sicher: Eine *bildungsoffensive Professionalität*, nach außen gezeigt, wird nur dann glaubhaft aufgenommen werden, wenn eine innere Bereitschaft zur Entwicklung von Humanität und Fachlichkeit in Gang gesetzt und eine humane Professionalität ausgebaut wird (vgl. Netz, 1998; Langenmayr, 2004; Krenz, 2005). Selbstentwicklung und Selbsterziehung führen zu einer professionellen Selbstverwirklichung und Selbstbildung – ein umgekehrter Weg führt zu Starrheit und Ignoranz von notwendigen Handlungsschritten.

Wenn elementarpädagogische Fachkräfte Kinder und ihre Entwicklung, Kollegien und Träger, die Öffentlichkeit und Eltern sowie die Politik i. S. einer qualitätsgeprägten und zugleich bindungsstarken sowie bildungsaktiven Elementarpädagogik immer wieder neu entzünden wollen, sind ein hohes *Engagement*, ein *offensives Handeln*, *Lebendigkeit* und vor allem Selbstbildung unausweichlich.

Bildung kann nur dann im Sinne einer *Selbstbildung der Kinder* erfolgreich sein, wenn

- sich eine Bildungsarbeit als eine eigenständige Welterkundung durch die Kinder entwickelt,
- Kinder erleben, dass diese Welterkundung etwas ganz Konkretes mit ihrem individuellen Leben zu tun hat,
- Kinder und Erwachsene durch ihre selbstaktiven Bildungsaktivitäten ein ständig wachsendes Identitätsbewusstsein erlangen,
- das Bildungsgeschehen sowohl in einer beziehungsnahen Interaktion mit den Erwachsenen (Erzieherinnen und Eltern) geschieht als auch durch selbstaktive Vorhaben genährt wird,
- Erwachsene durch ihre ständige Bildungsbereitschaft und ihre vielfältigen Bildungsaktivitäten selbst in einem stets aktivierten Bildungsprozess stehen,

- Bildung als ein individueller Entwicklungsweg aller Beteiligten verstanden wird,
- Bildungsergebnisse nicht nach Einschätzung von Erwachsenen als richtig bzw. falsch klassifiziert, sondern unter dem Aspekt einer hilfreichen, durch Beziehungsnähe geprägte Persönlichkeitsentwicklung betrachtet werden,
- Bildung als ein Entwicklungsvorgang im Alltag geschieht und nicht durch künstliche, zeitbegrenzte und belehrende Bildungsprogramme erzielt werden will,
- Bildung durch die lebendige Auseinandersetzung – gerade mit vielfältigen, alltagsbedeutsamen philosophischen Gedanken – die Selbstexploration des Menschen unterstützt und ihn zu einer wertebewussten Einschätzung von Situationen befähigt,
- Erwachsene alle für Kinder formulierten Bildungsziele als eigene Bildungsanforderungen deuten,
- Kinder ihre Alltagserfahrungen mit einem subjektiven Bedeutungssinn verknüpfen können,
- Kinder die gesamte Bildungsarbeit als ein Bildungsrecht erleben und nicht als eine fremd gesteuerte Bildungspflicht erfahren müssen,
- nicht – wie häufig in der elementarpädagogischen Praxis zu beobachten ist – aus Sachanforderungen und Problemen Beziehungsschwierigkeiten provoziert werden, die eine Ablehnung von Erwachsenen hervorruft und eine Abwehr von Bildungsanforderungen mit sich bringt,
- Bildung in einer stetigen Verknüpfung von Herz, Hand und Hirn erlebt werden kann,
- Bildungsarbeit für Kinder und Erwachsene gleichermaßen immer wieder mit Zuversicht und Perspektivorientierungen verbunden ist,
- die Begriffe *Bildung* und *Wissen* unterschiedlich definiert werden und sich das professionelle Bewusstsein durchsetzt, dass es in der gesamten Bildungsarbeit nicht primär darum geht bzw. gehen kann/darf, konkretes Einzelwissen den Kindern zu vermitteln, sondern Kinder dazu führt, mit *ihren* Bindungspersonen den Alltag gemeinsam verbringen zu wollen,
- Bildung als Selbstwirksamkeit erlebt wird – verbunden mit der Fähigkeit, über eigene Entwicklungspotenziale zu staunen, sich selbst zu begeistern, eine vielseitige emotionale Empfänglichkeit aufzubauen, immer wieder eine aktive Fragehaltung zu besitzen und sich in ständige Anstrengungsbereitschaften zu begeben,
- Bildung eine erfahrungsorientierte, handlungsbezogene und anschauungsattraktive Tätigkeit darstellt.

4.3 Grundlagen und Voraussetzungen

Ein Kind will umsorgt sein, sich geborgen und angenommen fühlen, damit es gedeihen und sich seinen Möglichkeiten entsprechend entwickeln kann. […] [So geht es um die Frage], welche psychischen Grundbedürfnisse befriedigt werden müssen, damit ein Kind gedeiht und sich entwickeln kann. Wichtige Hinweise liefern uns Studien über Kinder, die unter einem offensichtlichen Mangel an Fürsorge, Geborgenheit und Zuwendung gelitten haben (Largo, 1999, S. 95).

Ohne Frage entsteht das individuelle, spezifische Verhalten eines Menschen aus einer nahezu unüberschaubaren Menge von *frühkindlich bedeutsamen Einflüssen*, denen er in seiner frühen Entwicklungszeit ausgesetzt ist. Gleichzeitig kann es aber auch *keine* monokausalen (= eingründigen) Erklärungen *für einzelne, ganz besondere und spezifische* entwicklungspsychologische Phänomene geben. So genannte lineare *Entwicklungstheorien* oder Erklärungsmuster wie beispielsweise „ängstliche Erwachsene prägen ängstliche Kinder", „Erwachsene, die in der Kindheit misshandelt wurden, werden auch eigene oder anvertraute Kinder misshandeln", „eine durch Gewalt geprägte Umwelt lässt Kinder automatisch gewalttätig werden", „verantwortungsbereite Kinder kommen aus verantwortungsvollen Elternhäusern" oder „Erwachsene, die mit viel Rücksicht ihre Kinder erziehen, werden rücksichtsvolle Kinder hervorbringen" haben eine lange Tradition. Sie entstammen vor allem den *Konzepten der Identifikation* (Sigmund Freud), d.h. dass Kinder gleiche oder zumindest sehr ähnliche Verhaltensweisen übernehmen wie die der Erwachsenen bzw. im Sinne eines *Wiederholungszwangs* gleiche Ausdrucksformen zeigen müssen oder vor allem über das Modelllernen ihren Ausdruck finden. Solche Alltagstheorien *können* im Einzelfall zutreffen, sind aber durchweg zu einfache Erklärungsversuche und können in keinem Fall wissenschaftlichen Untersuchungen als Regelfall Stand halten (vgl. Rossmann, 2001; Kasten, 2005; Haug-Schnabel/Bensel, 2006; Fuhrer 2009).

Und dennoch soll an dieser Stelle der Versuch gewagt werden, einige *grundsätzliche* Entwicklungsgesetze auf den Punkt zu bringen. Dabei zielen die nachfolgenden Gesetzmäßigkeiten *nicht* auf einzelne, spezifische Besonderheiten der Entwicklungspsychologie ab, sondern auf *basale* (=grundlegende) Erkenntnisse, die dazu dienen können, *Ansatzpunkte* für die praktische Arbeit zu liefern (vgl. Haug-Schnabel/Bensel, 2004; Largo, 1999; Rossmann, 2001; Kasten, 2005; Kuhl/Völker, 1998; Suess/Burat-Hiemer, 2009).

- Jedes Kind entwickelt sich sowohl im Verlauf seiner Gesamtentwicklung wie in der Entwicklungsgeschwindigkeit *individuell*. Eine idealtypische, modellhafte Entwicklung eines *Durchschnittskindes* gibt es offensichtlich nicht.

4.3 GRUNDLAGEN UND VORAUSSETZUNGEN

- Jedes Entwicklungsmerkmal eines Kindes ist im Vergleich mit einem anderen Kind in gleichem Alter unterschiedlich ausgeprägt. In der Fachsprache wird dies *interindividuelle Variabilität* genannt. (Anmerkung: Diese Erkenntnis hat dazu geführt, dass es *keine starren Entwicklungstabellen* mehr gibt.)
- Die Entfaltung der unterschiedlichen Ressourcen, die Kinder zur Verfügung haben, hängt in starkem Maße von den jeweiligen *Entwicklungsbedingungen* ab, die auf ein Kind einwirken und die sich dabei entwicklungsförderlich oder entwicklungshinderlich auf die Persönlichkeitsentfaltung auswirken können.
- Die vielfältigen Fähigkeiten und Fertigkeiten, die ein Kind in seinen unterschiedlichen Entwicklungsbereichen prozessual zum Ausdruck bringen kann, können sich unabhängig voneinander in ihrer Ausprägung entwickeln.
- Abfolgen in der Entwicklung einzelner Entwicklungsbereiche (z. B. in der motorischen oder der sprachlichen Entwicklung) laufen nicht gradlinig ab – so gibt es individuelle Unterschiede und Ausprägungsmerkmale.
- Da die meisten Entwicklungsbereiche miteinander vernetzt sind (z. B. Nutzung von Begabungen: Ausprägungsgrad der intrinsischen Motivation; Ausbau der Sprachfähigkeit; Ausprägungsstärke der kognitiven Interessenlagen), dürfen *Entwicklungsschritte in unterschiedlichen Entwicklungsbereichen nicht getrennt voneinander* betrachtet werden.
- Die Entdeckung und Nutzung der unterschiedlichen Entwicklungspotenziale durch das Kind ist immer von *dreierlei Faktoren* abhängig: der Impulsgebung und Anregung durch *beziehungsgeprägte* Erwachsene und Gleichaltrige, den entwicklungsförderlichen und -unterstützenden (= soziokulturellen) Lebensbedingungen, unter denen ein Kind aufwächst sowie den anstrengungsbereiten Handlungsimpulsen durch das Kind selbst.
- *Die ersten Lebensjahre prägen die Baustruktur der Großhirnrinde* – sie entscheidet über die gesamte weitere psychosoziale Entwicklung des Menschen, seine eigene Persönlichkeitsentwicklung, seine Kommunikationsstruktur und seine Interaktionsvielfalt.
- Kinder müssen während ihrer gesamten Entwicklung unterschiedliche Aufgaben und Herausforderungen meistern, um aus erfolgreich absolvierten Lernprozessen in neue Entwicklungsaufgaben und Entwicklungsschritte gelangen zu können.
- Wird eine *Bindung* zu einem Erwachsenen von dem Kind als *sicher, vertrauensvoll und zuverlässig* erlebt, kann diese Tatsache als grundlegend für das Kind und seine Entwicklung eingeschätzt werden, wodurch es sich in die Lage versetzt fühlt, sich und seine Umgebung wahrnehmungsoffen zu betrachten, Wahrnehmungsimpulse aufzunehmen und mit diesen Wahrnehmungsangeboten etwas zu tun.
- *Eine vom Kind empfundene innere Sicherheit ist die Grundlage* für alle Entwicklungsvorgänge, die darauf abzielen, selbstaktiv und intrinsisch motiviert neue Handlungsschritte zu unternehmen.

- *Beziehungsnöte, Bedrohungsängste, Trennungserlebnisse, Auslieferungserlebnisse und Ohnmachtserfahrungen* führen Kinder – wenn diese über einen längeren Zeitraum erlebt werden – in ein Gefühl der inneren Heimatlosigkeit. Diese Nöte, Ängste, Erlebnisse und Erfahrungen fördern Gefühle wie Einsamkeit, Schuldgefühle, Wehrlosigkeit und Verlassenheit und tragen dazu bei, dass Identitätsstörungen ebenso die Folge sind wie regressive, aggressive oder gewaltorientierte Abwehrmechanismen.
- Aggressivität, Gewaltbereitschaft, häufig an den Tag gelegte Trauer oder immer wiederkehrende Ängste bei Kindern *verlieren sich nicht von selbst.* Diese weit verbreitete Ansicht – gerade auch unter Kinderärzten – ist daher nicht nur falsch, sondern auch entwicklungshinderlich für ein Kind, weil es dadurch sein Verhalten manifestieren wird und wertvolle Zeit verstreicht, die im Sinne einer effizienten Hilfe hätte genutzt werden können/müssen.
- *Neugierde* (Was gibt es Neues zu entdecken?), *Erkundungsinteresse* (Wozu ist das da? Woraus besteht das? Wieso sieht das so aus?) und *Lernmotivation* (Was kann ich damit Neues anfangen?) sind die Grundvoraussetzungen für Lernvorgänge. Sie liegen in der Entwicklung der Kinder selbst, sodass es immer wieder darum gehen muss, das Neugierdeverhalten von Kindern aktiv zu unterstützen. Dies ist genau das Gegenteil von der früher verbreiteten pädagogischen These, dass es gut sei, die Neugierde z. B. durch Antworten von Erwachsenen zu befriedigen.
- Kinder sind nur dann in der Lage, nachhaltige Entwicklungsfortschritte zu verinnerlichen, wenn sie die Möglichkeit erhalten, *Handlungen zu vollziehen* und diese möglichst häufig zu erleben (= für sich selbst bestätigend erfahren). *Kinder lernen nicht durch kognitiv formulierte Informationen oder Gespräche, Verwöhnung oder Handlungseinschränkungen.*
- Je höher die intrinsische Motivation des Menschen entwickelt ist, desto größer ist seine Bereitschaft, Ausdauer bei schwierigen Problemstellungen oder Anforderungen zu zeigen und eine entsprechend hohe *Anstrengungsbereitschaft* an den Tag zu legen.
- Kinder, die schon von Geburt an ebenso eine angeborene Ressource zur Bildung von Theorien besitzen und gleichzeitig hochleistungsfähige Lernmechanismen zur Verfügung haben, begeben sich nur dann in *Lernauseinandersetzungen,* wenn sie den Eindruck gewinnen, die zu vollziehende Handlung besitze für sie in diesem Augenblick einen Wert. Solche *Handlungsbeschäftigungen* besitzen nachweislich einen *nachhaltigen Lerneffekt* im Unterschied zu *Lernangeboten* durch Erwachsene, die glauben oder hoffen, dass ihre Lernangebote einen Lernwert haben sollten/müssten.
- Bildung und Lernen als persönlichkeitserweiternde Entwicklungsvorgänge können nur dann und dort wirksam werden, wenn Kinder mit eigener Initiative und in einer sozial angenehm geprägten Interaktion *mit Herz, Hand und Verstand*

dabei sind, sich der Spiel-, Sprach-, Handlungs- und Gedankenauseinandersetzung stellen zu wollen.
- Je *unterschiedlicher und vielfältiger* die Wahrnehmungsreize in einer Handlungstätigkeit von Kindern sind, die dem kindlichen Gehirn angeboten werden, desto höher ist die Chance, dass bestimmte Informationsaspekte auf einen schon abgespeicherten Sachverhalt treffen und nun neue Sinnverbindungen hergestellt werden können. Gleichzeitig werden Kinder dadurch angeregt, in weitere Selbstbildungsprozesse zu kommen.
- Die unterschiedlichen Lernstrategien und Lernauseinandersetzungen der Kinder zeigen vor allem dann einen hohen *Lernwert*, wenn sich die *vorherrschende Atmosphäre* zum Zeitpunkt der Handlungserlebnisse für das Kind weitestgehend angstfrei und locker darstellt.
- Leistungsmotivation und Anstrengungsbereitschaft sind zwei grundlegende Merkmale einer lebenskompetenten Persönlichkeit. Sie entwickeln sich bei Kindern vor allem durch *Lebensfreude* und *eine tiefe seelische Zufriedenheit*.
- In dem Maße, in dem jeweils eines der vier Grundgefühle des Menschen – Freude, Angst, Trauer, Wut – besonders stark ausgeprägt ist, bildet dieses ausgeprägte Grundgefühl die Basis für das Selbstkonzept. Gemeint ist damit die Grundstimmung für das eigene Selbstverständnis, wenn es darum geht, wahrgenommene Situationen einzuschätzen und in bestimmter Weise darauf zu reagieren.
- Gewinnt das Grundgefühl Angst Oberhand über eine Person, so ist diese entweder darauf ausgerichtet, aktuelle Verhaltensweisen zu sichern und neue Handlungsschritte, die eine persönliche Entwicklung mit sich bringen könnten, abzuwehren oder sich auf alle neuen Herausforderungen einzulassen und aktuellen Erwartungen vorschnell nachzukommen, in der Hoffnung, dadurch nicht anzuecken und einer damit ansonsten entstehenden aktuellen Angst entfliehen zu können.
- Das *Selbstkonzept*, das der Mensch im Laufe seiner Entwicklung aufbaut und als Bild von sich selbst besitzt, ist vor allem abhängig von dem Ausprägungsgrad seines allgemeinen Selbstwertgefühls. Je höher also das allgemeine Selbstwertgefühl des Kindes ist, desto positiver ist sein Selbstkonzept. („Ich bin wer. Ich kann was. Ich traue mir viele unterschiedliche Aufgaben zu.")
- Selbstwert besitzende Kinder haben die ausgeprägte Tendenz, Aufgabenstellungen selbst meistern zu wollen – um der Aufgabe willen und um sich selbst den Beweis zu liefern, schwierige Herausforderungen meistern zu können. Dabei geht es ihnen *nicht* darum, Anerkennung durch andere Personen zu bekommen.
- Ein Selbstwertgefühl entsteht vor allem durch die Selbstanerkennung der eigenen Leistung und der Selbstwertschätzung der eigenen Person.
- Selbstwert besitzende Kinder haben in den meisten Fällen ein *ausgeprägtes Sozialverhalten, eine hohe Wahrnehmungsoffenheit für neue Situationen und eine sehr geringe Vorurteilsbereitschaft*. (Hier trifft das Motto zu: „Nur wer mit sich selbst

wirklich glücklich ist, kann glücklich und zufrieden mit anderen Menschen umgehen.")
◆ Selbstwert besitzende Kinder zeichnen sich vor allem durch die *kognitive Kompetenz* aus, Wesentliches von Unwesentlichem, Wichtiges von Unwichtigem und Bedeutsames von Unbedeutsamem bei aktuellen Aufgabenstellungen und Lebensherausforderungen zu unterscheiden. Im Bereich der emotionalen Kompetenz ist es die Ruhe und Belastbarkeit, die es ihnen möglich macht, Wahrnehmungsoffenheit auch in brenzligen Situationen aufzubringen und im sozialen Bereich zeichnen sie sich vor allem durch Hilfsbereitschaft, Zivilcourage und Zuverlässigkeit aus.

Wie seit langer Zeit durch entwicklungspsychologische Untersuchungen bekannt ist, steht bei Kindern zunächst der Auf- und Ausbau der Selbstkompetenz (Ich-Identität) im Vordergrund (vgl. Largo, 1999; Fuhrer, 2009; Keller, 1997; Mietzel, 2002). Dabei geht es vor allem um ein *zufriedenstellendes Verhältnis des Kindes zu sich selbst* und um seine vielfältigen Möglichkeiten, sich unter dem besonderen Aspekt der eigenen Interessen und Ressourcen mit sich und dem Umfeld auseinanderzusetzen und dabei bedeutsame, aufbauende und Glück vermittelnde Lebenserfahrungen zu machen. Sie dienen dem Zweck, alle eigenen innewohnenden Ressourcen (Potenziale, Talente) zu entdecken. Dies entspricht nicht zuletzt der angeborenen Neugierde eines jeden Kindes.

Dieser Ich-Kompetenz wird eine grundlegende Bedeutung im Hinblick auf die Entwicklung einer Ich-Autonomie beigemessen, die dem Kind hilft, (Selbst-)Vertrauen zu sich und zu seinem gesamten Handeln zu erlangen sowie der Welt um sich herum mit Vertrauen zu begegnen.

Leider zeigen sowohl Beobachtungen in der Praxis als auch vielfältige Untersuchungen, dass es offensichtlich vielen Kindern immer schwerer fällt bzw. gemacht wird, diese basale – grundlegende – *Entwicklung von Anfang an* erfahren zu dürfen (vgl. Ellneby, 2001; Rittelmeyer, 2007; Konrad, 2008).

In der aktuellen Entwicklungspsychologie gehen viele Wissenschaftler inzwischen davon aus, dass Kinder in zunehmendem Maße immer wieder Entwicklungsunterbrechungen erleben oder erlebt haben, die es ihnen nahezu unmöglich machen, sogenannte *Basisfähigkeiten* aufzubauen (vgl. Graf, 2006; Brooks/Goldstein, 2007; Herbst, 2010; Opp/Fingerle, 2007).

Genannt seien hier vor allem die wesentlichen Bereiche einer hohen Selbst- und Fremdwahrnehmungsbereitschaft, einer sorgsamen Wahrnehmungsdifferenzierung, Selbstannahme, Erleben von Personenstärke, Öffnungsbereitschaft für Selbstexploration, die Motivation zur Selbstentwicklung, Entdeckung neuer Lernbereiche, Aktivitätsmotivation zum Stressabbau, Besitz von Wertigkeitssensibilität, eine intrinsische Lernmotivation und die Entdeckung und Nutzung eines konstruktiven Konfliktmanagements.

Die Befriedigung (Sättigung) basaler Grundbedürfnisse sorgt für die Grundlage eines Entwicklungsaufbaus von spezifischen Fähigkeiten bei Kindern, wobei die Existenz dieser Basisfähigkeiten wiederum zu ganz besonderen kognitiven/emotionalen/motorischen und natürlich auch sozialen Fertigkeiten führt. Eine solche Grundbedürfnisbefriedigung verlangt wiederum – je nach Art des Grundbedürfnisses – nach spezifischen Erwachsenenkompetenzen. Sind diese weder existent noch im Sinne einer Sättigung durch eine angenehm erlebte Beziehungsnähe des Kindes zum Erwachsenen ausreichend, führen diese Entbehrungserlebnisse zu notwendigen Verhaltensirritationen, weil Kinder diese Grundlagen für lebensbedeutsame Fertigkeiten nicht aufbauen können und gleichzeitig zur Bewältigung von erlebten Konflikten nicht besitzen. Inzwischen hat sich gezeigt, dass es sogenannte *automatisierte, innere Entwicklungsabläufe* (als ein feststehendes genetisches Programm) im Hinblick auf den Aufbau von Fähigkeiten *nicht* gibt (vgl. Haug-Schnabel/Bensel, 2006). (Anmerkung: Gäbe es ein solches Programm, würde sich in diesem Zusammenhang auch jede Erziehungsnotwendigkeit erübrigen und das Aufgabenfeld aller Erzieherinnen bzw. die Bemühungen vieler Eltern wären ohne Existenzberechtigung.)

Allerdings zeigen immer wieder Beobachtungsergebnisse, dass spezifische Basisfähigkeiten in Verbindung mit einer qualitativ hochwertigen und intensiven Grundbedürfnisbefriedigung in sehr engen Vernetzungen stehen (vgl. Largo, 2005; Greenspan, 2003). Gleichzeitig ergeben sich Verhaltensirritationen spezifischer Art aus der Nichtbefriedigung bestimmter seelischer Grundbedürfnisse. Werden nun Basisfähigkeiten als ein Aufbauprozess und entsprechende Fertigkeiten als eine Ausbauentwicklung dieser Fähigkeiten Sinnverbunden betrachtet, fokussiert sich die notwendige Aufmerksamkeit – auch und gerade in der Frühpädagogik – auf zwei Elemente. Zum einen muss (!) die gesamte pädagogische Beziehungsarbeit so gestaltet werden, dass Kinder in der täglichen Arbeit ihre Grundbedürfnisbefriedigung erleben (können). Zum anderen sind es aber auch bestimmte Verhaltensmerkmale der Erwachsenen, die notwendig sind, dem Anspruch einer bedürfnisgerechten Kommunikation und Interaktion gerecht zu werden.

So stehen jeweils bestimmte Vernetzungen in einer kindorientierten Frühpädagogik im Mittelpunkt.

Jedes Kind kommt auf die Welt,
um zu wachsen, sich zu entfalten, zu leben, zu lieben
und seine Bedürfnisse und seine Gefühle zu seinem Schutz zu artikulieren
(Miller, 1980, S. 64).

Alles fängt mit einer Kenntnis der *Grundbedürfnisse* von Kindern an. Diese können entwicklungspsychologisch als *tragende Entwicklungssäulen für den*

Identitätsaufbau von Kindern bezeichnet werden, die den Kindern helfen, Wurzeln für ihr gegenwärtiges und gesamtes zukünftiges Leben zu entwickeln (vgl. Neumann, 2004; Koneberg, 2006; Tschöpe-Scheffler, 1999; Krenz, 2009).

So stellt sich die Frage, um welche seelischen Grundbedürfnisse es sich im Einzelnen handelt. Dieser Frage soll im folgenden Teil kurz nachgegangen werden.

- *Zeit* erleben und genießen – zur Entdeckung und Stabilisierung eigener Entwicklungsressourcen, um sich und die Welt um sich herum in der breiten und tiefen Vielfalt wahrzunehmen zu können. Dazu brauchen Kinder Erwachsene, die weitestgehend für eine eigene Entlastung von Sorgen, Schwierigkeiten oder Problemen sorgen und sich dadurch mit Ausgewogenheit auf das kindliche Zeitbedürfnis einlassen können.
- *Ruhe* erfahren zur Festigung und Differenzierung von Entwicklungsvorgängen, um Lösungen bei Problemen zu suchen und finden zu können und um selbst gewählte bzw. notwendige Ziele ohne Ablenkungen zu verfolgen. Dazu brauchen Kinder Erwachsene, die Belastbarkeit besitzen und die gesamte Pädagogik als einen Entwicklungsprozess von Kindern betrachten, in dem das Kind die Möglichkeit erhalten muss, Fehler zu machen und aus Fehlern zu lernen.
- *Liebe* erfahren im Sinne einer tiefen personalen Annahme und zuverlässigen Bindung. „Lieben", so beschreibt es Manfred Berger (1992, S. 5),

drückt sich in einem intensiven, mühevollen Hinsehen aus, verlangt keine Gegenliebe, heißt auch verzeihen zu können, bedeutet Hoffen, immer neue Chancen geben; heißt einem physisch wie psychisch nahe zu sein; bedeutet auch die eigene Kindheit zulassen; heißt frei sein von Vorurteilen, heißt Toleranz üben.

Tzetan Todorov, ein Anthropologe, bezeichnet das Grundbedürfnis nach Liebe und Wertschätzung sogar als *Sauerstoff der Seele* (GEO 03/2004).

- *Vertrauen* erleben – für und in sich als Person und in eigenen Wertigkeiten, was die Selbstständigkeit und Unabhängigkeit betrifft. Dazu brauchen Kinder Erwachsene, die trotz der Unterschiedlichkeit an Erfahrungen und Lebensweisheiten den Kindern das Gefühl einer Gleichwertigkeit vermitteln, sodass Kinder Stolz über selbst erbrachte Leistungen und Personenstärke („Ich bin wer!") spüren und erleben können.
- *Sicherheit und Verbindlichkeit* erleben als Motor und Strukturhilfe für die eigene Entwicklungsmotivation und damit als Grundlage einer Selbstentwicklung. Dazu brauchen Kinder Erwachsene, die sorgsam mit Kindern umgehen, die sich über kleinste, kleine und größere Entwicklungsfortschritte von und mit Kindern freuen und die immer wieder darüber ihr Erstaunen zum Ausdruck bringen, wozu Kinder schon von klein an in der Lage sind. Gleichzeitig sorgen Erwachsene dafür,

dass Zusagen, Absprachen oder sinnbedeutsame Erwartungen einen verbindlichen Wert besitzen.
- *Bewegung* ausdrücken, um bedeutsame Handlungsaktivitäten zielgerichtet ausführen zu können. Dazu brauchen Kinder Erwachsene, die selbst ein hohes Maß an Bewegungsfreude besitzen, die gern handwerklich tätig sind und Selbstaktivitäten einer passiven Konsumorientierung – nicht nur in ihrer Freizeit – vorziehen.
- *Intimität besitzen und Geheimnisse* haben dürfen, um den eigenen, unverwechselbaren persönlichen Individualwert zu erleben. Dazu brauchen Kinder Erwachsene, die ihnen vertrauen, die den Kindern mit Wertschätzung entgegenkommen, die auch manche Uneindeutigkeiten stehen lassen können und die vor allem auch Kindern Persönlichkeitsrechte (vgl. *Rechte des Kindes*) zugestehen.
- *Mitsprache* haben (i. S. eines aktiven Mitgestaltungsrechts und damit Erlebnisse wahrnehmen können, dass man selbst als Person einen Einfluss auf Entscheidungen haben kann). Dazu brauchen Kinder Erwachsene, die in der Lage sind, sowohl für eigene Fürsorgepflichten Verantwortung zu übernehmen als auch dem Entwicklungsalter der Kinder entsprechend Verantwortung zu delegieren.
- *Erfahrungsräume* in sich selbst haben und die (un-)mittelbare Welt um sich herum erkunden können. Dazu brauchen Kinder Erwachsene, die selbst ihre eigenen Lernpotenziale entdecken wollen, die ihr Leben weitestgehend selbstständig in die Hand nehmen und aus einem tiefen Zutrauen zu ihren eigenen *Fähigkeiten mit Selbstengagement* die anstehenden Lebensaufgaben zu bewältigen versuchen.
- *Gefühle* erleben, um sie mit kognitiven und motorischen Prozessen zu vernetzen. Dazu brauchen Kinder Erwachsene, die einen engen Kontakt zu ihren eigenen Gefühlen haben (Angst, Trauer, Freude, Wut), die unterschiedlichen Gefühle in ihrer jeweiligen Berechtigung akzeptieren sowie auf eine Ausgewogenheit der erlebten Gefühlswelten achten.
- *Sexualität* (die eigene Geschlechtsidentität) annehmen und annehmbar in sich selbst integrieren. Dazu brauchen Kinder Erwachsene, die selbst ein reichhaltiges und zufriedenes Sexualleben führen, die dem großen Feld der Sexualität unverkrampft und aufgeschlossen gegenüber stehen sowie den Kindern von Geburt an eine eigene Sexualität zuerkennen.
- *Gewaltfreiheit* als Grundlage für grundsätzlich konstruktive Kommunikationserfahrungen erfahren. Dazu brauchen Kinder Erwachsene, die in ihrer Haltung von einem tiefen Humanismus geprägt sind und ihr eigenes Leben durch humanistische Werte gestalten. Gleichzeitig entspricht es ihrer Überzeugung, dass jedwede Gewalt eine Kommunikationsstruktur provoziert, die nur von *Machtansprüchen und Ohnmachtserlebnissen* geprägt sein würde und damit eine destruktive geprägte Interaktion zur Folge hätte.
- *Neugierde* als Motor erleben, um eine reiche Entwicklungsvielfalt zu erleben und umsetzen zu können. Dazu brauchen Kinder Erwachsene, die einerseits selbst

eine hohe Lernmotivation in sich tragen, um immer wieder neue Erfahrungen im emotionalen, sozialen, motorischen und kognitiven Bereich zu machen. Andererseits ist damit allerdings auch der Anspruch an sich selbst verbunden, eine Bereitschaft zur Selbstveränderung mitzubringen, zumal bedeutsame Erfahrungsergebnisse durchaus lebensverändernde Folgen mit sich bringen (können).
- *Optimismus* als zielperspektivisch geprägte Vision in sich tragen und die Kraft spüren, Visionen anzusteuern. Dazu brauchen Kinder Erwachsene, die eine grundsätzliche Lebensfreude in sich tragen, Probleme als lösbare Herausforderungen einschätzen, das Machbare in den Mittelpunkt ihrer Betrachtungen setzen und konstruktive, problemlösungsorientierte Gedankengänge entwickeln.
- *Respekt, Wertschätzung und Achtung* in der erlebten Kommunikation als Kommunikationsgrundlage erfahren. Dazu brauchen Kinder Erwachsene, die vor allem den lebensbedeutsamen, kulturellen Umgangswerten eine hohe Priorität im Umgang mit sich und anderen beimessen. Sei es, dass es um religiöse, ethische, ästhetische, künstlerische, politische oder soziale Werte geht.
- *Verständnis* in einer Lebenswelt bekommen, um sich als gern gesehener Gast dieser Welt den vielfältigsten Entwicklungsherausforderungen stellen zu können/zu wollen. Dazu brauchen Kinder Erwachsene, die sich mit ihrer eigenen Biografie auseinandergesetzt haben, um zu verstehen, wer sie in ihrer eigenen Kindheit waren, wie ihre eigene Entwicklung verlaufen ist und wer bzw. wie sie heute sind.
- Kinder, deren seelische Grundbedürfnisse weitgehend befriedigt (=gesättigt) wurden, erlangen eine Einstellung zu sich und gegenüber ihrer Welt, die durch folgende Grundannahmen gekennzeichnet ist:

> Ich bin (wer),
> ich kann (was) bewirken und
> ich habe (etwas Bedeutsames) in mir.

Um es beispielhaft praktisch auszuführen, kann damit gemeint sein:

- **Ich bin jemand, der**
    - sich von anderen Menschen und der Welt angenommen, respektiert und geliebt fühlt;
    - sich selbst liebt und mit anderen Menschen Freundschaft, Liebe und Glück teilen kann;
    - sich hoffnungsvoll auf die Gegenwart einlassen und der optimistisch in die Zukunft schauen kann;

▷ wertschätzend und sorgsam mit sich selbst, anderen Menschen, Tieren und der Natur umgehen will;
▷ Lebensfreude empfindet und Verantwortung für sein Leben und die eigene Lebensgestaltung übernehmen kann.

◆ **Ich kann**
▷ meine Verhaltensweisen in schwierigen Situationen weitgehend kontrollieren und steuern;
▷ meine unterschiedlichen Gefühle zulassen und schäme mich nicht meiner Traurigkeiten und Ängste;
▷ meine belastenden Lebenssituationen erkennen, aufgreifen und durch eigene Handlungsschritte verändern;
▷ stolz auf meine eigenen Leistungen sein und bin nicht darauf angewiesen, dass andere mich loben;
▷ Leistungs- und Anstrengungsbereitschaft an den Tag legen, um auch schwierigere Aufgaben selbstständig und zunächst ohne fremde Hilfe zu erledigen;
▷ mich mit Wahrnehmungsoffenheit und Interesse an neue Herausforderungen heranwagen und mir selbst entsprechende Aufgaben stellen.

◆ **Ich habe**
▷ die Sicherheit in mir, die notwendig ist, Wichtiges von Unwichtigem zu unterscheiden, Wesentliches von Unwesentlichem zu trennen und mich damit bei Aufgabenstellungen auf mich selbst zu verlassen;
▷ die Neugierde in mir, mein Leben lang dazu lernen zu wollen und besitze die Bereitschaft, mich immer wieder dort zu ändern, wo ich merke, dass es bessere Problemlösungswege gibt;
▷ die Stärke und den Mut, immer wieder dort neue Wagnisse einzugehen, wo es nötig zu sein scheint, sich von alten Pfaden zu verabschieden.
▷ das Vertrauen, dass Konflikte ohne Machtausübung und andere destruktive Kampfmittel zu regeln sind;
▷ ein Zuständigkeitsempfinden für Situationen in meinem mittelbaren und unmittelbaren Umfeld, das mich dazu führt, Verantwortung für eine Verbesserung von problematischen Situationen zu zeigen und zu übernehmen (in Anlehnung an Wustmann, 2004, S. 118).

Die Pädagogik – und das zeigt sich gerade in den Forschungsergebnissen der Resilienz- und Bindungsforschung – hat dabei sowohl die außergewöhnlich große Chance als auch die immer stärker in den Mittelpunkt rückende Aufgabe, bedeutsame und wirksame *Entwicklungsprozesse aufzugreifen, zu begleiten und zu initiieren* (vgl. Opp/Fingerle, 2007; Brooks/Goldstein, 2001).

Die Frage, welche Bedeutung das Selbstkonzept des Menschen für seine Entwicklung hat, beschäftigt seit vielen Jahrzehnten die wissenschaftlich ausgerichtete Psychologie und hat sich dort zu einem zentralen Thema entwickelt (vgl. Mietzel, 2002; Fuhrer, 2009).

So vielfältig die Untersuchungsergebnisse dazu sind, so unterschiedlich sind die Begriffe, die als Synonym für das Wort Selbstwertgefühl benutzt werden: *Selbstbewertung, Selbstkonzept, Selbst-Theorie, Selbst-Schema, Selbstvertrauen, Selbsteinschätzung, Selbstakzeptanz oder Selbstmodell*.

Jede Person hat eine ganz bestimmte Vorstellung von bzw. über sich selbst – eine Einstellung, die das Selbstbild (Selbstkonzept) prägt und die Selbsteinschätzung über die persönlichen Fähigkeiten und individuellen Eigenschaften kennzeichnet. Die Summe aus der Gesamtheit der persönlich vorgenommenen Bewertungen ergibt dabei ein emotional geprägtes und selbst evaluiertes Bewertungskonzept, das als Selbstwertgefühl (*engl. self-esteem*) bezeichnet werden kann. So unterschiedlich die Menschen sind, so unterschiedlich kann daher auch die Selbsteinschätzung ausfallen. Dabei rücken bei der Selbstbeurteilung eines Selbstwertes vor allem zwei Begriffe (als bipolare Aspekte) in den Mittelpunkt der Betrachtung: *Stärke und Schwäche*.

Das Selbstwertgefühl – auch Selbstachtung genannt – ist der Bedeutungswert, den eine Person sich selbst gibt. Er ist zunächst immer davon abhängig, wie viel Respekt und Achtung eine Person vor sich selbst hat und wie viel Zuneigung, Liebe die Person sich selbst schenkt – abgeleitet aus den frühkindlichen Erfahrungen der ersten Lebensjahre.

Selbstwert besitzende Menschen …

- tragen einen ausgeprägten und grundsätzlichen Optimismus in sich, dass es immer eine Lösung für ein Problem gibt;
- sind von ihrer Entscheidungskompetenz überzeugt, stets eine Auswahl zu besitzen, beispielsweise etwas sein zu lassen (und mit den dann entsprechenden Folgen rechnen zu müssen) oder etwas zu tun (mit den dann voraussichtlichen Konsequenzen);
- können in den unterschiedlichen Situationen Hilfen von anderen annehmen, sind aber nicht auf die Hilfen anderer angewiesen und versuchen daher zunächst immer, in Eigenaktivität die entsprechende Aufgabenstellung zu meistern;
- können sehr viel mit sich allein anfangen, gehen ihren eigenen Hobbys und Interessengebieten nach und sind nicht darauf fixiert, mit Angeboten von außen beschäftigt zu werden;
- haben vor allem ihre Emotionalität nicht mit starren Regeln belegt – sie öffnen sich ihren Emotionen, schauen hin, welche Gründe und Auslöser es für die momentane Befindlichkeiten gibt, stellen Sinnzusammenhänge zwischen möglichen Ursachen und ihrer derzeitigen Befindlichkeit her, gehen auf die Suche

nach Lösungswegen und setzen anvisierte Handlungsschritte Stück für Stück um;
◆ tragen eine grundsätzliche Zuversicht in sich, dass das, was sie sich vorgenommen haben, klappen wird; besitzen Offenheit für neue, ungewohnte Problemlösungen und begeben sich daher gern auf unbekannte Wege;
◆ setzen ebenso ein tiefes Vertrauen in die eigenen Kräfte wie auch in andere Personen, indem sie zunächst immer das Gute im Menschen sehen.

Alle bisherigen Untersuchungen und Ergebnisse aus dem weiten Feld der Persönlichkeitspsychologie konnten nicht nachweisen, dass das Selbstwertgefühl eines Menschen einen genetisch veranlagten Ursprung hat. Insofern ist davon auszugehen, dass sich das Selbstwertgefühl im Laufe der lebensbiografischen Entwicklung des Menschen aufbaut.

So hat ein neugeborenes Kind weder intensive Erfahrungen im Umgang mit sich selbst noch irgendwelche Kriterien, die es nutzt, um seinen individuellen Wert ein- und abschätzen zu können. Diese Werterfahrungen wird es durch seine Kommunikation mit seinem Umfeld und durch die besondere Interaktion der Menschen machen, die mit ihm umgehen: zunächst sind es Eltern(-teile), Geschwister und/oder andere Kinder, Erzieherinnen, Großeltern, Freunde der Eltern und andere Personen. Später werden vor allem Lehrkräfte und gleichaltrige Gruppen ihre Spuren im Hinblick auf die Zu- oder Abnahme des Selbstwertgefühls hinterlassen. Es ist vom heutigen Erkenntnisstand der entwicklungspsychologischen Forschung davon auszugehen, dass vor allem die Sättigung der seelischen Grundbedürfnisse eine außergewöhnlich hohe, wenn nicht sogar entscheidende Bedeutung für die Entstehung eines Selbstwertgefühls besitzt (vgl. Koneberg/Gramer-Rottler, 2006; Tschöpe-Scheffler, 1999).

Eine solche Sättigung der seelischen Grundbedürfnisse kann als eine Grundlage dafür angesehen werden, ob ein Kind in der Gegenwart und Zukunft den Eindruck von sich selbst hat, dass es gute Verhaltensweisen zum Ausdruck bringt und gleichzeitig als liebenswert von seinem Umfeld betrachtet wird. Fühlt es sich im Gegensatz dazu häufig kritisiert und als schlecht, als wenig liebenswert oder gar ungeliebt bewertet, so muss in seiner weiteren Entwicklungsgeschichte mit einer negativen Selbstwertentwicklung gerechnet werden (vgl. Mietzel, 2002, S. 138).

Wenn man einmal versucht, die Hauptfaktoren eines Selbstwertgefühls auf den Punkt zu bringen, so ist am häufigsten von fünf basalen Voraussetzungen, die ein Selbstwertgefühl kennzeichnen, auszugehen: (a) einem optimalen Verhältnis zwischen dem *Ich* und dem *Ideal-Ich*, (b) einer Übereinstimmung mit dem Gewissen, (c) der Selbstanerkennung der eigenen Leistung, (d) einer Selbstwertschätzung als Person und (e) einer erotisch-sexuellen Befriedigung eigener Lustbedürfnisse. Werden diese wesentlichen Prämissen nun auf ein existentes Selbstwertgefühl übertragen, so können entsprechende Merkmale eines Selbstwertgefühls abgeleitet werden.

a. Der erste Punkt *optimales Verhältnis zwischen dem Ich und dem Ich-Ideal* setzt zunächst voraus, dass eine selbstsichere Person eine weitestgehend realistische Vorstellung von sich selbst (seinem Sein), seinen Verhaltensweisen und Persönlichkeitsmerkmalen, seinen inneren Überzeugungen und gelebten Werten besitzt und gleichzeitig eine Vorstellung von (s)einem Ideal-Ich (wer ich sein möchte) hat. Ein sogenanntes optimales Verhältnis entspräche einer (vielleicht nahezu vorhandenen) Deckungsgleichheit, die nur dann entstehen würde, wenn sich die beiden Pole Sein und Wollen kontinuierlich annähern und schließlich zu einer Entsprechung führen. Dies könnte bedeuten, entweder Veränderungen am eigenen Sein oder aber Veränderungen am Ideal-Ich vorzunehmen.
b. Punkt zwei geht davon aus, dass es bei einer *Übereinstimmung mit dem Gewissen* ein solche moralische Instanz (in der Person) gibt. Sie setzt sich aus Einstellungen, Einschätzungen und Wertegrundsätzen zusammen, die es der Person ermöglichen, die eigenen, gezeigten oder beabsichtigten Verhaltensmomente mit den innerlich wirksamen Vorstellungen von gut und böse, richtig und falsch, angemessen und unangemessen, sozial förderlich und sozial unverträglich zu verbinden. Ein gutes Gewissen zu haben hieße in diesem Zusammenhang, das aktuell gezeigte Verhalten mit der innerlich zugrunde liegenden Moralvorstellung in einer Deckungsgleichheit zu wissen und das gute Gefühl zu besitzen, genau das Richtige getan zu haben. Dennoch bleibt bei diesem Aspekt die Frage nach wie vor offen, wer die Inhalte und Kriterienmerkmale eines Gewissens sowie die Ausprägung der Gewissensmerkmale definiert und festlegt. Ebenso fragwürdig bleibt, ob nicht gerade die Vorstellung einer bestimmten moralische Instanz des Menschen einer höchst subjektiven Einschätzung entspricht.
c. Sicherlich ist es so, dass bei Kindern die Selbstanerkennung einer eigenen Leistung eine zunächst logische und nachvollziehbar große Rolle im Prozess der Selbstwertentwicklung spielt. Kinder, die etwas schaffen und sich selbst darüber freuen, erleben diese Freude im Hinblick auf ihren gezeigten Einsatz als sehr angenehm und werden dadurch motiviert, mit ihrer begonnenen Tätigkeit fortzufahren. Entsprechend dem Motto: „Das hab ich gut gemacht."/„Dass ich das geschafft habe, ist eine echte Leistung."/„Ein solches Arbeitsergebnis – von mir erzielt – ist genial." Erwachsene haben daher immer stärker in der Kommunikation mit Kindern darauf zu achten, dass sie durch ihr Verhalten dafür Sorge tragen, dass Kinder erstens möglichst viel (selbstständig) leisten können und zum zweiten die Möglichkeit erfahren und lernen können, sich selbst mit Freude und Stolz zu loben. Zum anderen ist inzwischen bekannt, dass Selbstwert besitzende

Jugendliche und Erwachsene leistungsmotiviert sind, Leistung erbringen wollen (ohne sich durch die Leistung selbst als bedeutsam definieren zu müssen) und die Leistungsergebnisse selbst als Anerkennung für die Personen ausreichen. Insofern ist der Wunsch oder die Freude, dass erreichte Leistungen von außen anerkannt werden, ein Beweis für ein fehlendes oder zumindest eingeschränktes Selbstwertgefühl.

d. In sehr ähnlicher Weise verhält es sich mit der Selbstwertschätzung als Person. Während Kinder auf Respekt, Wertschätzung und Achtung ihrer Person durch Menschen aus ihrem (un-)mittelbaren Umfeld angewiesen sind (vgl. *Seelische Grundbedürfnisse der Kinder*), muss es mit der Zeit immer stärker um eine Selbstwertschätzung als Person gehen. Entsprechend dem Motto: „Ich gefalle mir, so wie ich bin und brauche keine regelmäßige Wertschätzung durch außenstehende Personen." Der innerlich vorherrschende Wunsch, von (möglichst vielen) anderen Menschen gemocht, geliebt, beachtet, geachtet zu sein, ist auch in diesem Fall ein Beweis für ein fehlendes oder zumindest eingeschränktes Selbstwertgefühl.

e. Das, was im Leben eines älteren Heranwachsenden oder im Erwachsenenalter generell ein fester Bestandteil des Lebens ist – eine Beziehung zu haben, in der die erotisch-sexuelle Befriedigung einen festen Platz besitzt –, kann sicherlich auf Kinder in einer ähnlichen Wertigkeit, wenn auch anderen Bedeutung übertragen werden. Kinder sind von Anfang an Personen mit einer allumfassenden Körperwahrnehmung, zu der auch die Wahrnehmung der eigenen Person/des eigenen Körpers als sexuelles Wesen gehört. Erst die feste und befriedigende Integration der Sexualität schafft eine ganzheitliche Körperannahme und sorgt für die Voraussetzung und Grundlage einer breit gestreuten und weit angelegten Genussfähigkeit des Menschen. Die Forderung, „mit allen Sinnen genießen zu können" bezieht sich daher sowohl auf die Freude leiblicher als auch seelischer, kognitiver und körperlicher Freuden.

Diese basalen Prämissen für die Entstehung und Ausprägung eines Selbstwertgefühls sind zugleich der Ausgangspunkt für die Selbst-, Sach- und Sozialkompetenzen des Menschen. Dabei hat auf der einen Seite jedes Merkmal seinen eigenen Wert. Gleichzeitig sind aber auch alle Prämissen und späteren Merkmale als ein vernetztes Ganzes zu betrachten. Würde auch nur ein Aspekt vernachlässigt oder durch belastende Einflüsse beeinträchtigt werden, so werden sich die Folgen auf alle miteinander vernetzten Einzelaspekte auswirken. Dadurch würde das Selbstwertgefühl als Ganzes in Mitleidenschaft gezogen werden. Kompensationsversuche (z. B. eine verstärkter Wunsch nach Leistungsanerkennung durch andere; ein überhöhter und an sich selbst formulierter Anspruch aus dem Ideal-Ich an sich selbst) wären dann die Folge.

Das hier zugrunde liegende Modell geht von einem sogenannten globalen Selbstkonzept aus. Wissenschaftlich betrachtet spricht man in diesem Fall von einer *Multidimensionalitätsannahme*. Im Gegensatz dazu wird unter Wissenschaftlern aber auch immer wieder – und in den letzten Jahren verstärkt – von einem spezifischen Selbstwertgefühl gesprochen. Das bedeutet, dass Menschen weniger ein generelles Selbstwertgefühl besitzen als vielmehr – je nach vorhandenen Teilbereichen, Talenten und Ressourcen – ein differenziert aufgeteiltes Selbstwertgefühl in ihren spezifischen Teilbereichen verinnerlicht haben. So könnte beispielsweise eine Person mit einer ausgesprochen guten körperlichen Fitness ein starkes Selbstwertgefühl in sich tragen, wenn es darum geht, anspruchsvolle körperliche Leistungen zu erbringen. Auf der anderen Seite könnte diese Person im Bereich der sprachlichen Ausdrucksfähigkeit eingeschränkte Kompetenzen besitzen und daher in Kenntnis seiner subjektiv erlebten Einschränkungen in diesem Ausdrucksverhalten von einem weniger starken Selbstwertgefühl geprägt sein.

Die Frage, ob das Selbstwertgefühl eines Menschen eine generelle Stabilität (Unveränderlichkeit) oder Variabilität (Veränderbarkeit) besitzt, kann anhand der vielfältigen empirischen Befunde nicht eindeutig beantwortet werden. Sie hängt verständlicherweise mit der Frage zusammen, ob das Selbstwertgefühl einen generellen oder spezifischen Bedeutungswert besitzt. Unbestritten scheinen hingegen zwei Tatsachen zu sein. Zum einen kann ein (generelles oder spezifisches orientiertes) Selbstwertgefühl jederzeit durch belastende Eindrücke und Erfahrungen in der persönlichen Wertebeimessung an Wert verlieren – beispielsweise durch außergewöhnlich unangenehme Erlebnisse, Konfrontationen mit starken emotionalen oder kognitiven Überforderungen bzw. persönlichkeitsirritierenden Einflüssen. Zum anderen sind Menschen durchaus in der Lage, aktiv an der Ausprägung ihres Selbstwertgefühls zu arbeiten – beispielsweise durch persönliche Entwicklungen, den Auf- und Ausbau neuer Verhaltensstärken, die Entdeckung und Nutzung neuer Talente oder den Abbau von Ängsten und bisher lebensbestimmenden Unsicherheiten.

Ausgangspunkt für den Auf- und Ausbau eines Selbstwertgefühls scheint dabei die *Selbstwirksamkeitsüberzeugung* der Person zu sein. Sie fühlt und sieht sich in der Lage, sich weitaus stärker an ihren eigenen Wirksamkeitserwartungen zu orientieren als an einer Ergebniserwartung (Bandura, 1977, in: Rost, 2006, S. 693). Damit ist gemeint, dass Selbstwirksamkeit einen handlungsleitenden Wert in sich trägt und Personen sich in den unterschiedlichen Situationen und Lebensherausforderungen in der Lage sehen, ein Verhalten einzusetzen, das aus ihrer subjektiven Einschätzung zum selbst gesetzten Ergebnis (=Erfolg) führt. Vor allem in solchen Situationen, in denen die Menschen auf erwartete und ggf. auch unerwartete Probleme und Schwierigkeiten stoßen (könnten).

Eine bindungsstarke und bildungsintensive Entwicklungsbegleitung ist entsprechend der oben genannten Ausführungen nur unter den folgenden Eckwerten zu realisieren:

a. Es muss in erster Linie stets um eine *Sättigung der seelischen Grundbedürfnisse von Kindern gehen*, damit sie aus einer tief erlebten Lebensfreude heraus Fähigkeiten mit einer nachhaltigen Auswirkung aufbauen können. (Anmerkung: Die Befriedigung der körperlichen Grundbedürfnisse wird an dieser Stelle selbstverständlich vorausgesetzt.)
b. Kinder brauchen eine *atmosphärisch angenehm zu erlebende Umgebung im Innen- und Außenbereich*, in der sie handgreiflich, unmittelbar, aktiv, mit allen Sinnen, innerlich beteiligt und engagiert Erfahrungen machen können, die ihnen tatsächlich helfen, selbstständig, unabhängig und sozial beteiligt das Leben zu spüren und selbstaktiv mitgestalten zu können.
c. Sie brauchen *vielfältige, reale Handlungsräume* und keine künstliche, von Erwachsenen arrangierte Welt. Dabei müssen Erwachsene den Kindern vielfältige, alltagsbedeutsame Herausforderungen zutrauen, die Kinder mit Mut und Engagement, Lebendigkeit und Stolz, Risikobereitschaften und Leistungserlebnissen ausfüllen können und diese Erfahrungserlebnisse müssen Kindern Sicherheit vermitteln. Erwachsene müssen mit Kindern leben, mit Kindern fühlen, sich in sie einfühlend hineinversetzen können und sich dabei der Perspektive der Kinder zuwenden – sie müssen damit aufhören, Kinder in ihre Erwachsenenperspektive zu zerren.
d. Schließlich brauchen Kinder weniger eine didaktische Vielfalt an irgendwelchen Frühförderangeboten als vielmehr *feste Bezugspersonen*, die sich selbst als den entscheidenden bildungsförderlichen Mittelpunkt begreifen.
e. Kinder brauchen *zuverlässige Bindungserfahrungen* und damit engagierte, lebendige, staunende, mitfühlende, wissende, handlungsaktive, mutige, risikobereite, zuverlässige Menschen um sich herum und keine besser wissenden Rollenträgerinnen, die immer noch meinen, Belehrungen der Kinder machen Kinder klug.
f. Wenn der Dreh- und Angelpunkt eines selbstständigen, weitestgehend autonomen und sozial verantwortlichen Menschen der Grad des Selbstwertgefühls ist, haben Erwachsene immer wieder im Alltag die Aufgabe, sich im Umgang mit dem Kind zu reflektieren, inwieweit ihr Verhalten selbstwertförderlich oder selbstwerthinderlich auf das Kind wirkt.
g. Auch wenn es eine Frühpädagogik nach irgendeinem Lehrbuch oder irgendwelchen psychologischen Ratgebern nicht geben darf/kann, weil der Mensch damit jegliche emotionale Bezugsnähe zum Kind verkopfen und gleichzeitig seine emotionale Nähe zum Kind verlieren würde, ist es für eine professionelle Fachkraft notwendig, sich mit sogenannten Entwicklungsgesetzen zu beschäftigen. Sie sollten für ein Grundlagenwissen sorgen, das zu einer werteorientierten Richtschnur für die gelebte Alltagskultur mit Kindern wird.

4.4 Die Person der elementarpädagogischen Fachkraft

Die Feindseligkeiten zwischen Kindern und Erwachsenen
werden nur dann aufhören, wenn wir und die Kinder als gleiche Partner
am Entscheidungsprozess in je wechselnder Beziehung beteiligt sind.
Was heißt gleiche Partner?
Es bedeutet nicht gleich sein in Größe, Alter, Position und Intelligenz.
Es bedeutet: sich untereinander mit dem gleichen Respekt zu behandeln
(Dreikurs, 1984, S. 66).

Was für viele Erzieherinnen so hoffnungsvoll und erwartungsfreudig im Beruf begann, nämlich eine lebendige, aktive, weitestgehend selbstbestimmte und herausfordernde Entwicklungsbegleitung mit Kindern zu erleben und zu gestalten, offenbart sich mit der Zeit als harter Knochenjob. Stellt man sich die Frage, woran das liegen könnte, bieten sich ganz unterschiedliche (Hinter-)Gründe als mögliche Antworten an.

Zum einen merken Erzieherinnen, dass ihr ursprünglicher Berufswunsch mit vielen Idealen und Wunschvorstellungen bzw. subjektiven Bildern verbunden war, die mit der erlebten Realität nicht übereinstimmten. So ist gerade die Kindergarten- oder Hortarbeit weitaus umfangreicher gefasst und betrifft eben nicht nur einen begrenzten, auf das Kind beschränkten Betreuungs-, Erziehungs- und Bildungsauftrag.

Zum anderen wurde bzw. wird ihnen deutlich, dass die Ausbildungsinhalte der Fach(hoch-)schulen/-akademien häufig nicht das praxisrelevante Wissen umfasste und die notwendigen Handlungskompetenzen vermittelte, welche(s) für die praktische Arbeit notwendig und hilfreich waren bzw. sind. Dadurch entstanden Unsicherheiten und berufliche Irritationen.

Zum dritten ergaben sich aus der allseits bekannten PISA-Diskussion, der europaweit durchgeführten Qualitätsoffensive und dem damit verbundenen Qualitätsmanagement vor Ort sowie den heftig geführten Bildungsrichtlinien – Diskussionen auf Landes- und Bundesebene – neue Herausforderungen für den Kindergarten/Hort, die das Kindertagesstättensystem in ihren bisherigen Schwerpunktstrukturen vor neue, umfangreiche Aufgaben stellt(e). Dazu kamen immer stärker ausgeprägte Erwartungen vieler Eltern, die ihre speziellen Vorstellungen von *ihrer Pädagogik* hatten und diese als deutliche Forderungen an die elementarpädagogischen Fachkräfte heranbrachten. Gleichzeitig merken sie, dass auch Kinder und Jugendliche mit verstärkten Verhaltensirritationen, wie es sie in dieser Form und in dieser Menge vor Jahren eher selten gab, zusätzliche Unruhe und Provokationen in die Einrichtungen brachten und die Fachkräfte vor zunehmend neue pädagogische Herausforderungen stell(t)en. Und last but not least gab der besondere finanzielle

Engpass der Träger strukturelle und personelle Entscheidungen vor, die mit objektiven Qualitätskriterien in vielen Fällen nicht vereinbar waren bzw. zu vereinbaren sind. Qualität und Professionalität haben ihren Preis, was viele Träger und politische Mandatsträger nach wie vor nicht nachvollziehen können/wollen.

Damit ist eines offensichtlich: Ohne Frage gab es in den letzten Jahren einen deutlichen Wandel in der Elementarpädagogik, durch den vor allem das bisherige System Kindertagesstätte, fachlich und personell betrachtet, durchgerüttelt wurde. Gleichzeitig zeigt sich bei einer genaueren fachspezifischen Betrachtung der vielen Veränderungen und neuen Herausforderungen, dass Vieles durchaus kritisch betrachtet werden musste, damit einer notwendigen Veränderung Platz zur Verfügung gestellt werden konnte.

So war und ist beispielsweise ein im wahrsten Sinne des Wortes *Grund legendes* Qualitätssystem immer von Vorteil, um einerseits die praktische Arbeit laufend zu reflektieren (Stärken zu stärken und Schwächen zu schwächen) und andererseits die theoretische Basis für Entscheidungskompetenzen zu qualifizieren. Ebenso notwendig war – und ist auch immer noch – eine breit angelegte Diskussion über die Bedeutung der Bildungsarbeit in Kindertagesstätten. Ebenso hilfreich ist die Dokumentation von kindeigenen Bildungsprozessen, Entwicklungsvorhaben der Einrichtung oder das regelmäßige Führen eines Qualitätshandbuches.

Bei näherer Betrachtung dieser und weiterer Herausforderungen, wie beispielsweise im Team- und Zeitmanagement, im Bereich der Öffentlichkeitsarbeit und der präventiven Elternarbeit, der Vernetzung zwischen Elementar-/Hortpädagogik und der Grundschule bzw. externen Beratungs-/Therapieinstitutionen, … wird deutlich, dass jede Aufgabenstellung auch spezifische Handlungskompetenzen von den elementarpädagogischen Fachkräften erforderlich machte und in der Konsequenz dazu führte, dass durch die vielen (neuen) Herausforderungen Kinder in ihrer Persönlichkeit und mit ihren unterschiedlichen Bedürfnissen/Interessen mehr oder weniger stark aus dem Blickfeld gerieten.

So wie die Entwicklung des Menschen durch einen ständigen Veränderungsprozess seines Umfeldes und seiner Lebensbedingungen beeinflusst wird, so ist auch die Pädagogik immer wieder durch Umfeld- und Umweltveränderungen, neue Erfahrungen oder neue Erkenntnisse aus Wissenschaft und Forschung zur Neubetrachtung von bisherigen Zielen, Wegen, Methoden oder didaktischen Schwerpunkten aufgefordert, Aktualitäten in die Elementarpädagogik einzubeziehen (Beispiel: Resilienzforschung; Neurophysiologie). Was gestern noch für die Pädagogik oder Psychologie eine allgemeine oder spezielle Gültigkeit besaß, kann heute schon durch neue Forschungsergebnisse revidiert sein (Beispiel: Einige Kernaussagen von Piaget sind inzwischen durch neue Untersuchungsresultate aufgehoben und durch andere Belege ersetzt worden (vgl. Haug-Schnabel, 2004, S. 10ff.). Das bezieht sich auch auf andere Bereiche wie beispielsweise auf die Konflikt-, Team-, Bildungs- oder Bindungsforschung. Ein alter Spruch bringt es dabei auf den Punkt: *Stillstand bedeutet Rückschritt*. Das gilt für alle Entwicklungen, seien sie personenbezogen oder arbeitsfeldorientiert. So sind die Zeiten und Begründungen einer eher traditionsverbundenen Arbeit, in der die Gestaltung der Berufstätigkeit durch Wiederholungen zurückliegender Arbeitsvorgänge charakterisiert war, nicht mehr aufrechtzuerhalten. Wenn auf der einen Seite die Elementarpädagogik den Anspruch hat, *Qualität von Anfang an* zu realisieren und auch Träger von Einrichtungen sowie politische Mandatsträger den hohen und berechtigten Anspruch an die elementarpädagogischen Fachkräfte stellen, Bildung von Anfang an in den Institutionen zu etablieren, dann müssen auch bestehende Bedingungen diesen Anforderungen angeglichen werden, andernfalls bleiben solche Aussagen Lippenbekenntnisse.

War man früher der Ansicht, dass Professionalität nicht an Ergebnissen zu messen sei, so zeigt sich heute eine deutliche Kehrtwendung in der Beurteilung dieser Aussage. Selbstverständlich war und ist ein professionelles Handeln auch immer am dokumentierbaren Ergebnis messbar – sei es am Ergebnis einer gelungenen Leitbild- oder Konzeptionsarbeit, einem erfolgreich verlaufenen Gespräch, einem qualitätsgeprägten Entwicklungsbericht, einer erreichten Konfliktlösung oder anhand beobachtbarer, entwicklungsförderlicher Verhaltensweisen von Kindern im pädagogischen Alltag.

Während eines Seminars im *Institut für angewandte Psychologie und Pädagogik* in Kiel, in dem elementarpädagogische Fachkräfte aus Kindergärten und Horten eine Zusatzqualifikation in Beratungspsychologie erwerben konnten, begaben sich die Teilnehmerinnen auf eine Gedankenreise. Sie erhielten die Aufgabe, einmal genüsslich darüber zu fantasieren, welche Veränderungen es wohl geben müsste, wenn ihnen der Erzieherinnenberuf in höchstem Maße gefallen sollte. Sofort und ohne längeres Nachdenken kam es zu folgenden Antworten:

Es wären Einrichtungen, in denen

- die Gruppengröße der Kindergruppen radikal reduziert wäre, sodass die Kinder selbst mit viel mehr Ruhe und Zeit, mit weniger Konflikten und mehr Raum spielen, lernen und sich bilden könnten und die Fachkräfte weitaus stärker auf einzelne Kinder eingehen könnten als es zurzeit der Fall ist;
- eine bessere Personalausstattung mit fachlich gut ausgebildeten Kräften vorzufinden wäre;
- sich der Träger der Einrichtung für das Wohlbefinden aller Mitarbeiterinnen interessieren würde;

- Fort- und Weiterbildung, Supervision und Coaching ein wirklich fester Bestandteil der Arbeitszeit wäre sowie die anfallenden Kosten durch den Träger der Einrichtung übernommen werden würden;
- sich weitaus mehr Eltern für eine aktive Mitarbeit in der Einrichtung interessieren, Interesse an einer dauerhaften, konstruktiven Zusammenarbeit zeigen und ein größeres Engagement bei Veranstaltungen an den Tag legen würden;
- Eltern immer wieder mit uns Fachkräften den Dialog suchen würden – beispielsweise über den aktuellen Entwicklungsstand ihrer Kinder, über unsere gültige Konzeption, unsere Perspektiven und unsere Handlungshintergründe;
- alle Mitarbeiterinnen voller Tatendrang wären und neue, professionelle Handlungsstrategien in ihre Tätigkeit aufnehmen würden, Konflikte im Kollegium grundlegend und abschließend geklärt wären und somit eine Arbeitsatmosphäre existieren würde, die eine volle Konzentration auf die wesentlichen Aufgaben der Arbeit zuließe;
- Fachberaterinnen profunde Fachkenntnisse besäßen und sich bei ihren Entscheidungen einzig und allein von ihrer aktuellen Fachlichkeit leiten ließen, ohne gleich die vielfältigen Politik- und Trägererwartungen an die Einrichtungen zu delegieren;
- Mitarbeiterinnen mit noch mehr Profil arbeiten würden, um aus ihrer Fachkompetenz heraus, unberechtigte und fachlich unhaltbare Forderungen abzuwehren;
- die Bezahlung den hohen beruflichen Anforderungen entsprechen würde – d.h., hier käme es zu einer Eingruppierung, die denen der Grundschullehrerinnen gleicht;
- weniger die aktuellen Zeittendenzen der Politik ihren Niederschlag finden, sondern vielmehr ein kontinuierlicher Qualitätsprozess stattfinden könnte;
- nicht ständig irgendwelche Modellmaßnahmen für eine begrenzte Zeit in den Mittelpunkt der Pädagogik rücken, sondern vielmehr alle pädagogischen, strukturellen und organisatorischen Schwierigkeiten an der Wurzel gepackt und langfristig gelöst werden würden.

Diese und viele weitere Vorschläge wurden auf einer großen Wand mithilfe eines Meta-Plans schriftlich festgehalten, um zu verdeutlichen, welche vielfältigen Wünsche, Hoffnungen und traumhaften Vorstellungen in den Köpfen vorherrschend sind. So soll betont sein, dass nur dort Träume entstehen, wenn die Realität eine andere Sprache spricht!

Kaum war der Suchprozess beendet, wurden die Teilnehmerinnen mit folgender Frage konfrontiert. „Warum arbeiten Sie dann noch in Ihrer Einrichtung, wenn offensichtlich so viele Gegebenheiten sowohl für Kinder, für Eltern als auch für Sie als elementarpädagogische Fachkräfte Irritationen und Unmut hervorrufen?" Es entstand eine längere Pause. Die dann folgenden Antworten konnten den jeweiligen Schwerpunkten zugeordnet werden:

- Die einen stellten unter gleichzeitiger Nennung vieler praktischer Beispiele resigniert fest, dass sie schon Vieles versucht hätten, um in der Einrichtung etwas zu verändern, ohne allerdings wirklich bedeutsame Innovationen erreicht zu haben. Gleichzeitig hätten sie lernen müssen, sich mit dieser Tatsache abzufinden.
- Die anderen meinten verwundert, dass sie nun einmal den Beruf der Erzieherin gelernt hätten und durch ihre Ausbildung und ihre Berufspraxis darauf angewiesen seien, auch weiterhin in diesem Berufsfeld zu arbeiten.
- Und eine dritte Gruppe bekräftigte zwar ihre Unzufriedenheit, zog aber gleichzeitig auch in Betracht, dass es vielleicht (bzw. sicherlich) auch an ihrem eigenen Unvermögen liege, berufsrelevante und fachspezifische Ziele sowohl zu erkennen als auch konsequent und gleichzeitig qualitätsorientiert zu verfolgen. So seien sicherlich ein zu schnelles Resignieren, fehlendes Methodenwissen, lückenhafte Fachkompetenzen und auch persönliche Unsicherheiten daran beteiligt, dass die Situationen vor Ort so sind, wie sie sich nun einmal zeigen und dadurch auch die Gesamtsituation entsprechend traurig geprägt sei.

Niemand vermag ein Ereignis oder einen anderen Menschen weiterzubringen, als er selbst mit sich gekommen ist. Dennoch vermag er selbst nicht weiterzukommen, als er die Ereignisse oder einen anderen Menschen zu bringen wagt (Fernöstliche Weisheit).

Während auf der einen Seite zukünftige Erzieherinnen voller Motivation und Neugierde den anzustrebenden Beruf erwarten, macht sich bei vielen berufserfahrenen Fachkräften schon nach einigen Jahren eine größere Berufsunzufriedenheit breit. Das ist verbunden mit der Tatsache, dass einerseits die Anforderungen stetig größer und vielfältiger geworden sind und andererseits die Erwartungen von Eltern, dem Träger und den unterschiedlichen Fachwissenschaften ebenfalls höher werden – bei einer gleichzeitig fehlenden Aufwertung des Berufes in der breiten Öffentlichkeit und den bestehenden bzw. zunehmend ansteigenden entwicklungshinderlichen Rahmenbedingungen (vgl. Seitz, 1998; Pommerenke, 2004).

Dennoch wird der Beruf nach wie vor aus subjektiver Sicht idealtypisch grundsätzlich positiv eingeschätzt (vielleicht als eine Form der Überlebensstrategie) und mit zusammengebissenen Zähnen nach bestmöglicher Art und Weise erfüllt. Auch wenn die erlebten Belastungen zu einem starken Rückgang der beruflichen und persönlichen Lebenserfüllung führen, verbunden mit Aussteigerwünschen und stetigen (indirekten) Hoffnungen auf Verbesserungen, so zeigt sich bei der überwiegenden Zahl der Fachkräfte, dass sie ihrem erlernten Beruf treu bleiben und ihn auch weiterhin nach bestem Wissen und Können ausführen.

Das Leben und Lernen mit Kindern ist immer nur ein Teilausschnitt aus dem weiten Arbeitsbereich einer Fachkraft. Wer sich daher nur in der Berufsmotivation auf eine Beziehungsarbeit mit Kindern bezieht, lässt vielfältige Realitäten unbeachtet und wird später mit den Widersprüchen von persönlichen Berufsmotiven und den vielfältigen, unbeachteten Anforderungen und Notwendigkeiten konfrontiert sein. Und wer hingegen nur/überwiegend die steigenden Erwartungen und Anforderungen im Auge hat, wird sich dem beziehungsorientierten Alltagserleben mit Kindern größtenteils entziehen. Wenn auch ungewollt und nicht beabsichtigt, aber dennoch schleichend und heimlich geschehend.

Eine beziehungsstarke Bindung zu Kindern kann gleichzeitig auch dann nicht entstehen, wenn elementarpädagogische Fachkräfte lediglich das Motiv einer Selbstverwirklichung zum Ausgangspunkt ihrer Berufsgestaltung erklären, sicherlich ohne bewusste Beachtung der Folgen für die Kinder und das Berufsimage in der Öffentlichkeit. Wenn überwiegend oder ausschließlich *eigene* Wünsche, *subjektiv geprägte* Vorstellungen, *persönlich bestehende* Hoffnungen oder *subjektive Interessen* den eigenen Arbeitsstil, das Arbeitsselbstverständnis und damit den Arbeitsalltag auszeichnen, spielen Kinder, ihre Bedürfnisse und Interessenlagen, nur eine untergeordnete Rolle. Anstatt der viel geliebten Kernaussage fast aller elementarpädagogischen Fachkräfte „Wir holen das Kind da ab, wo es steht", müsste es dann richtiger Weise lauten: „Wir ziehen die Kinder dahin, wohin wir sie haben wollen." (Vielleicht liegt darin auch die Erklärung für die Herkunft des Wortes *Er-zieherin*.)

Demgegenüber hat gerade die Elementarpädagogik die Aufgabe, Kindern dabei zu helfen, weniger eine große Vielfalt an fremdbestimmten Erlebnissen mitzubekommen als vielmehr das, *was für sie in ihrem Leben* zurzeit bedeutsam erscheint, mit Ruhe und Zeit intensiv bearbeiten zu können, dass sie ihre Handlungsvollzüge differenziert wahrnehmen, sich auf ihre eigenen Lernereignisse intensiv einlassen und diese mit Anstrengungsbereitschaft erfassen können.

Nicht selten haben elementarpädagogische Fachkräfte (größtenteils unterbewusst) den Wunsch, aus dem Grunde den Beruf zu ergreifen und auszuüben, um selbst erlebte Unfreiheiten, erfahrene Ungerechtigkeiten und/oder bedrückende Erlebnisse in der zukünftigen Arbeit mit Kindern auszugleichen, entsprechend dem Motto, *was mir passiert ist, soll anderen erspart bleiben*. Der Beruf der Erzieherin wird also (unterbewusst) dazu genutzt, das (kleine oder große) Kindheitsdrama in der Auseinandersetzung mit Kindern für sich selbst zu bearbeiten (vgl. Berry, 1993; Schmidbauer, 2000; Kellers, 2006). Ganz im Sinne einer traumatisierten Wiederholung der eigenen Kindheit, wie es vor vielen Jahren der Psychiatrieprofessor am Ohio State University College of Medicine, W. Hugh Missildine in seinem beachtenswerten Buch *In dir lebt das Kind, das du warst* beschrieben hat. Dabei ist das Motiv der Berufswahl durchaus verständlich, wenn auch für die Entwicklungsbegleitung und auch in der Entwicklung von Kindern nicht hilfreich. Damit würden Kinder funktionalisiert. Bindungsstarke Beziehungen zwischen Kindern und Erwachsenen im Sinne einer partizipatorischen Elementarpädagogik sowie kindliche Autonomie- und Selbstständigkeitsbestrebungen wären in diesem Fall von Anfang an zum Scheitern verurteilt.

Um diesem Umstand aktiv, bewusst, mutig und direkt entgegenzuwirken, damit unbelastete und entwicklungsförderliche Bindungserfahrungen für Kinder möglich sind, stellte beispielsweise Prof. Dr. Marion Musiol in ihrem Redebeitrag zu den Regionalkonferenzen des Landes Mecklenburg-Vorpommern im Mai/Juni 2010 wesentliche „Aspekte zur Trias von Betreuung, Bildung und Erziehung in Kindertageseinrichtungen und wie sie in der Praxis sichtbar werden" in den Vordergrund (2010, S. 1 ff.):

- Ein Aufwachsen, eine Entwicklung des Kindes ist nur dann möglich und kann nur dann gelingen, wenn es eine verlässliche Zuwendung, Aufmerksamkeit und Anregung erfährt. […]
- Für die spätere emotionale Entwicklung sowie psychosoziale Stabilität ist es von wesentlicher Bedeutung, welche Beziehungserfahrungen das Kind in den frühen Jahren gemacht hat. […]
- Dem Verhältnis von Bindung und Bildung (sollte stets) die gebührende Aufmerksamkeit geschenkt werden. […] Ohne eine solche Bindung können Kinder nicht leben. […]
- Das Wichtigste, was Kinder brauchen, sind Vertrauen, Sicherheit sowie Orientierung. Sie sind die Basis für Bildungsprozesse des Kindes. […]
- Kindern feinfühlig (u. a. empathisch) zu begegnen, […] ist zugleich eine professionelle Herausforderung für alle Erzieherinnen/Erzieher in öffentlichen Einrichtungen und eine bedeutsame Basis für die Sicherung von Bildungs- und Entwicklungsmöglichkeiten des Kindes. […] Feinfühligkeit […] meint, dass dem Kind ein Gefühl des Verstandenseins durch die Bindungsperson signalisiert wird […] [und die dem Kind] mit emotionaler Zugewandtheit begegnet […]
- Die Wahrnehmung von sich selbst, der Sach- und Dingwelt sowie der personellen Welt ist die Voraussetzung dafür, dass es zu einer inneren Welt kommen kann. Dieses Modell von der Welt und von sich selbst dient dem Kind zur Deutung seiner eigenen Welt. […]
- Eine respektvolle Begegnung mit dem Kind sowie verbindliche und verlässliche Beziehungen sind unbestritten eine entscheidende Grundlage für seine Identitätsentwicklung und die Basis dafür, dass es sich neugierig und engagiert mit der Welt in Beziehung setzt und Bedeutungen konstruiert. […]

Um all diesen bedeutsamen Aspekten eine Chance zu geben, im Leben und gemeinsamen Lernen mit Kindern umgesetzt zu werden, ergeben sich wiederum Notwendigkeiten/Aufforderungen für das vorauszusetzende Verständnis und eine damit verbundene Persönlichkeitsentwicklung elementarpädagogischer Fachkräfte. Prof. Dr. Hans-Werner Klusemann schreibt dazu in seinem Beitrag *Kindheit im Wandel – Kindheit heute* (2010, S. 1 ff.):

- [...] Bilder von Erwachsenen über Kindheiten sind [...] meistens Erinnerungen an die eigene Kindheit, die auf die [...] Kinder übertragen werden. Aber gerade die Erinnerungen an die eigene Kindheit sind nicht unproblematisch, weil die Betrachtung früherer Welten bzw. Erfahrungen mit den Augen der Gegenwart i. d. R. verklärte Konstruktionen sind.
- [...] um in der modernen Gesellschaft erfolgreich zu sein, dürfen sich Kinder nicht mehr auf Tugenden verlassen, die historisch angemessen waren, z. B. angepasst zu sein, um etwas zu erreichen, oder Autoritäten blind zu vertrauen; gefordert sind heute vielmehr Kreativität, Skepsis, manchmal Widerspruch, Selbstständigkeit.
- Eigene Kindheitserfahrungen und zunehmend auch klassische Erziehungsvorstellungen reichen nicht mehr aus, um Kinder auf die Zukunft vorzubereiten. Auch Maßstäbe und Grundsätze früherer Generationen sind nicht mehr in jedem Fall geeignet, auf die Welt von morgen vorzubereiten. Historisch gewachsene Sozialformen sind zunehmend weniger geeignet, soziale Sicherheiten zu garantieren oder Risiken zu minimieren. [...] Sicherheit und Verlass bietet allenfalls die eigene Biographie.

Dieser Auseinandersetzung mit der eigenen Biografie haben sich elementarpädagogische Fachkräfte immer wieder zu stellen. Dazu schrieb Aline Weiss schon vor dreißig Jahren in einer unübertreffbaren Klarheit:

Jede Erzieherin hat selbst eine Geschichte als Erzogene hinter sich. Sie hat in mehr oder weniger starkem Maße den Werteverlust dieser kindlichen Person, die sie einmal war, erfahren. Diese vergangene Person lebt irgendwo in uns weiter, unbewältigt und nicht integriert in die erwachsene Person. Ab und an erinnert uns ein angenehmes Gefühl an sie, das wir dann mit dem Klischee der glücklichen Kindheit verbinden. Je stärker wir diesen Bruch an uns selbst vollzogen haben – und ich gehe davon aus, dass die meisten Frauen einen stärkeren Bruch zwischen Kindheit und Erwachsensein erleben als die meisten Männer –, desto mehr Schwierigkeiten werden wir haben, eine unangepasste, ungebrochene kindliche Person zu tolerieren. Die Forderungen und Wünsche der Kinder rufen zu viele eigene Versagungen in uns wach; unsere Überlebensstrategie würde ins Wanken geraten, wollten wir auf sie hören. Die Tragik der Erzieherin ist, dass sie täglich nicht nur an den Kindern, sondern damit auch am eigenen Leib die Unterdrückung wiederholt, die sie selbst als Kind erlebt hat. Dabei fühlen wir uns ganz selbstlos, denn wir kommen genauso wenig zu unserem Recht wie Kinder und wollen doch nur ihr Bestes. Wir müssen also ein neues Verständnis unseres Berufes finden; eines, das weniger auf angeborener Weiblichkeit und mehr auf Eigenschaften beruht, die uns selbst zugute kommen; eines, das uns weniger Opfer abverlangt und mehr Entwicklungsmöglichkeiten bietet. So, dass Kinder und Erzieherinnen auf ihre Kosten kommen (1982, S. 20).

Häufig lässt sich beobachten, dass elementarpädagogische Fachkräfte auf der Grundlage dieser Berufsmotivation sehr viel *für* Kinder planen und ganz *im Interesse des Kindes* denken und handeln, *für* Kinder sorgen und *für* Kinder tätig werden, um den durchdachten und geplanten Ablauf eines Vorhabens ganz im Sinne der eigenen Vorstellung zu erleben. Dann scheint aus ihrer Sicht ein Vorhaben gelungen – Abweichungen bringen dagegen sowohl persönliche als auch berufsspezifische Irritationen mit sich, die es aus ihrer Sicht zu vermeiden gilt. Dieser Umstand ist allerdings im Sinne einer Partizipationspädagogik grundsätzlich kontraproduktiv.

Es stellt sich abschließend die Frage, welche grundlegenden Lebenskompetenzen und welche Berufsmotivation hilfreich sind, um im Spannungsfeld der unterschiedlichen Erwartungen und Ansprüche eine ebenso professionelle wie auch qualitätsgeprägte, bindungsorientierte Pädagogik zu leisten.

Die Weltgesundheitsorganisation (WHO) hat bei der Beurteilung, ob Menschen entsprechende Anforderungen als eine Belastung oder als eine produktive Herausforderung erleben, als *Life-skills* (=Lebenskompetenzen) bezeichnet. Sie hängen von vielen, unterschiedlichen Einflussgrößen ab – vor allem von einem Zusammenwirken seiner emotionalen, kognitiven, sozialen und motorischen Ressourcen. Darunter fallen insbesondere:

- eine gut ausgeprägte Kommunikations- und Konfliktfähigkeit,
- ein sorgsamer und aktiver Umgang mit eigenen und fremden Gefühlen,
- ein kritisches Denken,
- eine vorhandene Entscheidungs- und selbstaktive Handlungsfähigkeit,
- die Bereitschaft zur Selbstreflexion und ein vorhandenes Selbstbewusstsein,
- Vorhandensein von Widerstandsfähigkeit gegenüber Gruppendruck,
- mit Stress und Ängsten umgehen können; Besitz von Frustrationstoleranz,
- Interesse besitzen, auf Unbekanntes zuzugehen und es erkunden zu wollen,
- Motivation in sich tragen, etwas mit anderen sinnvoll auszuhandeln, gestalten und verändern zu wollen.

Diese Lebenskompetenzen können ohne Schwierigkeit auf die Berufsmotivation und Berufsausführung der Fachkräfte übertragen werden, ergänzt durch berufsspezifische Anforderungen wie den Wunsch, sich immer wieder auf neue Herausforderungen des Berufsfeldes einzulassen, Sinnzusammenhänge zwischen eigenen Sicht-/Verhaltensweisen und ihren direkten und indirekten Auswirkungen auf andere Menschen und institutionelle Entwicklungen zu erkennen, die professionelle Fachlichkeit immer weiter zu verbessern und erreichte Qualitätskriterien zu stabilisieren sowie Innovationsaspekte sowohl als Chancen und gleichzeitig auch als mögliche Gefahren für konstruktive Entwicklungen in der Pädagogik differenziert betrachten zu können.

Hilfreich kann es in diesem Zusammenhang auch sein, die eigene Berufsmotivation und sein eigenes Helferselbstverständnis anhand der beiden Reflexionsschemata von Schmidbauer (1992) und Berry (1993) zu überprüfen und sich einem bestimmten Helfertypus zuzuordnen. Ausgerichtet auf die Fragestellung, welchem Helfertypus man selbst angehört und welche entwicklungshinderlichen/-förderlichen Folgen das auf Kinder hat.

Typologiezuordnungen nach W. Schmidbauer (1992)	Typologiezuordnungen nach C. R. Berry (1993)
Opfer des Berufs	Der Beglücker
Der Spalter	Der Retter
Der Perfektionist	Der Schenker
Der Pirat	Der Berater
	Der Beschützer
	Der Lehrer
	Der Kreuzritter

Tabelle 1: Helfertypen

Was wir aus uns machen, entscheidet sich also daran, wie weit wir bereit sind, uns selbst zu erziehen. Und wenn wir uns nicht gehen lassen wollen, so verweist das nicht nur auf Sekundärtugenden oder den pädagogischen Ethos, sondern es stellt zugleich die Aufforderung dar, das kritische Nachdenken nicht aufzugeben (Gruscka, 1998, S. 12).

Vor über einem Vierteljahrhundert hat schon der Bundesverband Evangelischer Erzieherinnen und Sozialpädagoginnen e.V. (Erstfassung 1980; leicht veränderte Fassung 1994) *erstmals* ein professionell verfasstes *Berufsbild Erzieher/in* erstellt, das nicht nur seiner damaligen Zeit weit voraus war, sondern auch noch in den heutigen Jahren als eine bedeutsame Grundlage für ein professionelles Berufsverständnis angesehen werden kann bzw. betrachtet werden muss. Es besitzt bis in die heutige Zeit eine uneingeschränkte Gültigkeit und wurde auch von anderen Bundesverbänden als Leitbild akzeptiert. Dabei darf und sollte es keine Rolle spielen, ob das Berufsbild Erzieherin von einem kirchlich geprägten Bundesverband erstellt wurde oder von einer anderen Vereinigung erarbeitet worden wäre, weil die inhaltlichen Aussagen den Nagel auf den Kopf treffen. So heißt es im ersten Teil der allgemeinen Merkmale des Erzieherinnenberufs unter den Stichworten Erwartungen und Erziehungsauftrag:

Das pädagogische Handeln (1) der Erzieher/innen geschieht im Spannungsfeld (2) vielfältiger, oft widersprüchlicher Erwartungen (3), die von Kindern, Eltern, Träger und der Allgemeinheit an Erzieher/innen herangetragen werden. Erzieher/innen verstehen sich dabei in erster Linie als Partner/innen des Kindes und Jugendlichen (4) und Anwalt ihrer Interessen (5). Erzieher/innen treten insbesondere für die Erhaltung und Verbesserung der Lebensbedingungen von Kindern und Jugendlichen (6) aller Schichten, Nationen und Religionen ein (7). Von diesem Standpunkt aus müssen sie ständig neu die Berechtigung der Ansprüche prüfen (8), die an sie gestellt werden. Erzieher/innen treffen ihre Entscheidungen (9) für ihr erzieherisches Handeln (10) auf der Grundlage einer kritischen Auseinandersetzung (11) sowohl mit den pädagogischen Traditionen (12) als auch mit neuen, wissenschaftlichen Erkenntnissen (13) und bildungspolitischen Strömungen (14). Das pädagogische Handeln der Erzieher/innen hat die Förderung der Gesamtpersönlichkeit des Kindes und Jugendlichen zum Ziel (15) und geht damit über eine bloße Bewahrung oder die Schulung einzelner Fertigkeiten hinaus (16). Erzieher/innen berücksichtigen die Bedürfnisse der Kinder und Jugendlichen (17), ihre Lebenssituation (18) und die Entwicklungsaufgaben der jeweiligen Altersstufe (19).

(Anmerkung: Die Nummerierung hinter den einzelnen Satzteilen stammt vom Autor dieses Beitrages und wurde zur zielgerichteten Betrachtung im folgenden Teil eingesetzt.)

Zu 1) Wenn in diesem Berufsbild grundsätzlich von einem *pädagogischen Handeln in der Praxis* die Rede ist, wird deutlich, dass es zuallererst um eine qualitätsgeprägte Arbeit in (sozial-)pädagogischen Einrichtungen geht. Pädagogisches Handeln umfasst weitaus mehr als nur die Begriffe wie beispielsweise Vermittlung von Nähe und Zuneigung, Entgegenbringen von Aufmerksamkeit für das einzelne Kind, Dasein für das Kind, wenn es mich braucht oder persönliche Schwerpunktsetzung in der Arbeit. Ohne Frage sind humane Verhaltensweise wie Wertschätzung, Achtung, Respekt, Nähe, Vertrauen und Liebe für eine gute Bindung zwischen Erzieherinnen und Kindern/Jugendlichen unverzichtbar, lassen sie doch letztendlich erst eine beziehungsorientierte Pädagogik zu. Gleichzeitig müssen aber auch die (sozial-)pädagogischen Fachkräfte wissen, dass es nicht darum geht, eine *Pädagogik aus dem Bauch heraus* zu gestalten, eigene Vorlieben zum Ausgangspunkt der Arbeit zu erklären oder persönliche Abneigungen, z. B. in einer didaktischen Schwerpunktsetzung zu vermeiden. Das gesamte Handeln hat sich damit einer pädagogischen Zielsetzung, Begründung, Planung, Durchführung und Auswertung unterzuordnen.

Zu 2) Wenn im Berufsbild gleich zu Anfang von einem *Spannungsfeld* gesprochen wird, so ist dies zunächst eine elementare Aussage. Pädagogik ist per se ein Knotenpunkt vielfältiger Interessen und lebt(e) schon immer aus Widersprüchen, Ungereimtheiten, unterschiedlichen Wahrheiten, gegensätzlichen pädagogischen Ansätzen und konträr zueinander stehenden Anforderungen.

Insofern ist der Wunsch nach Ruhe in der Arbeit und allseitiges Verständnis für die geleistete Tätigkeit eine irreale Traumvorstellung. Wer sich auf das weite Erfahrungsfeld Pädagogik als Erzieherin einlässt, hat deutlich und ständig damit zu rechnen, dass die realisierte Pädagogik hinterfragt und kritisiert wird bzw. durch entsprechende Erwartungen von Eltern, dem Träger, der Landes- oder Bundespolitik, den Fachberaterinnen, der Grundschule oder anderen Institutionen verändert werden soll.

Dadurch, dass das Spannungsfeld Pädagogik eine unumstößliche Realität ist, ergeben sich vor allem zwei Konsequenzen. Zum einen wäre es per se müßig und überflüssig, über den Stress in der pädagogischen Einrichtung zu klagen, zum anderen kann gemutmaßt werden, dass dort, wo es keine Spannungen zu geben scheint, wahrscheinlich der Qualitätsanspruch entweder gar keine Beachtung findet oder nur sehr oberflächlich wahrgenommen und umgesetzt wird.

Zu 3) Die Erwartungen und Ansprüche – gerade und vor allem an die Elementarpädagogik – sind tatsächlich vielfältig und bei genauerer Betrachtung auch sehr widersprüchlich. Auf der einen Seite gibt es Eltern, die voller Ungeduld darauf warten, dass ihr Kind möglichst frühzeitig auf die Schulzeit vorbereitet werden, auf der anderen Seite gibt es Eltern, die vehement dafür eintreten, dass ihr Kind ausgiebig und viel spielen kann.

Auf der einen Seite gibt es Eltern, die dafür plädieren, dass der eigenständige Entwicklungszeitraum Kindheit wertgeschätzt wird, auf der anderen Seite sind bestimmte Eltern nur dann mit der Kindergartenarbeit zufrieden, wenn ihr Kind möglichst jeden Tag ein nahezu perfektes Produkt aus dem Kindergarten mit nach Hause bringt.

Auf der einen Seite wollen viele Eltern möglichst regelmäßig und umfassend über die Entwicklungsschritte ihres Kindes informiert werden, auf der anderen Seite gibt es Eltern, die froh darüber sind, wenn sie möglichst weder zur Mitarbeit im Kindergarten gebeten noch auf Informations- oder Elternabende angesprochen werden. Dann gibt es die Erwartungen des Trägers, dass der Kindergarten gut laufen soll, Eltern möglichst keinen Grund für Beschwerden haben, die Arbeit selbst möglichst kostenneutral gestaltet werden soll, Mitarbeiterinnen verstärkt im Gemeindeleben oder in der Stadtteilarbeit aktiv werden könnten, offensive, berufspolitische Aktivitäten zu unterlassen seien, der Kindergarten auch nach außen hin ein gutes Bild abzugeben habe, die Mitarbeiterinnen Loyalität gegenüber dem Träger zu zeigen haben und sie gleichzeitig Verständnis für die finanziellen Einschneidungen und ungeliebten Personalkürzungen zeigen sollten. Schließlich folgen Ansprüche aus dem Qualitätsmanagement, den Bildungsrichtlinien, neuen wissenschaftlichen Erkenntnissen (Beispiele: Resilienz und Bindungsforschung), die sich mit weiteren Erwartungen der Kinder und des Kollegiums zu einem nahezu unüberschaubaren Erwartungsgeflecht aufbauen.

Zu 4) Erzieherinnen verstehen sich in erster Linie als „Partnerinnen von Kindern und Jugendlichen" – was für eine gewichtige Aussage. Kinder hatten und haben in der Realität dieser Gesellschaft nur eine bedingt existente Lobby, die es vermag, z. B. die in der UN-Charta *Rechte des Kindes* verbrieften und von der Bundesregierung ratifizierten Kinderrechte zur Praxis werden zu lassen – auch wenn es einen *Deutschen Kinderrat*, die *Kinderkommission im Deutschen Bundestag*, die *Rechte des Kindes nach der Charta der Vereinten Nationen* oder *Kinderbeauftragte* in manchen Bundesländern, Kommunen und Städten gibt. Partnerinnen von Kindern fühlen sich sowohl diesen Kinderrechten als auch den bedeutsamen Erkenntnissen aus dem weiten Feld der Entwicklungspsychologie verpflichtet, dass Kinder und Jugendliche zu ihren Entwicklungsrechten kommen. Kinder haben Entwicklungsbedürfnisse – Eltern und Träger haben demgegenüber Anforderungswünsche. Es muss der Elementarpädagogik wieder gelingen, diese beiden Begriffe *Bedürfnisse* und *Wünsche* differenziert zu betrachten und fachlich auseinanderzuhalten.

Zu 5) Anwälte von Kindern, die deren Interessen vertreten, haben eine Reihe unterschiedlicher Aufgaben:

- Sie legen Missstände, die ihnen Kinder durch ihre Verhaltensweisen, Berichte oder andere Ausdrucksformen anvertrauen oder demonstrieren, offen und versuchen dafür aktiv und offensiv Sorge zu tragen, dass es den Kindern sowohl körperlich, intellektuell als auch emotional-sozial besser gehen kann.
- Sie verstehen Verhaltensirritationen von Kindern und Jugendlichen als ein für sie zurzeit notwendiges Signal- und Problemlöseverhalten. Sie tragen nicht durch funktionalisierte, isolierte pädagogische oder therapeutische Maßnahmen dazu bei, dass Auslöser und Gründe für Verhaltensirritationen Bestand haben. Vielmehr versuchen sie, professionell und kompetent das Übel an der Wurzel zu packen und im Sinne einer Kindesentwicklung zu verändern.
- Sie machen Kinder mit ihren unterschiedlichen Lebenssituationen zum Ausgangspunkt der Arbeit und verzichten damit bewusst auf eigene oder externe Leitideen für die pädagogische Arbeit, von denen sie annehmen, dass Kinder sich damit auseinandersetzen sollten. So stehen nach wie vor Kinder im Mittelpunkt und keine Elternwünsche oder funktionalisierte Bildungsrichtlinien.
- Sie sorgen auch innerhalb des Kollegiums für eine Gesamtatmosphäre, sodass Kinder sich in *ihrer* Einrichtung wohlfühlen, angenommen und verstanden fühlen.
- Sie beziehen schließlich in der Öffentlichkeit Stellung – sowohl durch eine politische Gremienarbeit als auch durch berufspolitische Aktivitäten, durch eine

offensive, fachlich geprägte Öffentlichkeitsarbeit in der Zusammenarbeit mit Schul- und Kinderärzten, Schulpädagogen, anderen Fachdiensten und durch eine fachkompetente Medienarbeit.

Zu 6) Ein Eintreten für die Erhaltung und Verbesserung der Lebensbedingungen von Kindern und Jugendlichen setzt zunächst einmal voraus, dass Mitarbeiterinnen diese überhaupt wirklich kennen. Hausbesuche, ein gegenseitiges Kennenlernen, die Pflege einer regelmäßigen Kommunikationskultur sowie eine Ist-Analyse der realen Lebensbedingungen der Kinder/Jugendlichen und ihrer Familien(-teile) lassen den folgenden Satz wieder inhaltlich bedeutsam werden: „Wir holen das Kind dort ab, wo und wie es lebt."

Zu 7) In einer multikulturellen Gesellschaft wie Deutschland ist es sinnvoll und daher unumgänglich, andere Kulturen, Religionen sowie Kinder und deren Eltern als gleichwertige Teile einer humanistisch geprägten Gesellschaft zu akzeptieren und alles dafür zu tun, dass der *Inklusionsprozess* aktiv vorangetrieben wird. In einer Zeit, in der es immer wieder zu Ausgrenzungen anderer Menschen kommt und eine Abnahme an sozialer Integrität festzustellen ist, gehört es auch zur Auseinandersetzung mit dem Berufsbild, deutliche Standpunkte gegen jedwede Ausgrenzung anderer Menschen zu beziehen.

Zu 8) Eine ständige Überprüfung der Berechtigung der vielfältigen Ansprüche war und ist eine notwendige Aufgabe und zugleich eine professionell geprägte Selbstverständlichkeit. Ansprüche ergeben sich aus vielerlei Wünschen, Zielen, Erwartungen, Hoffnungen und Notwendigkeiten. Wenn Ansprüche daher stets qualitätsorientiert betrachtet werden (müssen), stellt sich schnell heraus, welche Ansprüche berechtigt sind und welche nicht.

Zu 9) Als Bündnispartnerinnen und Anwälte von Kindern und Jugendlichen treffen dann die Fachkräfte ihre Entscheidung, welche Pädagogik zu vertreten ist und welche Schwerpunkte daher in der Arbeit ihren praktischen Niederschlag finden werden. Daher kommt der Fähigkeit zur Entscheidungskompetenz der (sozial-)pädagogischen Fachkräfte eine außergewöhnlich große Bedeutung zu. Selbstverständlich auf der Grundlage eines umfangreichen, aktuellen Fachwissens und nicht auf der Grundlage persönlich geprägter Einstellungen oder subjektiver Wunschvorstellungen.

Zu 10) Das pädagogische Handeln bildet die Grundlage der gesamten Tätigkeit. Damit ist der Umsetzung persönlich bevorzugter Schwerpunkte ein deutlicher Riegel vorgesetzt. Hier geht es um ein Ausloten von Möglichkeiten und Grenzen, Vorgaben und Freiheiten, Selbstbestimmung und Fremdorientierung.

Zu 11) Mitarbeiterinnen suchen und pflegen gleichzeitig selbst motiviert, neugierig und engagiert die kritische Auseinandersetzung mit sich selbst und anderen. Dazu gehören unterschiedliche Methoden einer Diskussionsführung, vielfältiges Wissen um rhetorische Möglichkeiten und vor allem eine fachliche Standfestigkeit in der sorgsamen Beurteilung von Anforderungen und Situationen. Auseinandersetzungen sind als vielfältige Chancen zu begreifen, Wirklichkeiten zu verändern.

Zu 12) Pädagogische Traditionen gibt es viele – von festen Schlafenszeiten, festen Frühstückszeiten, festgelegten Tagesrhythmen über Morgen- und Abschlusskreise bis hin zum Feiern bestimmter Feste. Ohne ihnen per se eine grundsätzliche Berechtigung abzusprechen ist es aber hilfreich, den Kindergartenalltag immer wieder daraufhin zu überprüfen, ob bestimmte pädagogische Traditionen ihre Bedeutung verloren haben oder sogar wieder eingeführt werden sollten. Die Frage hat dabei im Vordergrund zu stehen, ob und welche pädagogischen Traditionen einen Wert für die Entwicklung von Kindern besitzen und welche ihren Wert eingebüßt haben.

Zu 13) Die kritische Auseinandersetzung mit wissenschaftlichen Erkenntnissen prägt die Fachkompetenz der Erzieherinnen. Die Akzeptanz und Übernahme bedeutsamer wissenschaftlicher Erkenntnisse bildet die Grundlage für abgesicherte Entscheidungen, um eine fundierte und qualitätsgeprägte Pädagogik zu ermöglichen.

Zu 14) Bildungspolitische Strömungen haben einerseits ihr Gutes, andererseits bergen sie aber auch Gefahren in sich. Ihre Vorteile liegen darin, dass sie dazu beitragen, tradierte Wege infrage zu stellen. Sie rütteln auf, schaffen Unruhe und sorgen für Spannungen. Ihre Nachteile liegen darin, dass Menschen mit einer geringen Identität und einer eingeschränkten Professionalität zu schnell auf jeden zeitaktuellen Zug aufspringen, ohne selbst- und fachkritisch den Berechtigungswert dieser bildungspolitischen Strömung sorgsam zu überprüfen. Erinnert sei in diesem Zusammenhang an den allseits bekannten Satz aus der Pädagogischen Psychologie: „Wer nach allen Seiten offen ist, der kann nicht ganz dicht sein."

Zu 15) Wenn die Förderung der Gesamtpersönlichkeit eines jeden Kindes/Jugendlichen im Vordergrund steht, verbieten sich von selbst sogenannte teilisolierte Förderprogramme oder Teilfunktionsübungen, wie sie in vielen Einrichtungen zu beobachten sind. Ihre Ineffizienz zeigt sich darin, dass sie keine nachhaltige Wirkung besitzen.

Zu 16) Eine *Schulung einzelner Fähigkeiten* lässt bedeutsame Sinnzusammenhänge außer Acht. So, wie bekannt ist, dass beispielsweise Sprachentwicklung und Motorik, Aggression und das Primärgefühl der Angst, Überforderungen und psychosomatische Auffälligkeiten, Trauer und Anspannung eng miteinander verknüpft sind, so würde die Schulung einzelner Fähigkeiten die enge Vernetzung der unterschiedlichen Entwicklungsbereiche aufheben wollen und ggf. damit neue Irritationen provozieren.

Zu 17) In einer qualitätsgeprägten Pädagogik werden seelisch-körperliche Grundbedürfnisse und aktuelle Interessenlagen der Kinder und Jugendlichen zum Ausgangspunkt einer Pädagogik erklärt. Dabei geht es also weniger um außen orientierte Arbeits- und Schwerpunktimpulse als vielmehr um personenorientierte Notwendigkeiten und die besondere Motivationslage der Kinder und Jugendlichen.

Zu 18) Lebenssituationen als Ausgangswerte einer kindorientierten Pädagogik richten sich auf Realitäten, in denen Kinder und Jugendlichen groß werden, mit denen sie konfrontiert sind, mit denen sie sich auseinandersetzen (müssen) und die sie sowohl entwicklungsförderlich als auch entwicklungshinderlich in ihrer Persönlichkeit prägen (können).

Zu 19) Wenn in der Pädagogik Entwicklungsaufgaben der jeweiligen Altersstufen zu berücksichtigen sind, dann heißt dies vor allem, das bedeutsame Feld der Entwicklungspsychologie zu beachten und als eine fachliche Orientierungshilfe zu verstehen.

Eine regelmäßige Auseinandersetzung mit dem eigenen Berufsbild verlangt von Erzieherinnen, sich mit der eigenen Berufsrolle zu beschäftigen, Widersprüche zwischen Anspruch und Wirklichkeit zu entdecken, eigene Handlungsmuster zu erkennen und ggf. zu verändern, bisherige Arbeitsweisen und -schwerpunkte infrage zu stellen, neue fachliche und persönliche Herausforderungen als Entwicklungschancen zu begreifen, Identitätskrisen zuzulassen und neue Wege aus einer aktuellen Problemlage zu entdecken und auszuprobieren, handlungsleitende Werte zu überprüfen sowie Handlungsperspektiven engagiert umzusetzen.

Kritik darf kein Vorrecht des Stärkeren sein,
Wenn Erwachsene vom Kind erwarten, dass es Kritik verkraftet,
müssen sie selbst Kritik vertragen können,
Kritik, die das Kind äußert.
Sonst machen sie sich selbst unglaubwürdig
(Dessai, 1973, S. 24).

Viele (elementar-)pädagogische Fachkräfte haben im Laufe ihrer Berufstätigkeit immer wieder Höhen und Tiefen erlebt – sei es im alltäglichen Umgang mit Kindern oder Eltern, im Kollegium oder mit dem Träger. Dieses Auf und Ab ist ein fester Bestandteil und gehört sicherlich vom Kern betrachtet zum normalen Spannungsfeld dieser verantwortungsvollen Tätigkeit dazu. Doch sind es aber auch objektive Umstände, die dazu beitragen (können), dass Erzieherinnen ihren Berufsalltag als äußerst anstrengend erfahren müssen.

Unbestritten werden die Arbeitsbedingungen immer komplizierter und schwieriger. Die finanziellen Mittel werden Jahr für Jahr gekürzt, die Gruppengröße wird aufgestockt, sogenannte Springkräfte werden nicht mehr finanziert, frei gewordene Stellen werden entweder nicht mehr oder erst nach längerer Zeit mit Fachpersonal besetzt und Arbeitszeiten werden je nach den vorhandenen Haushaltsmitteln gekürzt oder verlängert, sodass persönliche und berufliche Lebensziele durcheinander geraten können.

Dazu kommen neue Aufgaben, die erfüllt werden müssen und die im Rahmen der europaweiten Qualitätsoffensive sicherlich ihre Berechtigung haben. Allerdings stellt sich die Frage, mit welchem Zeitbudget und zu welchem Zeitpunkt diese zusätzlichen Anforderungen im Rahmen der bisherigen Tätigkeit tatsächlich geleistet werden können – bei gleichzeitiger Kürzung bzw. völligem Wegfall einer arbeitsnotwendigen Vor- und Nachbereitungszeit. Da ist es schon verwunderlich und beachtenswert, wenn viele elementarpädagogische Fachkräfte wie Felsen in einer Brandung stehen und ihre Aufgaben fachkompetent zu meistern versuchen – nicht selten von anderen Berufsgruppen verhöhnt oder belächelt; von der Öffentlichkeit und der Politik weitgehend verkannt; in keinem Maße auch nur annähernd fürstlich entlohnt; von vielen Eltern mit höchsten Erwartungen überfrachtet oder auch bei Einrichtungsaktionen allein gelassen; von den Grundschulen nicht selten mit unangemessenen Forderungen unter Druck gesetzt sowie von den eigenen Erwartungen an sich selbst immer wieder aufs Neue gefordert. So kann schnell aus einem ursprünglichen Traumberuf ein beruflicher Albtraum werden und manches Mal wird in einem schleichenden Prozess die innerlich gespürte Berufung zu einem Routinejob.

Eine Erzieherin hat es einmal so formuliert:

Ich fühle mich wie auf einer Rutsche, die mit Schmierseife beschichtet ist. Jeder Versuch, sich festzuhalten, standhaft zu bleiben oder nach oben zu klettern wird durch immer neue Anforderungen oder irritierende Entscheidungen von oben zunichte gemacht. Was bleibt ist eine Illusion von damals und was vorherrscht ist Stress, eine immer wiederkehrende Orientierungslosigkeit und eine schleichende Mutlosigkeit.

So fragen sich viele (elementar-)pädagogische Fachkräfte daher am Ende eines anstrengenden Arbeitstages oder in den unterschiedlichen Situationen:

- Wie haben Kinder den heutigen Tag mit mir erlebt?
- Habe ich Kinder in ihren unterschiedlichen Ausdrucksformen verstanden und sie in ihren vielfältigen Entwicklungsmöglichkeiten aktiv unterstützt?
- Habe ich die Kinder ernst genommen, konnte ich ihre wirklichen Anliegen spüren und erkennen?
- Ist es mir gelungen, das Selbstwertgefühl der Kinder zu stärken?
- Habe ich alle Kinder beachtet oder habe ich vielleicht bestimmte Kinder übersehen?
- Konnten die Kinder wirklich zeigen, welche Fähigkeiten in ihnen stecken und war ich ihnen hilfreich, diesen Tag – wie auch die anderen Tage – als ein Geschenk dieser Einrichtung zu erleben?
- Konnten die Kinder ihre Fülle an Fantasie und Kreativität zum Ausdruck bringen und wie konnte ich mich darauf einlassen?
- War ich den Kindern gegenüber gerecht?
- Habe ich am heutigen Tage etwas Wesentliches übersehen?
- Gab es etwas, was ich heute falsch gemacht habe und in Zukunft dringend anders machen will?
- Waren meine Kompetenzen ausreichend, um gesetzte Ziele zu erreichen?
- In welchem Bereich muss ich dringend etwas dazu lernen, damit ich besser werden kann?
- Kann bzw. will ich überhaupt die vielfältigen Ziele erreichen?
- Muss ich mich selbst ständig hinterfragen und immer wieder auf Veränderungen einlassen? Ja, ist der Beruf eigentlich noch mein Wunschberuf?

Mit diesen und vielen weiteren Fragen beginnt der Prozess der Selbstauseinandersetzung und gleichzeitig die Konfrontation mit sich selbst. Ohne Frage bieten sich in diesem Zusammenhang sehr unterschiedliche Möglichkeiten an, Antworten zu finden: sei es durch kollegiale Gespräche, durch ein Coaching, durch Einzel-, Gruppen- oder Teamsupervision, durch den Besuch von Selbsterfahrungsseminaren oder durch den Besuch von Fort- und Weiterbildungsseminaren. Das Entscheidende ist dabei immer, dass diese und alle anderen Fragen unbedingt einer fundierten Beantwortung bedürfen, um aus dem Grübeln herauszukommen. Andernfalls wird ein permanent schlechtes Gewissen oder eine vor sich ständig hergeschobene Frage den Blick für die neuen Herausforderungen vernebeln und verstellen. Wie heißt es doch so treffend im Krisenmanagement: *Es gibt keine Probleme – es gibt nur Aufgaben.*

Entsprechend dem Watzlawick-Axiom, das sich der Mensch nicht nicht verhalten kann, bringen elementarpädagogische Fachkräfte zu jedem Zeitpunkt des Zusammenseins mit Kindern ihren Einfluss körpersprachlich und verbal ins Interaktionsgeschehen ein – wirkend und ständig Einfluss nehmend. Und damit zeigen Kinder ihre Verhaltensweisen auch (und immer) als eine gegenwärtige Reaktion (=Antwort) auf das subjektive Erleben der (elementar-)pädagogischen Kräfte.

Es ist in der heutigen Zeit immer schwieriger, sowohl die vielfältigen, alltäglichen Aufgaben des Lebens zu bewältigen, berufliche Anforderungen professionell und kompetent zu erfüllen und gleichzeitig eine personale Balance zwischen beiden Lebensfeldern herzustellen. Traditionierte Rolleneindeutigkeiten und lang vertraute Rahmenbedingungen, Traditions- und Berufssicherheiten haben sich in den letzten Jahrzehnten ebenso verändert wie kulturell bekannte, religiös verwurzelte und politisch eindeutig zuzuordnende Positionen. Damit ist der Mensch immer mehr gezwungen, seine eigenen Deutungspositionen und Handlungsperspektiven selbstständig vorzunehmen und sich selbst einen Ankerplatz für sein Leben zu suchen und zu schaffen. Vorsehbarkeiten und Verlässlichkeiten für den eigenen Lebensentwurf können immer weniger eingeplant werden, sodass die Identitätsbildung immer mehr zu einem *individualisierten Projekt* (Tschöpe-Scheffler, 1998) wird. Plötzliche Abbrüche von bisherigen Sicherheiten, der Verlust von vertrauten Situationen sowie der permanent wachsende Informationseinfluss auf den Menschen sorgen dafür, dass sie in eine immer stärker werdende Entscheidungsvielfalt hineingedrängt werden. Gleichzeitig sorgt die große Anzahl der öffentlichen und heimlichen Meinungsmacher sowie der Konsumgüterindustrie dafür, dass es immer schwieriger ist, kompetente Entscheidungen zu fällen und professionelle Verhaltensweisen zu zeigen.

Um diesem Anspruch gerecht zu werden, bedarf es immer wieder der Fähigkeit, sich

a. für etwas und damit auch gegen etwas zu entscheiden,
b. sachdienliche und grundlegende Informationen zur anstehenden Thematik/Problematik zu besorgen,
c. auf sachorientierte Vernetzungen gedanklich einzulassen sowie kurz- und langfristige – also nachhaltige – Auswirkungen abschätzen zu können.

Wenn der Psychologe und Sozialpädagoge Heiner Keupp von einer *Patchworkidentität* spricht und der Mensch als Produzent individueller Lebenscollagen gesehen wird, der sich aus den vorhandenen Lebensstilen und Sinnelementen seine eigene Biografie in einem Prozess der Auseinandersetzung mit sich und anderen zusammensetzen muss, dann besitzt diese Forderung für elementarpädagogische Fachkräfte eine besondere Bedeutung.

Gerade die Frage nach der eigenen Identität und ihre Klärung werden dabei hilfreich sein, persönliche und berufliche Irritationen zu meistern und in der Folge – gerade auch in der Zukunft – Handlungskompetenzen zur adäquaten Lebens- und Berufsgestaltung zu besitzen:

Niemand gewährt dir Freiheit. Du fesselst dich selbst. Und wenn du es getan hast, gibst du die Fesseln vielleicht weiter – an einen anderen, an viele andere, an alle anderen oder an dich selbst. Das letzte ist vielleicht am schlimmsten. Denn jener Sklavenmeister ist am schwersten zu erkennen. Und am schwersten zu stürzen. Aber er ist am leichtesten zu hassen – und zu verletzen. Ich weiß nicht, wie ich dir helfen soll, frei zu sein. Ich wünschte, ich könnte es. Aber ich kenne einige Zeichen der Freiheit. Eines ist, zu tun, was du tun möchtest – obwohl dir jemand sagt, es nicht zu tun. Ein anderes ist, zu tun, was du tun möchtest – obwohl dir jemand sagt, es zu tun (Hermann, in: Rosenkranz, 1990, S. 168).

Entwicklungsarbeit in allen pädagogischen Einrichtungen beginnt dort, wo Fachkräfte selbst Freude und ein hohes Interesse daran haben,

- immer wieder neues Wissen und beglückende Gefühle zu erwerben, um die Lernfreude in Interaktionsbeziehungen mit Kindern zu erleben;
- vertiefende Kenntnisse aus dem weiten Feld der Entwicklungs- und Persönlichkeitspsychologie sowie der Pädagogik zu gewinnen, um diese in der Beziehungsarbeit mit Kindern zu berücksichtigen;
- Lernherausforderungen (auf-)zusuchen und Handlungskompetenzen aufzubauen bzw. zu erweitern, um sich gemeinsam mit Kindern auf die Suche nach Antworten zu begeben;
- Konfliktkompetenzen zu erwerben, um vorurteilsfrei, offen und neugierig schwierige Situationen zu meistern, damit Kinder erleben können, dass Konflikte zum Leben gehören und größtenteils lösbar sind;
- an der eigenen Lern- und Lebensgeschichte zu arbeiten, um diese Entdeckerfreude auf Kinder zu übertragen;
- bisher verborgene Talente zu entdecken und neu zu nutzen, um sich mit Kindern auf die außergewöhnlich spannende Entdeckungsreise einer Persönlichkeitsfindung einzulassen;
- weltoffen auf alles Unbekannte zuzugehen, um mit Kindern zu den alltäglichen Schatz der unbekannten Welten zu heben;
- sich immer wieder selbst zu motivieren, mit Engagement und Risikofähigkeit die Welt humaner mitzugestalten, um Kindern ein Vorbild in humanistisch orientierten Verhaltensmerkmalen zu sein.

So ist die besondere berufliche Identität einerseits stets mit der persönlichen Identität der elementarpädagogischen Fachkräfte auf das Engste verknüpft, wobei beide Identitätsbereiche nicht von allein entstehen und andererseits die Erwachsenenidentität den Kindern hilft, ihre unverwechselbare Identität aufzubauen und zu entdecken.

Identitätsmerkmale (in diesem Fall der elementarpädagogischen Fachkräfte) entwickeln sich stets aus der eigenen Motivation heraus, human orientierte, kompetente und professionelle Verhaltensmerkmale auf- und ausbauen zu wollen, um einerseits selbstverantwortlich mit sich umgehen zu können, andererseits eine qualitätsgeprägte und bildungs-/bindungsoffensive Pädagogik durchzuführen, die tatsächlich den viel genutzten Begriff einer bindungsorientierten Bildungsqualität zu Recht beanspruchen darf.

Die persönliche und berufliche Identität entwickelt sich im (selbst-)kritischen Umgang mit den eigenen, fremden und Arbeitsfeld spezifischen Anforderungen, die mit dem Berufsbild der Erzieherin auf das Engste verbunden sind.

So geht es beispielsweise darum, immer wieder selbstreflexiv die eigenen Vorstellungen von Richtigkeit/Werten und das konkrete Verhalten mit dem konkreten Alltagsgeschehen vor Ort zu vernetzen, um festzustellen, welche Handlungsmomente für die eigene Entwicklung und das Entwicklungsgeschehen in Kindern konstruktiv und welche destruktiv waren/sind.

Dazu gehört unter anderem eine ausgebaute Dialogfähigkeit, um mit sich selbst in den unterschiedlichsten Lebens- und Arbeitssituationen in Selbstbetrachtungen und -verhandlungen einzutreten. Hier heißt es dann, lebendige und noch nicht bzw. bisher zu wenig genutzte Entwicklungsfelder zu entdecken, Entwicklungschancen aufzugreifen und Fehlentwicklungen durch neue Handlungsstrategien zu ersetzen. In einem immer wiederkehrenden Klärungsprozess müssen unterschiedliche Erwartungen und Anforderungen, die man selbst an sich (zu haben) hat und die von außen kommen, auf ihre fachliche Existenzberechtigung hin überprüft werden.

Es müssen immer wieder:

- Widersprüche entdeckt und geklärt werden, um mit sich selbst authentisch und den Kindern gegenüber weitestgehend identisch zu sein;
- rigide, starre Verhaltensmuster entdeckt und verändert werden, um die eigene Lebendigkeit in das Kommunikations- und Interaktionsgeschehen mit sich selbst und mit Kindern hineintragen zu können;
- Auseinandersetzungen mit sich und anderen geführt werden, um bisherige Antworten auf bedeutsame Fragen immer wieder aufs Neue kritisch zu hinterfragen;
- fachkompetente Stellungnahmen für sich selbst und für andere Personen abgegeben werden, um innerlich gefestigter und stabiler zu werden;
- fachlich fundierte Gesamtentscheidungen mitgetragen bzw. durchgehalten werden, damit Kinder Verlässlichkeiten erleben können;
- Selbstaktivitäten gezeigt werden, um Kindern die Möglichkeit zu geben erfahren zu können, was Selbstständigkeit und Autonomie in der Alltagspraxis bedeutet;

- Standpunkte fachlich begründet und offensiv vertreten werden, um Kindern bestmögliche Entwicklungschancen zu bieten;
- Lernmöglichkeiten gesucht werden, um für sich und mit Kindern zu erleben was es heißt, Entdecker der Welt und Mitgestalter der Umgebung sein zu können;
- Verantwortungsbereiche zuverlässig und gradlinig übernommen und neue Handlungsstrategien ausprobiert werden, damit Kinder beobachten und erleben können, dass Verantwortung nicht delegiert werden kann, sondern jeder für das verantwortlich ist, was er tut und was er unterlässt.

Weiterhin geht es darum,

- persönliche Meinungen und subjektive Einstellungen in Fachargumente zu wandeln, um zu erreichen, dass nicht eine persönliche Wunschbefriedigung das Verhaltensmaß aller Dinge sein kann, sondern vielmehr angesagte Notwendigkeiten zu berücksichtigen sind;
- Vermutungen und Vorurteile zurückzustellen und stattdessen Wahrnehmungsoffenheit für Realitäten zu entwickeln, damit vielfältige und neuartige Lernerlebnisse das eigene Leben lebendig halten und Kinder in dieser Lebendigkeit einen bedeutsamen Lebenssinn entdecken können;
- Lernanregungen selbst zu bemerken, Lernräume für sich zu gestalten und Handlungsalternativen für die Situationen zu finden, die für bisherige Problemlösungsversuche nicht ausreichen, damit auch – und gerade – elementarpädagogische Fachkräfte ein Vorbild für eine nachhaltige Bildung sind.

Bei all diesen Selbstentwicklungsaufgaben wird es nicht ausbleiben, dass dabei auch Identitätskrisen auftauchen. Doch gerade sie sind immer eine Chance, ein erlebtes, aktuelles Chaos als einen Neuanfang zu verstehen. So heißt es in einer fernöstlichen Weisheit: „Du musst Abschied nehmen, wenn du weitergehen willst." Krisen und Störungen sind als Wege für innovative Veränderungen zu deuten und zu verstehen.

Selbstentwicklung und Selbsterziehung führen zu einer professionellen Selbstverwirklichung und Selbstbildung – ein umgekehrter Weg führt zu Starrheit und Ignoranz von notwendigen Handlungsschritten. Wenn elementarpädagogische Fachkräfte Kinder und ihre reichhaltigen Entwicklungspotenziale – ebenso wie ihr Kollegium und den Träger, die Öffentlichkeit und Eltern sowie die Politik – im Sinne einer eigenständigen, qualitätsgeprägten und bindungs-/bildungsaktiven Elementarpädagogik immer wieder neu ansprechen und erreichen wollen, sind ein hohes Engagement, ein offensives Handeln, Lebendigkeit und wie oben erwähnt vor allem Selbstentwicklung unausweichlich. Ganz im Sinne des Refrains eines Liedes von Heinz Rudolf Kunze könnte es daher heißen: „Ich geh' meine eigenen Wege, ein Ende ist nicht abzuseh'n; eigene Wege sind schwer zu beschreiben, sie entstehen erst beim Geh'n."

Guiseppe Mazzini (geb. 1805; gest. 1872), ein italienischer Politiker, vertrat die These: „Das Geheimnis des Könnens liegt im Wollen." Es besteht kein Zweifel darüber, dass es der (Elementar-)Pädagogik gelingen muss, auch in Zukunft immer stärker und immer ausgeprägter eine beziehungsorientierte und bindungsstarke Professionalität im Beruf zu zeigen. Einerseits weisen sowohl die aktuellen Untersuchungen im Feld der Neurophysiologie und Neuropsychologie (vgl. Hüther), der Entwicklungspsychologie (vgl. Keller; Largo; Tschöpe-Scheffler) und der Verhaltensbiologie (vgl. Haug-Schnabel) auf die hohe Bedeutung der ersten Lebensjahre der Kinder für ihre weitere Entwicklung hin, andererseits muss bzw. wird es auch im Interesse der Fachkräfte selbst liegen, ihre bedeutsame und anspruchsvolle Berufsarbeit professionell auszufüllen. Dabei stellt sich die Frage, welche spezifischen Verhaltenselemente es vor allem sind, die eine solche Professionalität zulassen und ermöglichen.

Es ist unbestritten, dass vor allem weder äußere Umstände – wie beispielsweise ungünstige Rahmenbedingungen – noch vorhandene Hochbegabungen oder eine überdurchschnittliche Intelligenz dafür verantwortlich sind, ob und in welchem Maße sich eine beziehungsorientierte und bindungsstarke Professionalität aufbauen und weiterentwickeln kann. Denn wäre dies der Fall, so lägen Beweise dafür vor, dass besonders gut begabte Menschen oder Personen mit einem hohen Intelligenzquotienten bzw. Mitarbeiterinnen in Einrichtungen mit besonders attraktiven Rahmenbedingungen eine deutlich ausgeprägtere Professionalität im Beruf zeigen würden. Solche Untersuchungsergebnisse gibt es nicht. Vielmehr ist auffällig, dass Menschen mit schlechteren Voraussetzungen und unter wenig entwicklungsförderlichen Rahmenwerten durchaus in der Lage sind, ihre berufliche Tätigkeit sehr erfolgreich zu gestalten. Das dabei tragende Element ist der tief verwurzelte Wunsch der elementarpädagogischen Fachkräfte, eine enge, reflektierte Beziehung zu sich herzustellen und eine bindungsstarke Beziehung zu Kindern aufzubauen. Diese Professionalität kann und wird nur dort entstehen bzw. weiterentwickelt werden, wo sogenannte *innere Bremsen* wie Ängste, Vorurteile, Beziehungsstörungen, Mutlosigkeit, Resignation, vorgefasste Meinungen entdeckt und gelöst werden.

Diese inneren Bremsen können gelöst werden, wenn Fachkräfte:

- **im Bereich der Selbstkompetenz**
  - für Entspannung und Entlastung im privaten Bereich sorgen, um persönliche Irritationen und Schwierigkeiten nicht in den beruflichen Bereich hineinzutragen und damit intrapersonale Probleme auf Kinder zu übertragen;

- sich ihrer Modell- und Vorbildwirkung auf Kinder, Kolleginnen und Eltern bewusst sind und sich immer wieder selbstreflexiv mit ihrer Wirkung auf andere auseinandersetzen;
- in der Selbstauseinandersetzung nicht nur ihre Stärken stärken, sondern vor allem alles daran setzen, ihre Schwächen zu schwächen;
- von ihrer grundsätzlichen Wirksamkeit einer bindungsorientierten Arbeit überzeugt sind und nicht ihre Unwirksamkeit in die Waagschale der Einflussnahme werfen;
- ihre handlungsleitenden Werte und Normen kennen, diese im Hinblick auf die fachliche Zielsetzung überprüfen und sich bei Widersprüchen mit sich selbst auseinandersetzen;
- eigene Standpunkte von Zeit zu Zeit überprüfen, infrage stellen und eine Bereitschaft mitbringen, neue Standpunkte zu durchdenken und ggf. zu übernehmen;
- eigene, emotionale Verstrickungen aufgreifen und in der Lage sind diese aufzulösen, damit persönliche Probleme nicht zu arbeitsfeldspezifischen Schwierigkeiten werden;

◆ **im Bereich der Sachkompetenz**
- die Gestaltung ihrer beruflichen Tätigkeit aus berufspolitischen, gesellschaftlich notwendigen und fachlich begründeten Anforderungen heraus ableiten; dabei spielen persönliche und private Interessen eine untergeordnete Rolle;
- gleichzeitig alle beruflichen Anforderungen und Ansprüche sorgsam dahingehend überprüfen, ob diese fachlich vertretbar sind und eine Sinnorientierung für die praktische Pädagogik besitzen;
- ein hohes Interesse an der Qualitätsüberprüfung ihrer Arbeit, der Qualitätssicherung und der weiteren Qualitätsverbesserung haben;
- aktiv den Berufsalltag reflektieren, um aus Fehlern lernen zu können;
- bedeutsame Arbeitsvorhaben strukturieren, didaktisch gliedern, mit einer entsprechenden Methodenkompetenz gestalten und vor allem mit humanistisch orientierten Qualitätsmerkmalen versehen;
- ein lebenslanges Lernen schätzen und immer wieder in Anspruch nehmen;
- beruflich begründete und persönlichkeitsförderliche Ansprüche an sich selbst stellen und nicht darauf warten, von anderen auf Einsatz- oder Veränderungsnotwendigkeiten angesprochen zu werden;
- fachlich unberechtigte Ansprüche abwehren und stattdessen eigene Handlungsschritte fachlich vertreten sowie immer wieder transparent machen;
- zurückliegende Arbeitsergebnisse regelmäßig auswerten und diese Ergebnisse in neue Arbeitsvorhaben einfließen lassen;
- aktuelle, wissenschaftliche Erkenntnisse, die für ihr Arbeitsverständnis und ihre praktische Tätigkeit bedeutsam sind, beachten;

- immer wieder fachliche Visionen entwickeln und aktiv dazu beitragen, dass Visionen zu einer neuen Wirklichkeit werden, zumal Visionen einen Optimismus für das Machbare in sich tragen, der wiederum auf Kinder entwicklungsunterstützend wirkt;
- sachliche und persönliche Konflikte als Lernchancen einstufen;
- Uneindeutigkeiten im sprachlichen und handlungsorientierten Bereich vermeiden und stattdessen durch Gradlinigkeit für Klarheit in der Sache sorgen. Gerade dadurch erleben Kinder wichtige Orientierungspunkte, die sie in einer wertedesorientierten Welt brauchen und als Sicherheit vermittelnde Eckwerte erleben können;
- in der Lage sind, pädagogische oder politische Dogmen zu erkennen, zu entschlüsseln und aufzudecken, um so in eine fachlich-sachliche Auseinandersetzung zurückzufinden;

◆ **im Bereich der Sozialkompetenz**
- sich in ihren Umgangswerten an humanen Qualitäten orientieren (z. B. Aufgeschlossenheit für Menschen, Probleme und Situationen zeigen; Zuverlässigkeit an den Tag legen, Vorurteile entdecken und auflösen wollen);
- Beziehungs- und Machtkämpfe grundsätzlich vermeiden und stattdessen in der Lage sind, beziehungsfreundliche und zugleich inhaltlich orientierte Verhaltensweisen auf einer Ebene der Gleichwertigkeit zu zeigen;
- Spannungen und Irritationen in Beziehungen bemerken, diese aufgreifen und mit den Beziehungspartnern thematisieren, damit durch Beziehungsklärungen neue Beziehungserlebnisse möglich werden können;
- gemeinsam getroffene Absprachen einhalten und erst dann verändern, wenn neue Absprachen die alten Regelungen aufgehoben haben;
- eine hilfreiche, kommunikationsfördernde Gesprächsführung vor allem in beziehungsgestörten Situationen beherrschen, um konstruktive Dialoge mit ihrem Gegenüber führen zu können;
- in der Lage sind, die bipolaren Beziehungsqualitäten *Nähe* und *Distanz* situations- und personenorientiert differenzieren zu können, um nicht in problemfördernde Zielkonflikte zu geraten. So geht es dabei beispielsweise immer wieder um die Frage, wie nah der Erwachsene dem Kind sein darf/soll/muss, um einerseits Beziehungsnähe anzubieten und zu pflegen und andererseits Distanz zuzulassen, um Kindern eine Autonomieentwicklung zu ermöglichen sowie eine Entwicklung der Selbstständigkeit aktiv zu unterstützen;
- überall dort Zivilcourage zeigen, wo immer die Gefahr besteht, dass Menschen ungerecht bewertet, ausgegrenzt oder in ihrer Menschenwürde verletzt werden;
- durch ihr Zugewandtsein und ihre Aufgeschlossenheit dazu beitragen, dass sich andere Menschen – von Kindern bis zu ihren Eltern – persönlich an-

genommen fühlen – eine Voraussetzung für eine entwicklungsförderliche Umgangskultur;
▷ Entwicklungsprozesse in Beziehungen mit anderen Menschen initiieren, moderieren und aktiv begleiten, um neue, bedeutsame Handlungsschritte für beide Seiten zu entdecken, aufzugreifen und umzusetzen.

Dreh- und Angelpunkt für diese Kompetenzen einer beziehungsorientierten und bindungsstarken Professionalität ist die *Motivation* (lateinisch *movere*: in Bewegung setzen, bewegen).

Dabei muss dieser Begriff unter zwei Aspekten verstanden werden (vgl. Pommerenke, 2004, S. 19). Einerseits geht es um die Person, die sich selbst in Bewegung setzt, um ein Ziel erreichen zu wollen, andererseits geht es um den Umstand selbst, die anstehende Situation, in die eine Bewegung hineingetragen werden soll.

Jeder Motivation liegt ein Motiv zugrunde, und dabei stellt sich die Frage, ob das Motiv selbst für die Person so bedeutsam ist, dass sie in sich einen Bewegungswunsch spürt und entsprechende Handlungsschritte unternimmt. Jedes Motiv wird von uns Menschen mit einer Bedeutung versehen – dabei reicht die eigene Einschätzskala von bedeutungslos, um selbstaktiv zu werden, bis hin zur bedeutungsvollen Einschätzung, gar nicht anders handeln zu können als ein Höchstmaß an Aktivität und Engagement zu zeigen.

Professionalität ist dabei immer mit einer intrinsischen Motivation verbunden – einem Handlungsbedürfnis, das durch die Person selbst entsteht.

Sprenger spricht von der Motivation im Sinne einer Eigensteuerung, ausgelöst durch die Neugierde, etwas bewirken zu wollen, durch die Freude, etwas bewirken zu können und das eigene Interesse, einen Arbeitserfolg im Sinne der Aufgabenstellung zu erreichen. So viele Motive es auch geben mag und so unterschiedlich sie sich im Einzelnen auch darstellen – so ist es möglich, zwischen dem „Selbst-, Sozial-, Lern-, Sach-, Leistungs-, Zustimmungs-, Identifikations-, Aggressions-, Macht-, Geltungs-, Neugierde-, Strafvermeidungs- und Ehrgeizmotiv" zu unterscheiden (nach Merkli, Paschen/Börkircher, in: Pommerenke, 2004, S. 20): jedwede Motivation entsteht immer aus einem Selbstengagement (Huhn/Backerra, 2005, S. 4; vgl. Callahan, 2004).

Beide Begriffe sind der sogenannten Gruppe der Soft Facts zuzuordnen. Sie lassen sich immer in bestimmten Ergebnissen, den Hard Facts ablesen. Beispielsweise in der täglichen Arbeit mit Kindern, in der Gestaltung der Zusammenarbeit mit Eltern, in der gezeigten Interaktionskultur mit den Mitarbeiterinnen und Mitarbeitern, den Konfliktauseinandersetzungen oder der Umsetzung von Visionen. Dabei ist festzustellen, dass viele Hard Facts, so z. B. bestehende Teamkonflikte, eine unbefriedigende Elternarbeit, ein nicht ausgeschöpftes Maß an Möglichkeiten, gemeinsam mit Kindern eine bildungsoffensive Arbeit zu planen und zu gestalten, ein fehlendes, unverwechselbares Profil der Einrichtung, eine qualitätsineffiziente Konzeption, gerade durch fehlende Motivation und ein eingeschränktes Engagement erst entstehen (können).

Eine weit verbreitete Bequemlichkeit, die davor schützt, sich auf neue Entwicklungen einzulassen oder die stetige/punktuelle Angst vor Fehlern, Auseinandersetzungen oder Neuerungen bringt fatale Folgen für eine Qualitätsentwicklung und damit auch für eine beziehungsarme, bindungsschwache Professionalität mit sich: Innovative Schritte werden nicht gewagt, notwendige Herausforderungen bleiben unbeachtet, Harmonisierungstendenzen oder Beziehungskämpfe gewinnen bei Konfliktbearbeitungen die Oberhand, alte und bekannte Herangehensweisen in der Pädagogik bzw. der Beziehungsgestaltung werden gerechtfertigt, Unruhe bringende Vorschläge werden beiseite gedrückt und vor allem enden dann subjektiv geprägte Begründungen stets mit der Formel, dieses und jenes sei „sowieso unter den gegebenen Umständen nicht möglich".

Da es in der Pädagogik anders zugeht als in der Industrie, wo beispielsweise äußere Anreize wie finanzielle Gratifikationen oder ein beruflicher Aufstieg bei beruflichen Erfolgen in Aussicht gestellt sind, bleibt es letztlich in der Pädagogik bei der ureigenen Selbstmotivation, bestimmte Ziele erreichen *zu wollen*.

Sie entsteht vor allem dann – wie empirische Forschungsergebnisse von Prof. Csikszentmihalyi ausweisen –, wenn ...

- ein *eigenes Ziel* verfolgt wird,
- sich die Person, die das selbst verfolgte Ziel erreichen möchte, ohne Einschränkung mit diesem identifizieren kann,
- eine kontinuierliche und unmittelbare Rückmeldung über den persönlichen Erfolg gegeben wird,
- persönliche Fähigkeiten den Herausforderungen entsprechen,
- bei der Annahme der Herausforderung gleichzeitig alte, bekannte und bisherige Fähigkeitsgrenzen überschritten und dabei völlig neue Erfahrungen bemerkt werden,
- der Arbeitserfolg nach eigener Einschätzung durch den ganz persönlichen Einsatz möglich geworden ist und
- die notwendige Konzentration dazu führt, die eigene Aufmerksamkeit auf ein abgeschlossenes, überschaubares Gebiet von Informationsreizen begrenzen zu können (vgl. Huhn/Backera, 2005, S. 171).

Übertragen auf eine beziehungsreiche, bindungsstarke Professionalität bedeutet dies, immer wieder Freude dabei zu erleben:

- Ziele aufzustellen – z. B. möglichst wertschätzende Beziehungen zu Kindern aufzubauen und zu pflegen, auf Beziehungskämpfe zu verzichten, Kinder in ihrer Einmaligkeit und Unverwechselbarkeit zu sehen, die besonderen, unterschiedlichen Stärken der Kinder zu entdecken und gleichzeitig ihre Schwächen nicht überzubewerten;
- an der eigenen Identität zu arbeiten, die vielen, unterschiedlichen Facetten der eigenen Persönlichkeit zu entdecken und diese mit der Zeit stimmig zusammenzufügen;
- sich selbst zu betrachten und die eigenen Entwicklungsfortschritte zu bemerken, mit sich immer stärker zufrieden zu sein, ruhiger und entspannter zu werden und die erreichten Erfolge mit Stolz zu betrachten – ohne darauf angewiesen zu sein oder darauf zu warten, dass von außen Belobigungen erfolgen;
- nicht nur die eigenen – vermuteten – Entwicklungsgrenzen zu betrachten und diese – häufig viel zu frühzeitig – zu akzeptieren, sondern vielmehr perspektivisch erdachte Entwicklungsgrenzen zu überschreiten, um sich auf völlig neue, unbekannte Handlungsspielräume einzulassen und dabei Handlungsfelder zu entdecken, die das eigene Leben noch reichhaltiger werden lassen;
- wenn durch Eigenmotivation, Lernfreude, Arbeitseifer, Lerninteresse, Anstrengungsbereitschaft, Durchhaltevermögen und neuartige Perspektivwechsel Aufgaben gemeistert werden konnten, die ursprünglich als kaum bzw. gar nicht leistbar eingeschätzt wurden;
- die Konzentration auf das Wesentliche und Bedeutsame der Pädagogik zu richten: auf die Bedeutung der eigenen Identität, die Einmaligkeit und die unverwechselbaren Besonderheiten und Stärken jedes einzelnen Kindes, eine weitestgehend vorurteilsfreie und aufgeschlossene Beziehung zum Kind sowie eine wahrnehmungsoffene Lernhaltung, gemeinsam mit Kindern jeden Tag als ein Geschenk und eine Einladung zu betrachten, das Leben als das zu sehen, was es sein kann: eine lebenswerte Gegenwart zur Gestaltung der Beziehungsnähe zu sich, zur Natur und zu anderen Menschen.

Diese Merkmale führen offensichtlich dazu, dem Gelingen einer identischen Tätigkeit eine immer größere Bedeutung beizumessen und den Arbeitserfolg auch als einen persönlichen Entwicklungsfortschritt zu feiern. Dabei ist es unerlässlich, dass immer wieder neue Herausforderungen gesucht, an- und aufgenommen werden, um den Prozess der Selbstmotivation und Beziehungsnähe zu stabilisieren. Durch diese immer wieder zufrieden stellende Erfahrungsvielfalt verändern sich schließlich Einstellungen (ich kann etwas bewirken statt: was kann *ich* schon Großes ausrichten;) Erwartungen (was will *ich* tun, damit sich Änderungen ergeben, statt: was müssen erst *die anderen* tun, damit das Ganze auch eine Aussicht auf Erfolg hat), Annahmen (alles ist *möglich*, auch schwere Aufgaben sind zu meistern, statt: diese Anforderung *über-*

steigt meine Kompetenz und fordert zu viel Kraft von mir) und Glaubenssätze (ich glaube an meine Fähigkeiten und Talente, statt: für *diese Arbeitsanforderung bin ich bei weitem nicht geboren.*)

Es geht also darum, die vielfältigen Möglichkeiten eigener Handlungsressourcen zu entdecken, wahrzunehmen und in beziehungsstarke Kommunikations- und Interaktionssituationen mit sich und Kindern umzusetzen statt den Status quo (=den derzeitigen Zustand) zur festen, starren Größe der eigenen Persönlichkeitsstruktur und als ausschlaggebendes Strukturelement einer didaktisierten, beziehungsfernen Vorschuldidaktik zu erklären.

Wenn Wigbert Draude-Groschwitz in einem sehr kurzen und dennoch sehr bedeutsamen Beitrag mit der Überschrift *Lasst den Kindern ihre Kindheit* beklagt, dass elementarpädagogische Fachkräfte „eher das genormte Kind" fördern „als den kreativen, ideenvollen und unkonventionellen Menschen" (2008, S. 13), dann trifft er sich mit seiner Einschätzung punktgenau mit Dr. Janusz Korczak, der schon 1920 schrieb:

Die ganz moderne Pädagogik trachtet danach, bequeme Kinder heranzubilden, sie strebt konsequent und Schritt für Schritt danach, alles einzuschläfern, zu unterdrücken und auszumerzen, was Willen und Freiheit des Kindes ausmacht, seine Seelenstärke, die Kraft seines Verlangens und seiner Absichten. Artig gehorsam, gut, bequem, aber ohne einen Gedanken daran, dass er innerlich unfrei und lebensuntüchtig sein wird (1920/1987, S. 12).

Professionalität kann sich nur dort entwickeln, wo bisher unentdeckte Spielräume genutzt und „eine neue, mentale Landkarte" (Callahan, 2005, S. 32 f.) des eigenen Lebensterritoriums entworfen, entwickelt und genutzt wird, um diese zu einem Geschenk für sich selbst und für Kinder zu machen.

4.5 Bindung ist achtsame Empathie

Wenn ihr Großen, Erwachsenen, acht habt, werdet ihr verstehen,
wie wir Kinder von euch angesprochen, behandelt werden möchten.
Wir gehen euch ständig offene und verdeckte Zeichen.
Wenn ihr Großen, Erwachsenen, acht gebt, werdet ihr bemerken,
dass nicht nur ihr unser Verhalten lenkt,
sondern dass auch wir euch hier- und dorthin führen,
dass wir euch oft unmerklich verzaubern
(Dreiske, 1987, S. 23).

Elementarpädagogische Bildungsarbeit vollzieht sich nur in Form eines sehr engen Bindungsgeschehens zwischen Menschen. Bildungsarbeit ist Bindungserleben, getragen von Nähe, Aufmerksamkeit, Zuneigung, Interesse, Staunen, Neugierde und Zutrauen. Virginia Satir, die große Familientherapeutin, sagte einmal: „Ich glaube daran, dass das größte Geschenk, das ich von jemandem empfangen kann, ist, gesehen, gehört, verstanden und berührt zu werden! Das größte Geschenk, das ich geben kann, ist, den anderen zu sehen, zu hören, zu verstehen und zu berühren. Wenn dies geschieht, entsteht Kontakt."(nach Satir in Krenz, 1996, S. 82). Dabei ist es immer wieder der zwischenmenschliche Kontakt, der Kinder, Jugendliche und Erwachsene motiviert, Kontakt zu sich selbst herzustellen. Wenn dies gelingt, ist der erste Schritt zur Selbstbildung getan.

Wilhelm Schmid, der als Privatdozent an der Universität Erfurt lehrt, schreibt:

[…] Wie immer der Weg der Kindheit und des Heranwachsenden verläuft, es geht darum, den Umgang mit sich selbst zu erlernen und zur Sorge für sich selbst in der Lage zu sein, soll das eigene Lernen nicht von anderen abhängig bleiben. Nur über die Selbstsorge wird das Leben zu einem eigenen, und nur dort, wo es Selbstaneignung gibt, kann es Selbstverantwortung geben. Sich um sich zu kümmern und doch nicht die Unbekümmertheit dabei zu verlieren – das stellt das dynamische Zentrum der kindlichen Lebenskunst dar […] (2003, S. 40).

Wenn der Frage nachgegangen wird, was mit dem Begriff einer dynamischen Lebenskunst gemeint sein kann, so ergeben sich u. a. folgende Antworten:

- gegenwärtige, positive Erlebnisse in all ihrer Vielschichtigkeit genießen zu können;
- immer wieder über eigene Entwicklungen und Stärken staunen zu können;
- mit Offenheit, Interesse und Neugierde die Herausforderungen des Alltags suchen und sich ihnen mit Engagement zu stellen;
- alte, lebenseinengende Fühl-, Denk- und Handlungsmuster zu erkennen und sich von diesen lösen zu können;
- Zusammenhänge von Ereignissen erkennen und herstellen zu können, um aus der Erkenntnis heraus neue Handlungsstrategien zur Lösung von Problemen zu entdecken;
- neue, unbekannte Spielräume im Rahmen eigener Verhaltensvielfalten zu entwickeln;
- alte, bis weit in die Vergangenheit zurückliegende Geschichten zu klären, um aus belastenden Verstrickungen herauszufinden;
- in möglichst vielen bedeutsamen Situationen identisch mit sich umgehen zu können und sich selbst zu sagen: „Wie schön, dass ich geboren bin, dem Leben schenk' ich einen Sinn."

Über viele Jahrhunderte sahen Wissenschaftlerinnen aus unterschiedlichen Fachdisziplinen (auch der Psychologie) ebenso wie Laien die Rationalität und

Intelligenz des Menschen als die Perle der Schöpfung an. Das hat sich inzwischen durch vielfältige Untersuchungen relativiert, ist doch demgegenüber bekannt, dass stets vor allen kognitiven Prozessen und Handlungsimpulsen die Emotionen die entscheidenden Impulse dafür geben, in welche Richtung gedacht und wie gehandelt wird. Es ist die „Macht der Gefühle" (Damasio, 1997, 2001/2003; Roth, 2001; Ochmann, 2003; Arnold, 2011), die unser Leben steuert und inzwischen haben führende Hirnspezialisten den Beweis dafür vorgelegt, wie Emotionen das gesamte Leben bestimmen. Dabei sei vor allem auf den in Iowa City lehrenden Professor für Neurowissenschaften, Antonio Damasio, den in New York lehrenden Joseph LeDoux, der einer der wichtigsten Erforscher der Amygdala (=des evolutionsgeschichtlich uralten Hirnteils, der einen zentralen Einfluss auf das Gefühlsleben des Menschen hat) ist und zwei der führenden deutschen Hirnforscher, Gerhard Roth und Gerald Hüther, hingewiesen.

In Anbetracht dieser für die Pädagogik und Psychologie außergewöhnlich bedeutsamen Erkenntnisse sind die Ergebnisse der Bindungsforschung eng mit diesen vernetzt und besitzen für Erzieherinnen einen besonders hohen Bedeutungswert. Einfach ausgedrückt heißt das: eine liebevolle, vertrauensvolle und verlässliche Bindung, die Kinder in ihren ersten (und auch weiteren) Lebensjahren mit ihren Eltern sowie anderen Erwachsenen erfahren, ist die Grundlage die Entstehung der o.g. Lebenskunst des Menschen und gleichzeitig die Basis für ein tiefes Selbstvertrauen, Unabhängigkeit und Selbstständigkeit. Eine chinesische Weisheit lautet: „Wenn die Kinder klein sind, gib ihnen Wurzeln. Wenn sie groß sind, gib ihnen Flügel." (Tschöpe-Scheffler, 1999, S. 11). Nur durch eine tief erlebte Geborgenheit und Annahme sind Kinder in der Lage, ihre Lebenswurzeln in Form von Sicherheit und Lebensfreude zu entwickeln und gleichzeitig vor einer Reihe seelischer Irritationen und lebenseinschränkender Ängste geschützt zu sein. So vielfältig die Verhaltensirritationen bei Kinder und Jugendlichen ausgeprägt sind – vor allem Ängste, gewaltbereites Handeln, aggressives Verhalten, Anstrengungsvermeidungsverhalten, oppositionelles Widerstandsverhalten gegenüber Anforderungen oder eine generelle Antriebslosigkeit –, so deutlich haben unterschiedliche, epidemiologische Studien unter Beweis gestellt, dass diese und weitere problematische Verhaltensweisen häufig direkt oder indirekt auf fehlende Bindungserfahrungen zurückgeführt werden können (vgl. Grossmann/Grossmann, 2004). So kommt immer wieder zum Ausdruck, dass eine als sicher erlebte Bindung ein wesentlicher Schutzfaktor gegen seelische Irritationen ist.

In der Bindungstheorie, die ein „umfassendes Konzept für die Persönlichkeitsentwicklung des Menschen als Folge seiner sozialen Erfahrungen" darstellt (Ainsworth/Bowlby, 2003, in Grossmann/Grossmann, 2004, S. 65), gibt es fünf Postulate (=Grundannahmen):

1. Für die seelische Gesundheit des sich entwickelnden Kindes ist kontinuierliche und feinfühlige Fürsorge von herausragender Bedeutung.
2. Es besteht die biologische Notwendigkeit, mindestens eine *Bindung* aufzubauen, deren Funktion es ist, Sicherheit zu geben und gegen Stress zu schützen. Eine Bindung wird zu einer erwachsenen Person aufgebaut, die als stärker und weiser empfunden wird, sodass sie Schutz und Versorgung gewährleisten kann. Das Verhaltenssystem, das der Bindung dient, existiert gleichrangig und nicht etwa nachgeordnet mit den Verhaltenssystemen, die der Ernährung, der Sexualität und der Aggression dienen.
3. Eine Bindungsbeziehung unterscheidet sich von anderen Beziehungen darin, dass bei Angst das Bindungsverhaltenssystem aktiviert und die Nähe der Bindungsperson aufgesucht wird, wobei Erkundungsverhalten aufhört (das Explorationsverhaltenssystem wird deaktiviert). Andererseits hört bei Wohlbefinden die Aktivität des Bindungsverhaltenssystems auf und Erkundungen sowie Spiel setzen wieder ein.
4. Individuelle Unterschiede in Qualitäten von Bindungen kann man an dem Ausmaß unterscheiden, in dem sie Sicherheit vermitteln.
5. Mithilfe der kognitiven Psychologie erklärt die Bindungstheorie, wie früh erlebte Bindungserfahrungen geistig verarbeitet und zu inneren Modellvorstellungen (Arbeitsmodellen) von sich und anderen werden. (Grossmann/Grossmann, 2004, S. 67 f.)

Bindung kann durchaus als ein imaginäres Band verstanden werden, das zwei Personen verbindet und das dabei selbst in angenehmen Gefühlen verankert ist – als ein Erlebnis über einen längeren Zeitraum hinweg (vgl. Ainsworth, 1979). Da sich Bindung erst im Laufe des ersten Lebensjahres eines Kindes entwickelt (Ainsworth, 2003) werden Kinder im Laufe ihrer Entwicklung mehrere Bindungspartner suchen. Dabei nimmt gleichzeitig jedes Kind eine innere Hierarchie der Bindungspersonen vor. Je mehr sich ein Kind verlassen oder geängstigt fühlt, desto intensiver sucht es die A-priorierte Bindungsperson.

Sichere Bindungserfahrungen machen Kinder stabil und lernaktiv. Kennzeichen einer sicheren Bindung kommen vor allem dadurch zum Ausdruck, wenn Kinder

- die Bindungsperson als einen grundsätzlich sicheren Hafen erleben, den sie bei Verunsicherungen, Ängsten und Verlassenheitsgefühlen gern, freiwillig und selbst motiviert aufsuchen,
- durch die Verhaltensweisen der Bindungspersonen Sicherheit und Hilfe erleben dürfen,
- bei Sorgen, Kummer und Trennung die Nähe zu ihrer Bindungsperson suchen,

- schon sehr früh durch intensive Bindungserfahrungen immer weniger auf Bindungserlebnisse angewiesen sind und sich mit einem Gefühl der inneren Grundsicherheit auf die Erkundung der großen, weiten Welt einlassen und ihrem innewohnenden Forscherdrang nachgehen,
- motiviert und freiwillig über ihre Gefühle berichten und dabei emotionale Belastungen ebenso „ungehemmt und unkontrolliert" zum Ausdruck bringen wie Augenblicke der Freude und des tiefen Glücksempfindens.

Bindungserfahrungen, so formuliert es Gerhard Suess so treffend, „bereiten die Bühne für die Erfahrungswelt [...] Kinder werden durch die frühen Bindungserfahrungen gleichsam auf ein Gleis gestellt, von dessen Verlauf abhängig sie zunehmend unterschiedliche Erfahrungen sammeln [...]" (2006, S. 2).

Wenn Bindungserfahrungen bei Kindern (und Jugendlichen) vor allem ein Gefühl der tiefen Geborgenheit auslösen und gleichzeitig eine Schutzfunktion gegen Über- und Unterforderungen, Kränkungen und Hoffnungslosigkeit, Verlassenheitsängsten und Ohnmachtsgefühlen bilden, dann kann die Ausgangsthese des schwedischen Kindergarten- und Schulcurriculums nur mit großer Zustimmung aufgenommen werden: „Bildung *geschieht nur durch Bindung*" (vgl. Bowlby, 2001; Ainsworth, 2003; Grossmann/Grossmann, 2004; Suess/Pfeifer, 2000; Arnold, 2001; König, 2010). Die pädagogische Praxis zeigt allerdings immer wieder und immer stärker, dass zwar den Ergebnissen der Bindungsforschung in Deutschland eine durchaus hohe theoretische Bedeutung beigemessen wird, Bindungserfahrungen aber in der Praxis in der beschriebenen Ganzheit und in ihrer Ausprägungstiefe häufig nicht wirklich von Kindern erlebt werden. Das muss sich ändern, um gerade aus den PISA-Ergebnissen die vollständigen (!) Konsequenzen abzuleiten und in der deutschen Pädagogik zu berücksichtigen. Im Gegensatz dazu wird die aktuelle Bildungspädagogik völlig anders gestaltet: belehrend statt erfahrungsorientiert, hierarchisch vermittelnd statt gemeinsam erkundend und funktionalisiert statt alltagsorientiert. Die Erzieherin erlebt das Kind als fühlenden und wollenden, als handelnden und denkenden Menschen. Sein Zentralorgan, das Gehirn, steht mit der personalen Mitwelt und gegenständlichen Umwelt in enger Beziehung.

In seiner bahnbrechenden Studie erkennt Thomas Fuchs (2010, S. 300), Professor für Psychiatrie, Neurobiologie und Philosophie an der Universität Heidelberg, das Gehirn als

- Beziehungsorgan,
- „Organ der Person" (S. 308),
- „Organ der Möglichkeiten" (S. 266) oder als
- „Organ des Menschen, das in der emotionalen Beziehung zu Menschen und lebendigen Beziehung zu Gegenständen ganzheitlich aktiv sein will."

Das menschliche Gehirn will sich von Beginn an in der Beziehung mit anderen Menschen und mit der Umwelt in geordneten Bahnen entwickeln und aus eigener Kraft sinnvolle Strukturen der Welt aneignen. In diesem Lebensraum, der von wechselseitiger Empathie geprägt ist, gewinnt das Kind zunehmend mehr Freiheit. Es wird Gestalter seiner eigenen Entwicklung. Wird aber die Beziehung durch ein Verhalten seiner Erzieher, das seinem Bedürfnis nicht entspricht, gestört, dann kommt es zu psychischen Störungen (Beziehungs- und Verhaltensstörungen) und am Ende zu psychischen Erkrankungen. „Psychische Krankheiten sind immer Krankheiten der Person in ihrer Beziehung zu anderen Menschen" (Fuchs, 2010, S. 277). Die Störungen und Krankheiten haben ihren Grund darin, dass das Zwischenmenschliche oder der Dialog gestört ist.

Dieser Forschungsbefund macht deutlich, dass die Erziehung des Kindes auf die „Gestaltung der Umgebung und Beziehung" besonders zu achten hat. Umgebung und Beziehung „prägen das Gehirn" (Fuchs, 2010, S. 308). Das weist auf die Bedeutung der „vorbereiteten Umgebung" (Montessori) hin, in der die Erzieherin mit ihrer Sprache ein ganz wesentlicher Teil ist. Hier ist in der Beziehungssituation das Wort der Schöpfer der gestalteten Lernumgebung: Ich höre beim Bewegen oder Spielen die Worte des Kindes, „ich gebe ihm die Hand" (Fuchs, 2010, S. 309), ergreife seine Hand und schaue es an. Und „im Blick seiner Augen sehe ich" (Fuchs, 2010, S. 309) das Kind als leibhaftige Person.

Kinder brauchen also eine von bzw. gemeinsam mit der Erzieherin gestaltete Lernumgebung, in der sie mit allen Sinnen und mit den Händen ihre Erfahrungen machen können, die ihnen helfen, selbstständig, unabhängig und sozial beteiligt das Leben zu spüren. Das kann aber nur gelingen, wenn die Erwachsenen sich der Perspektive des Kindes zuwenden und damit aufhören, Kinder in die eigene Perspektive hineinzuziehen (vgl. Krenz, 2009a).

Kinder brauchen liebenswerte Mitforscherinnen, geduldige und staunende Mitspielerinnen sowie selbsterfahrungsorientierte Akteure, die mit ihnen den Geheimnissen der Welt und der Bedeutung der eigenen Existenz auf die Spur kommen wollen.

5. Inklusive Erziehung und Bildung konkret

In seiner autobiografischen Betrachtung kommt der Existenzphilosoph, Psychiater und Psychologe Karl Jaspers (1883–1969) im Blick auf Erziehung zu folgender Einsicht:

Wirkliche Erziehung schien mir immer Selbsterziehung.
Sie ist Sache des Einzelnen, aber man hat im Lehren die Hoffnung,
durch Aufmerksammachen, Vordenken, Vormachen, durch Mitteilung von
Auffassungsweisen das zu ermutigen, was in der Jugend an das Licht drängt.
Dem Einzelnen habe ich nicht hineingeredet, wohl aber ihn die Strenge
der ewigen Ordnungen fühlen lassen. Sie dürfen nicht erweichen.
In der vollständigen Toleranz ist die strengste Forderung verborgen.
Sie wird gehört vom Einzelnen
(Jaspers, 1960, S. 109).

Für Ronald Laing, englischer Arzt und Pädagoge, Sozialpsychiater und Psychoanalytiker, ist „jede Theorie, die nicht vom Menschen ausgeht, Lüge und Betrug am Menschen" (Laing, 1969, S. 46). Davon sprach auch sein Lehrer, der Evolutionstheoretiker Gregory Bateson in seinem bahnbrechenden Werk *Ökologie des Geistes* (Bateson, 1988).

Das bedeutet: Das Nachdenken über pädagogisches Handeln hat vom einzelnen Menschen auszugehen. Es ist existenziell und persönlich. Und es ist ein Wagnis, denn es kann scheitern.

Auch die ersten Heilpädagogen, die im 19. und 20. Jahrhundert Kindern mit schweren Entwicklungsbeeinträchtigungen, mit Sinnes- oder Bewegungsbeeinträchtigungen zu helfen versuchten, machten die Erfahrungen des Scheiterns. Diese Erfahrungen motivierten sie, es erneut mit den Kindern zu versuchen, ihnen zu begegnen, mit ihnen zu kommunizieren und sie auf diese Weise aus der Isolation herauszuführen und in die Gemeinschaft zu integrieren. Sie prüften vor allem ihr gescheitertes, ihr nicht oder nur etwas gelungenes Handeln und versuchten es erneut. Sie entwickelten ihr Handeln durch neue Erfahrungen weiter, die der Ausgang für neue Erfahrungen und Erkenntnisse waren. Auf diesen Gedanken, die für die Praxis und Wissenschaft gleichermaßen bedeutsam sind, bauen die folgenden Erfahrungen von Ferdinand Klein auf.

5.1 Praxiserfahrungen

Während meiner 16-jährigen Tätigkeit als Pädagoge und Leiter der Erlanger Lebenshilfe-Schule (1965–1980), dem ein Heilpädagogischer Kindergarten und eine Frühberatungsstelle angegliedert waren, widmete ich mich besonders den Kindern des Kindergartens. In den drei Gruppen des Kindergartens waren Kinder mit

- Entwicklungsgefährdungen,
- drohender Behinderung,
- Behinderung unklarer Diagnose,
- schwerer und mehrfacher Behinderung,[1]
- Sinnesbehinderung,
- Beziehungsproblemen (Autismus) und Verhaltensbeeinträchtigungen,
- Migrationshintergrund und aus
- sozial benachteiligten Familien.

Wir nahmen alle Kinder auf, auch jene, deren Lebenserwartung kurz war. Zwei Kinder starben vor dem zehnten Lebensjahr. Viele Kinder wurden uns von der Kinderklinik, dem Sozial- oder Gesundheitsamt zur Aufnahme empfohlen, da für sie keine andere Betreuung gefunden werden konnte.

Mit diesen Kindern machten wir – Erzieherinnen, therapeutische Fachkräfte, zwei Mütter (die als sogenannte Pflegekräfte tätig waren) und ich – grundlegende Erfahrungen, z. B. beim freien und gelenkten Spielen oder bei rhythmischen und musikalischen Übungen. Etwa die Hälfte der Kinder besuchte später die Grundschule. Zwei schlossen mit dem Fachabitur und einige mit einer beruflichen Qualifikation ab. Andere fanden Aufnahme in der Werkstatt für Behinderte oder in einem Heim.

Wir nahmen vor allem Kinder auf, die in der Regel amtlich als bildungsunfähig festgestellt und mit dem IQ-Etikett *Idiotie* oder *Imbezillität* versehen waren. Was taten wir damals vor über 40 Jahren mit ihnen? Wir hatten ja keine Erfahrungen und kaum pädagogische Fachliteratur. Wir folgten der Montessori-Methode: In abwartender Haltung beobachteten wir die Kinder bei ihren Aktivitäten. Vor allem waren wir bemüht jedes Kind als unverwechselbare Individualität zu sehen und ihm gegenüber eine akzeptierende Haltung einzunehmen, auch wenn das einigen schwer fiel. Das selbst- oder fremdaggressive

---

[1] Diese Kinder werden in Deutschland immer noch mit dem Begriff *geistige Behinderung* etikettiert, obwohl für die Geistes- und Humanwissenschaften der Geist eines Menschen nicht behindert sein kann. Die Österreichische Lebenshilfe schloss sich 2006 dem People First-Vorschlag an und entschied sich für die Wortwahl *Menschen mit Lernschwierigkeiten*.

Kind oder das Kind, das immer wieder mit dem gleichen Gegenstand auf den Tisch klopfte, überforderte sie. Sie wechselten in eine andere Gruppe der Bildungseinrichtung oder die Arbeitsstelle.

Was taten wir weiter? Das übliche zielorientierte Lernen der Gruppe wurde in ein individuelles Lernen gewandelt. Die individualisierten Erziehungspläne, die wir im Team entwickelten, wurden immer mehr dem Bedürfnis und dem Bedarf des einzelnen Kindes angepasst. Und wir bemühten uns, die individuellen Kompetenzen und Ressourcen, aber auch die Einschränkungen und Schwierigkeiten des Kindes nicht aus den Augen zu verlieren. Wir hospitierten auch in allgemeinen Kindergärten und in der Kinderklinik. Wir bildeten uns durch Gespräche mit Ärzten und Therapeuten weiter und versuchten aus eigenen Kräften kompetent zu werden. Hier pflegten wir – wie man heute sagt – inter- und transdisziplinäre Fachgespräche und waren um ein selbst organisiertes Professionswissen in der lernenden Organisation Heilpädagogische Kita bemüht. Wir entwickelten unsere lokale Theorie und waren bei der Theoriebildung bemüht in Begriffen der Nähe und Freundschaft und nicht in Begriffen der Distanz zu denken (vgl. Klein, 2010, S. 79).

Wir richteten auch eine wöchentliche Beratungsstunde ein. Ein Kind, das uns vor eine besondere Aufgabe stellte und schier unlösbare Rätsel aufgab, beobachteten wir Erzieher und Erzieherinnen zusammen mit dem Kinderneurologen, der Sozialarbeiterin, den Therapeutinnen und den Eltern bei seinen Aktivitäten in der Gruppe. Den Beobachtungen folgte anschließend im Beratungszimmer eine orientierende neurologische Untersuchung des Kindes im Beisein der Eltern und aller teilnehmenden Beobachter. Wir pflegten hier in Ansätzen das, was heute unter Supervision, Kooperative und Systemische Beratung oder Kinderkonferenz thematisiert wird.

Diese Erfahrungen und Begegnungen mit den Kindern veränderten uns: Wir versuchten elementar menschlich wahrzunehmen und zu handeln.

Beim Forschungsprojekt, das Wilhelm Pfeffer und Studierende der Universität Würzburg vor dreißig Jahren durchführte, standen am Anfang der Begegnung mit schwerbehinderten Menschen Unsicherheit und Ratlosigkeit, aber auch starke Distanz und Angst. Die gewohnten Reaktionsmuster und Verhaltensweisen der Erzieher, der Studierenden und des Dozenten versagten. Was ist in dieser ausweglos erscheinenden Erziehungssituation zu tun? Sie drohte oft total zusammenzubrechen.

Die Erzieher fingen an Fragen nach dem Menschsein und nach dem Sinn des Lebens zu stellen. Sie suchten nach einem festen Boden. Die Studentin Ursula Schlobach schrieb in ihrer Abschlussarbeit:

Wir lenkten unsere Aufmerksamkeit immer mehr weg von den Schwierigkeiten, die sich durch die Behinderung der Kinder stellten, hin zu unserer eigenen Person, unseren eigenen Hemmungen und Ängsten. So begann ein völlig neuer Prozess: Wir veränderten uns. [...] Die Arbeit [...] hat mir gezeigt, dass Erziehung Arbeit an mir selbst ist, an meinen eigenen Einstellungen zum Behinderten, zu mir selbst, zum Erfolg. [...] Die wunderbaren, längst vergessenen Kleinigkeiten des Lebens bekamen eine neue Bedeutung für uns. Wir begannen plötzlich über Dinge nachzudenken, die vorher von keiner Relevanz für uns gewesen waren; wir wurden sensibler für all die unscheinbaren Empfindungen und Erfahrungen im Alltag [...] Ich bin ein Stück freier geworden, mich in meinem Körper zu bewegen und zu äußern (Schlobach, 1982, S. 37 ff.).

Durch die sich wandelnde Einstellung und Haltung konnten nun die Erzieher mit den Kindern die Beziehung gestalten, ihnen von Mensch zu Mensch begegnen, miteinander und voneinander lernen.

5.2 Erfahrungen im internationalen Zusammenhang

Wissenschaftler und Praktiker aus fünf europäischen Ländern (Deutschland, Frankreich, Portugal, Schweden und Ungarn) haben gemeinsam drei Jahre in einem Projekt die Bedingungen der frühen inklusiven Bildung und Erziehung erforscht. Das Team, das durch Erfahrungen in verschiedenen Kitas der fünf Länder seine Erkenntnisse gewann, kommt zu folgendem Ergebnis:

Gute pädagogische Arbeit in heterogenen Gruppen ist nichts anderes als allgemein gute pädagogische Arbeit, die bei der Bereitstellung von Spiel- und Lernmöglichkeiten oder bei angeleiteten Aktivitäten die Verschiedenheit der Kinder im Blick hat. Dies bedeutet, den Jungen und Mädchen in pädagogisch arrangierten Situationen die Möglichkeit zu geben, individuell auf ihrem Lernniveau, in ihrem Tempo und in ihrem eigenen Stil sich mit der Welt auseinanderzusetzen (Kron/Papke/Windisch, 2010, S. 38).

Damit dies gelingt, brauchen einzelne Kinder, insbesondere jene mit besonderen pädagogischen Bedürfnissen, die Begleitung eines Erwachsenen. Vor allem dann, wenn die Kommunikation zu den Peers erschwert ist, muss die pädagogische Fachkraft tätig werden, um Beziehungen, gemeinsames Spielen, Üben und Lernen zu ermöglichen.

Kinder brauchen den vertrauten sozialen Kontakt in der heterogenen Gruppe, um zu lernen, dass der Partner andere Vorstellungen und andere Wahrnehmungen hat, die Perspektive des anderen einzunehmen und um zu gemeinsamen Vereinbarungen zu kommen.

Es ist eine wesentliche Aufgabe von elementarpädagogischen Fachkräften in heterogenen Gruppen, Kinder bei der Suche nach Anknüpfungspunkten, bei ihren Beziehungen und Kooperationen zu unterstützen, damit sie eine grundlegende Akzeptanz von Verschiedenheit entwickeln können.

Das alles realisiert sich in den konkreten Tätigkeiten der Kinder. Diese Aktivitäten vollziehen sich in der Elementarpädagogik vor allem

- im gemeinsamen freien Spiel der Kinder,
- im pädagogisch angeregten und angeleiteten Spiel,
- im Kreisgespräch,
- im fördernden Dialog zwischen den pädagogischen Fachkräften und den Kindern sowie der Kinder untereinander,
- in Projekten, in denen forschendes Lernen im Mittelpunkt steht,
- in Projekten ästhetischer und musischer Bildung,
- in Festen und Feiern innerhalb der Kindergruppe und über sie hinausgehend. (vgl. Kron/Papke/Windisch, 2010, S. 38 f.).

5.3 Zwischenbilanz

- Wir waren bei unseren ersten Gehversuchen in der Lebenshilfe-Einrichtung in gleicher Weise wie die Forschergruppe in Würzburg sowie die Forscher und Praktiker des internationalen Projekts bemüht, Paul Moors heilpädagogische Grundregel zu beachten: *Wir müssen das Kind verstehen, bevor wir es erziehen.* Daraus ergibt sich in jeder pädagogischen Situation immer wieder von neuem die Frage: Wie kommt die elementarpädagogische Fachkraft dazu, das Kind auch wirklich zu verstehen?
- Wir (und die Projektteams) achteten das einzelne Kind mit Behinderung, das in seiner Gruppe mit anderen Kindern mit und ohne Behinderung zusammen war. Mit einer akzeptierenden und empathischen Grundhaltung wurde versucht, die Ressourcen und Kompetenzen des Kindes zu entdecken, aber auch seine Einschränkungen und Schwierigkeiten zu verstehen.
- Wir (und die Projektteams) versuchten mit einer offenen Fragehaltung gegenüber der inklusiven Wirklichkeit die Bedingungen wahrzunehmen, unter denen die Realisierung der gemeinsamen Erziehung möglich ist. Beobachtungen, Aussagen und Ergebnisse wurden beschrieben und gegenübergestellt, verglichen und gedeutet.
- Wir (und die Projektteams) konnten an dem, was „wirklich ist, erkennen, was möglich ist" (Hentig, 1976, S. 199). Freilich führt dieses Erkennen zu keinen eindeutigen Sicherheiten, Einteilungen und Ordnungen. Das Hinwenden zur Erfahrung ist aber nicht als Rückkehr ins Vorwissenschaftliche zu verstehen, denn Erfahrungserkenntnis soll ja selbst zur Erkenntnis werden.
- Erfahrungserkenntnis gründet auf Erfahrungen, wie Kant in der Einleitung zur *Kritik der reinen Vernunft* vermerkt. Erfahrungen kommen zu Wort und treten aus

dem Sprachspiel ihrer Beschreibungen hervor. Situative und persönliche Elemente werden in Worte gefasst und nicht gleich vergegenständlicht. Vielmehr wird die Erfahrung mit eigenen Worten beschrieben und gedeutet. Hier bleiben die pädagogischen Begriffe auf empirische Situationen bezogen. Diese Erkenntnisart ermöglicht jeder Erzieherin und jedem Erzieher pädagogische Sachverhalte zu verfeinern und sich für das situationsorientierte Handeln zu sensibilisieren.

5.4 Inklusive Praxis als Prozess und Ziel

Die bisherigen Ausführungen machen deutlich: Allein das Bereitstellen eines Kita-Platzes für ein Kind mit Behinderung und der Kontakt eines Kindes mit Behinderung zu Kindern ohne Behinderung in der Gruppe reichen nicht aus (Kreuzer/Ytterhus, 2011). Heute kann das, was wir in der Lebenshilfe zu praktizieren versuchten und die Forschungsteams im Blick hatten, differenziert herausgestellt werden. Dabei orientieren wir uns auch an Ergebnissen der Forschergruppen um Helmut Reiser und Maria Kron (Klein, 2010, Kron, 1988, 2011): Inklusion ist ein Prozess, der sich auf verschiedenen Ebenen vollzieht. Bei diesem Prozess muss die Bereitschaft gegeben sein, die Position des jeweils anderen gelten zu lassen, ohne diese als Abweichung zu verstehen. Bei inklusiven Prozessen greifen vier verschiedene Ebenen ineinander (vgl. auch Albers, 2011, S. 10 f.):

1. *Subjektive oder innerpsychische Ebene:* Reflektieren der eigenen Haltung und Einstellung gegenüber Andersartigkeit.
2. *Interaktionale Ebene*: Herstellen von gemeinsamen Spielsituationen und Handlungen mit Lerngegenständen innerhalb der Gruppe und die Zusammenarbeit im Team mit Erzieherin, Eltern, Therapeutin, anderen Fachkräften und Fachdiensten.
3. *Institutionelle Ebene*: Bereitstellen einer anregenden und motivierenden Lernumgebung in der Kita, Öffnung gegenüber Familien, Stadtteil, und Kommune; Barrierefreiheit.
4. *Gesamtgesellschaftliche Ebene*: Vertreten einer menschengerechten Position gegenüber Diskriminierung, offensive Öffentlichkeitsarbeit.

Studien bestätigen immer wieder pädagogische Wahrnehmungen, dass Kinder den Weg zeigen können, wie Inklusion gelingen kann, sofern ihre natürlichen Lernprozesse nicht behindert, sondern begleitet werden. Kinder nehmen nicht zuerst die Behinderung des anderen Kindes wahr, sondern das Kind als Freund und Partner, mit dem sie spielen und gemeinsam etwas machen können. Bei ihnen können inklusive Prozesse auf den ersten beiden Ebenen wahrgenommen werden:

- Auf der *innerpsychischen Ebene* wird das Kind mit Behinderung von den anderen Kindern in seiner individuellen Eigenart akzeptiert, ohne eigene Vorstellungen und Wünsche verdrängen zu müssen.
- Auf der *interaktionalen Ebene* spielen und handeln die Kinder der inklusiven Gruppe in gleicher Weise wie Kinder einer anderen Gruppe. Die Kinder gehen unbefangener miteinander um, als es die Erwachsenen erwarten. Je jünger die Kinder sind, desto geringer sind ihre Vorurteile gegenüber Behinderten und desto unbefangener gehen sie miteinander um (Klein, 2010, S. 199).

Nach Sigrid Ebert kann als gesichert gelten, dass Kinder mit erhöhtem Förderbedarf bei inklusiven Prozessen in ihrer sprachlichen, kognitiven und Spielentwicklung wie auch bei ihren sozialen Kontakten zu anderen Kindern Potenziale entwickeln, die sich in ihrem Selbstwertgefühl und ihren sozialen Kompetenzen zeigen (Ebert, 2011).

5.5 Inklusion konkret

In der Einladung zur Kooperationsveranstaltung zwischen dem DRK und dem IMEW, die im März 2011 in Berlin zum Thema *Inklusion konkret – Die UN-Behindertenrechtskonvention vor Ort umsetzen* stattfand, heißt es: „Hatte das SGB IX den Perspektivwechsel von der Fürsorge zur Teilhabe befördert, so geht die UN-Behindertenrechtskonvention noch einen Schritt weiter: Behindertenpolitik ist nun eine Politik der Menschenrechte". Die Konvention wird als Ideal gesehen, an dem es sich zu messen gilt.

Bei der Berliner Tagung wirkten in der Arbeitsgruppe 5 *Inklusion von Anfang an* Frau Sigrun Vetter (Leiterin des Kindergartens *Abenteuerland* Jena) und Ferdinand Klein mit. Insbesondere auf die uns gestellte Frage „Wie können Prozesse so gestaltet werden, dass Menschen mit Behinderung von Anfang an dabei sind und einbezogen werden?" gingen die Teilnehmer aus Politik, Verwaltung und Praxis näher ein. Die Gruppe schaute den Film *Gemeinsam im Abenteuerland* an und diskutierte anschließend. Die (unten folgenden) Ergebnisse hat Sigrun Vetter zusammengefasst.

Das *Abenteuerland* wurde vor sechs Jahren in einem rekonstruierten, barrierefreien Gebäude gegründet. Das Menschenbild, das der Konzeption zugrunde liegt, gibt jedem Kind das Recht auf ein Leben in der Kindergemeinschaft. Die Erzieherinnen sehen ihre Aufgabe darin, jedes Kind in seiner individuellen Entwicklung zu begleiten und zu fördern. Das gilt für alle Kinder, gleich welche Begabungen oder Behinderungen sie mit sich bringen. Mit dieser Einstellung betreuen die Erzieherinnen 95 Kinder, von denen 20 Kinder mit einer Behinderung leben. In der Kita Abenteuerland ist Inklusion Realität (Vetter, 2011).

Die Kita wurde 2010 für ihr Engagement mit dem Paul-Lechler-Preis ausgezeichnet.

Der Film *Gemeinsam im Abenteuerland. Integration von Kindern mit und ohne Behinderung neu gelebt* (26 Minuten) entstand 2010/11 im Auftrag der AWO Jena-Weimar Kindertagesstätte *Abenteuerland* Jena. Er ist hervorragend gestaltet und veranschaulicht in lebensnahen und motivierenden Sequenzen wie die inklusive Praxis als Prozess gelebt und gestaltet werden kann. (Bezug des Filmes: Uwe Germar, Brunnengasse 4, 07745 Jena; E-Mail: post@m4medien.eu; www.m4medium.eu)

Bedingungen gelingender Inklusion:

- Kindergärten brauchen eine angemessene personelle Ausstattung, die sie durch einen vertretbaren bürokratischen Aufwand erhalten.
- Der Personalbedarf wird sicherlich nicht höher sein, als er derzeit in sonderpädagogischen Einrichtungen ist. Inklusion jedoch darf auf keinen Fall als personelle Sparmaßnahme gesehen werden.
- Die Qualität der pädagogischen Arbeit hängt maßgeblich von der Haltung des gut ausgebildeten Fachpersonals ab. Haltungen und Einstellungen zu entwickeln ist ein Prozess, der durch gezielte Weiterbildung gefördert wird. Dazu bedarf es Zeit und Geld.
- Die räumlichen und materiellen Bedingungen sind entscheidend, um den individuellen Bedürfnissen der Kinder gerecht werden zu können.
- Das alltägliche, inklusive Arbeiten stellt die Mitarbeiterinnen häufig vor Herausforderungen, aus denen neue Ideen entstehen. Treffen diese Ideen auf offene Ohren, können sich im Alltagsprozess Entwicklungen ergeben, an die heute vielleicht noch keiner denkt. Hier ein Beispiel: Die Erzieherinnen im Abenteuerland beobachteten, dass manche Eltern mit ihrer Aufgabe überfordert sind. Es fehlt die Zeit, teilweise auch die Fachkompetenz, um betroffene Eltern zu begleiten und zu unterstützen. So entstand die Idee, eine mobile Beratungsstelle zu schaffen, die bei Bedarf zum Einsatz kommt und ein Bindeglied zwischen Elternhaus, Kindergarten, Therapeuten und Fachdiensten ist.

Zusammenfassend ist zu sagen, dass es sehr gut möglich ist, den Inklusionsgedanken in die Kindergärten zu tragen und Normalität werden zu lassen. Jede Anstrengung dafür lohnt sich, denn es wird eine Generation heranwachsen, die keine Berührungsängste vor Menschen mit Behinderung hat. Betroffene Kinder profitieren durch die sozialen Kontakte in der Kindergemeinschaft und gehören selbstverständlich von Anfang an dazu. Kinder lernen von klein auf respektvoll und einfühlsam miteinander umzugehen. Sie werden Sozialkompetenzen entwickeln, die unsere Gesellschaft braucht, um das zwischenmenschliche Miteinander würdevoller zu gestalten (Vetter, 2011).

6.
Neue Aufgaben

6.1 Erziehungsdidaktische Aspekte

Die elementarpädagogische Fachkraft kann nicht warten bis die erforderlichen Voraussetzungen für die inklusive Erziehung geschaffen sind. Sie kann vielmehr zeigen, wie inklusive Bildungsarbeit zum Wohle aller Kinder gelingen kann. Dadurch schafft sie aus der Praxis heraus die Bedingungen für die Weiterentwicklung. Versteht die pädagogische Fachkraft, besonders die Kita-Leitung, ihre Professionalität als Bildungsträger für alle Kinder? Ist sie um eine Qualifizierungsinitiative, die einleitend als das zentrale Kennzeichen der pädagogischen Professionalität genannt wurde, bemüht?

Eine Fachkraft, die sich als Bildungsträger für alle Kinder versteht, wird ihre Einrichtung als einen Lebens- und Erfahrungsraum für alle Kinder sehen, institutionelle, organisatorische, pädagogische und didaktische Grundsatzfragen aufwerfen, diskutieren und durch ihr Handeln beantworten.

Die um pädagogische Professionalität bemühte Fachkraft wird sich als Resilientin des Kindes verstehen und ihre Aufmerksamkeit auf die Ressourcen und Stärken des einzelnen Kind richten, ohne dabei die Entwicklungsprobleme zu ignorieren. Vor allem aus amerikanischen Studien geht hervor, dass entwicklungsgefährdete Kinder in Armut und Benachteiligung durch die Förderung im Elementarbereich im späteren Leben eine hohe Motivation und Selbstdisziplin und ein größeres Selbstbewusstsein und Selbstvertrauen zeigten als Kinder, die nicht beziehungsnah und entwicklungsförderlich unterstützt wurden. Ihre Erfolge erklärten sich nicht aus der Höhe des IQ, sondern daraus, dass sie etwas bewirken und aus ihrem Leben machen konnten. Bei den Untersuchungen wurden drei grundlegende Bausteine erkannt, die Resilienz stützen:

- Eine sichere und haltgebende Basis, „in der das Kind ein Gefühl der Zugehörigkeit und Sicherheit erlebt" (Weiß, 2010, S. 23) und ihm ermöglicht, sich aktiv und neugierig mit seiner Umgebung auseinanderzusetzen.
- Eine gute Selbstwertschätzung, die durch Erfahrungen, etwas für sich und für andere tun zu können, gewonnen wurde (Selbstvertrauen durch Kompetenzerfahrung).

- Ein Gefühl der Selbstwirksamkeit: Etwas realitätsbezogen bewirken und dabei die persönlichen Stärken und Grenzen einschätzen können.

Diese drei Bausteine lassen sich aus der Perspektive des resilienten Kindes folgendermaßen umschreiben (vgl. Weiß, 2009, S. 23):
— *Ich-Habe*: ‚Ich habe Menschen, die mich gern haben, und Menschen, die mir helfen.' (Sichere Basis)
— *Ich-Bin*: ‚Ich bin eine liebenswerte Person und respektvoll mir und anderen gegenüber.' (Selbst-Wertschätzung)
— *Ich-Kann*: ‚Ich kann Wege finden, Probleme zu lösen und mich selbst zu steuern.' (Selbst-Wirksamkeit)

Hier machen vor allem emotional gestörte und entwicklungsgefährdete Kinder in Armuts- und Benachteiligungssituationen die Erfahrung, dass sie der Situation nicht ausgeliefert sind, sondern diese selbst gestalten und verändern können. Diese fundamentale Kompetenzerfahrung ermöglicht ihnen, Vertrauen in ihre eigenen Fähigkeiten und Leistungen zu entwickeln.

In der konkreten Praxis wird die elementarpädagogische Fachkraft dem Kind als verlässlicher Partner zeigen, wie es Konflikte aktiv lösen und Probleme bewältigen kann. Sie wird seine Eigenaktivität fördern und ihm das Gefühl geben, selbst wirksam sein zu können und die eigene Kontrolle über seine Entscheidungen zu haben, für die es auch Verantwortung übernehmen kann. Bei diesem individualisierenden pädagogischen Handeln wirkt die Fachkraft als resiliente Person zum einen präventiv (besonders bei emotional gefährdeten und entwicklungsgefährdeten Kindern) und ermöglicht zum anderen jedem Kind mit Behinderung das Erlebnis von Selbstwirksamkeit, von Ich-Kann-Gefühlen. Hier gibt sie durch ihren äußeren Halt den Kindern inneren Halt.

Die pädagogische Praxis bei Kindern mit emotionalen Störungen, mit Bindungs- und Beziehungsproblemen zeigt, was die Kinder in der unmittelbaren Handlungssituation durch die haltgebende Erzieherin brauchen:

- Als Erstes und Wichtigstes brauchen sie einen Menschen, der sie und ihre Probleme „mit dem größten Respekt behandelt". Das lehrt die Heilpädagogik des ehemaligen Leiters des Münchener Waisenhauses Andreas Mehringer und einer seiner Lehrer Bruno Bettelheim (Mehringer, 2008, S.5): Allein durch die Haltung des Respekts und der Achtung des Kindes in seiner Eigenart kann es sich akzeptiert und eingeladen fühlen, Versäumtes nachzuholen, sich selbst zu helfen und seine Entwicklung zu normalisieren.
- Sie brauchen Sicherheit, Bestätigung und Beruhigung. Die Erzieherin soll sensibel für die Bedürfnisse und den Bedarf des Kindes sein. Schon allein durch diese

- Sensibilität und emotionale Bereitschaft verringern sich oft die auslösenden Probleme beim Kind. Es wird ruhiger und konzentrierter.
- Und sie brauchen eine Basissicherheit durch klare Strukturen und eine rhythmische Gestaltung des Tageslaufes. An diesen räumlichen und zeitlichen Strukturen können sich die Kinder orientieren. Sie geben ihnen Halt, bauen ihr Selbstvertrauen und ihre Selbstständigkeit auf.
- Beim Begleiten von Kindern mit Bindungs- und Beziehungsproblemen ist es wichtig, die Balance zu finden, einerseits Sicherheit und eine feste Basis zu bieten und andererseits zu fordern und freizulassen.
- Die Bindungsforschung lehrt, dass Kinder, „die früh die Erfahrung von Kontinuität und Stabilität, emotionaler Wärme und Achtung, Schutz und Sicherheit in den Beziehungen erfahren haben, besser vorbereitet sind, mit krisenhaften Erfahrungen im Leben umgehen zu können" (Tschöpe-Scheffler, 2009, S. 17).

Die um pädagogische Professionalität bemühte Fachperson wird sich um einen bindungsgestalteten Erziehungs-, Bildungs- und Betreuungsraum bemühen, der folgende Grundsätze beachtet:

- Jedes Kind will einen geordneten, verlässlichen und sicheren Erfahrungs-, Erziehungs- und Bildungsraum, in dem es sein Können erproben und üben kann.
- Jedes Kind will sich aus eigener Kraft in den gemeinsam gewählten Tages- und Wochenrhythmus sowie in die gemeinsam verantwortete zeitliche und räumliche Strukturierung einbinden.
- Jedes Kind will klare (soziale) Regeln und Absprachen, es will sich daran beteiligen, sie mitverantworten und sich auch – grundsätzlich – daran halten, sofern sie von allen eingehalten werden.

Diese Grundsätze gehen vor allem auf die Hospitalismus- und Deprivationsforschung zurück und entsprechen den beiden bio-psycho-sozialen Grundbedürfnissen des Kindes nach

- Bindung und Sicherheit, Berechenbarkeit und festen Regeln und
- Autonomie und Eigenaktivität, Abwechslung und neuen Reizen (vgl. Schlack, 2005, S. 42).

Beide Grundbedürfnisse stehen in einer spannungsreichen Wechselwirkung (Klein, 2010, S. 191).

Daraus ergeben sich folgende Leitlinien und Leitfragen für die inklusive Entwicklungsbegleitung:

- Das Bedürfnis des Kindes und seine Entwicklung steht im Zentrum der Erziehungshilfe, nicht seine Behinderung oder Normabweichung.
- Entwicklung wird „durch die innere, zum menschlichen Leben gehörende Entwicklungsdynamik gesteuert" (Haupt, 2006, S. 37) und durch äußere Gegebenheiten (Mit- und Umwelt, sozio-kulturelle Bedingungen) beeinflusst.
- „Orientierung an der aktuellen Befindlichkeit und Situation des Kindes auf dem Hintergrund seiner individuellen Biografie und Lebenserfahrungen" (Haupt, 2006, S. 130).

Die Leitlinien führen zu folgenden Leitfragen:

- Wie kann die Erzieherin wahrnehmen, was das Kind wirklich will und wonach es fragt?
- Welche Entwicklungsimpulse, die eine Unterstützung brauchen, zeigt das Kind?
- Unter welchen Bedingungen kann dem Kind in der Gruppe seine persönliche Entwicklung ermöglicht werden?
- Wie können diese Bedingungen für die Betreuung, Erziehung und Bildung geschaffen werden?
- Wie kann die Zusammenarbeit mit der Mutter und dem Vater des Kindes gepflegt werden?
- Wie ist die Zusammenarbeit mit der therapeutischen Fachkraft und der Assistenzkraft (Pflegekraft) zu gestalten?
- Wie kann die Gruppe die Selbstgestaltungskraft des Kindes unterstützen?

Die folgenden beiden Beispiele zeigen, welche positiven Wirkungen sich für die Gruppe ergeben können, wenn die Fachkraft ihr erzieherisches und didaktisches Bemühen an die Bedürfnisse des Kindes mit Behinderung anpasst.

- Eine Erzieherin schildert ihre Erfahrungen mit einem hörgeschädigten Kind: Nach der Aufnahme des Kindes

haben wir eine Mittagsruhe eingeführt. Für dieses ist eben das Getümmel im Freispiel oft sehr anstrengend, und wir haben gemerkt, dass wir das alle ganz gut gebrauchen können. Nach dem Essen wird ein Schild aufgehängt. Der Turnraum wird dann zum Ruheraum, und man kann sich hinlegen. Einige Kinder schauen dann mal so ein bisschen ins Leere, gerade in der Eingewöhnungsphase oder wenn es ein harter Tag war, nach dem Schwimmen zum Beispiel, dann schlafen viele Kinder auch einfach ein. – Aber trotzdem ist es natürlich ein lautes Geschäft, und die Kinder profitieren von einer Ruhepause. Also das Spiel wird ruhig, und sie sammeln sich und zentrieren sich irgendwie und bleiben bei einer Sache. Auch uns Erwachsenen tut das gut (zit. n. Albers, 2011, S. 67).

◆ Ein Kind mit sogenannter geistiger Behinderung, das die anthroposophische Heilpädagogik mit dem positiven Begriff *Seelenpflegebedürftigkeit* bezeichnet, weil seine Seele und sein emotionales Erleben der aufmerksamen Pflege und Begleitung bedürfen, kann mit den anderen Kindern der Gruppe noch nicht sprachlich kommunizieren. Es wurden alternative Kommunikationswege geschaffen: Kommunikation mit Bildern. Eine Erzieherin schildert:

Im Gruppenraum hängen im Rahmen eines Projekts Fotos von Kindern, die einen bestimmten Ausdruck im Gesicht haben und damit einen Gefühlsausdruck vermitteln. Und neulich war es so, dass Jan in eine Spielsituation von großen Jungs gegangen ist. Der findet es bei den großen Jungs immer großartig, und er ist da so hingesaust, hat auch was kaputt gemacht und wollte ein bestimmtes Männchen haben. Und dann haben sie gesagt: ‚Nein, nicht Jan, das geht nicht, du kannst nicht mitspielen'. Und dann ist er weggestampft und ich bin hingegangen und habe ihn gefragt ‚bist du sauer?' Ich habe auf das Foto von dem Jungen gezeigt, der ärgerlich und wütend guckt. Und dann hat er da so hingeguckt, hat mit dem Kopf geschüttelt und ist dann zu dem Foto von dem Jungen gegangen, der ganz traurig guckte. Das haben die großen Kinder gesehen und gesagt: ‚Komm Jan, komm zu uns!' Und sie haben ihn wieder mit ins Spiel geholt. Er hatte dann eine bestimmte Rolle, er hat das Männchen gekriegt, was ihm ganz wichtig war, und dann haben sie was aufgebaut, was man miteinander machen kann (zit. n. Albers, 2011, S. 74 f.).

6.2 Bildungspartnerschaft zwischen Fachkraft und Familie

Das Bemühen um inklusive Praxis ist mit neuen Aufgabenstellungen verbunden. Es verlangt Grundkenntnisse der Heilpädagogik, viel Vorbereitungs- und Kooperationszeit (Beratung mit Therapeuten, Lernen durch professionelle Akteure aus anderen Bereichen) und es verlangt Formen der stärkeorientierten Beobachtungs- und Dokumentationsverfahren der Bildungsprozesse, Fähigkeiten und Bedürfnisse (Krenz, 2009c), um individuelle Bildungsziele in Abstimmung mit therapeutischen Maßnahmen in den Blick zu nehmen.

Bei diesem individualisierenden Bemühen wird vor allem auch die Familie als wichtigste Sozialisationsinstanz des Kindes neu zu sehen sein, besonders die sozial benachteiligte Familie und die Familie mit Migrationshintergrund. Geht die elementarpädagogische Fachkraft von der Grundannahme aus, dass alle Eltern ihren Kindern die beste Ausbildung geben wollen, dann gewinnt die enge Zusammenarbeit zwischen ihr und den Eltern eine neue Bedeutung. Auch wenn diese Zusammenarbeit bereits integraler Bestandteil der Kita-Arbeit ist, wandelt sich unter den mit der UN-Behindertenrechtskonvention angestoßenen gesellschaftlichen Bedingungen die Aufgabe im Hinblick auf eine Bildungspartnerschaft zwischen der elementarpädagogischen Fachkraft und Familie. Und die Kita kann sich als ein sich entwickelndes Familienzentrum verstehen lernen (Albers, 2011, S. 105).

Da der Einfluss der Familie auf die Entwicklung des Kindes etwa doppelt so hoch wie der Einfluss einer Kita ist, ist die Erziehungs- und Bildungspartnerschaft zwischen Fachkraft und Familie „einer der wichtigsten Standards, an dem sich inklusive Kindertageseinrichtungen messen müssen" (Albers, 2011, S. 116).

Beziehen die Kitas die Eltern als Experten für ihr Kind in die pädagogische Arbeit mit ein, dann ist damit auch ein wichtiger Schritt für den Aufbau sozialer Netzwerke getan. Das Projekt *Koordination Elternbildung* der Stadt Hannover (Landeshauptstadt Hannover, 2010), bei dem vor allem alleinerziehende Eltern und Eltern mit Migrationshintergrund befragt wurden, zeigt das große Interesse an Elternbildungsprogrammen in Fragen der Erziehung und Betreuung der Kinder, besonders bei Verhaltensauffälligkeiten sowie Entwicklungs- und Lernproblemen (Albers, 2011, S. 100).

6.3 Index für Inklusion

Inklusiver werdende Kitas, die sich am Ideal der UN-Behindertenrechtskonvention orientieren und um eine bedarfsgerechte Ausstattung bemühen, entscheiden sich für den Zuwachs an Qualität. Das bestätigen eindrucksvoll Erfahrungen und Untersuchungen. In inklusiver werdenden Kitas ist bei Eltern, elementarpädagogischen Fachkräften und Heilpädagogen eine größere Zufriedenheit als in Kitas, die keine Kinder mit besonderen Bedürfnissen aufnehmen. Zur Überprüfung der inklusiven Qualität der Kita kann der *Index für Inklusion*[1] eingesetzt werden. Er gibt einerseits Hinweise auf den Ist-Stand im Hinblick auf Kommunikation und Umgang miteinander und andererseits gibt er konkrete Praxishilfen für individualisierende pädagogische Prozesse.

Der Index für Inklusion versteht sich als Hilfestellung und Handreichung zur Unterstützung der inklusiven Arbeit in den Einrichtungen. Er kann helfen, den eigenen nächsten Schritt zu finden, um die Partizipation der Kinder an allen Aktivitäten zu erhöhen.

Die Materialien sind so konzipiert, dass sie auf dem Wissen und der Erfahrung der Erzieherinnen aufbauen und die Entwicklung jeder beliebigen Einrichtung anregen

---

[1] Das Buch kann per E-mail an broschueren@gew.de oder per Post bei GEW-Hauptvorstand, Postfach 90 04 09, 60444 Frankfurt a. M. bestellt werden.

und unterstützen, unabhängig davon, wie inklusiv die Einrichtung […] im Moment eingeschätzt wird (Booth/Ainscow/Kingston, 2006, S. 10).

Der Index ist als Hilfsinstrument für das Beobachten in der Erziehungs- und Bildungssituation einzusetzen. Er kann ein lebendiges pädagogisches Geschehen in der heterogenen Gruppe weder kontrollieren noch steuern, denn beim ganzheitlichen Bildungsprozess geht es stets um einen komplexen Austausch des Kindes mit seiner ganz persönlichen Erfahrungswelt.

6.4 Das Verhalten des Kindes beobachten

Das Beobachten des Verhaltens des Kindes ist ein wesentlicher Teil der Bildungsarbeit. Sobald die Erzieherin in der Beziehungssituation handelt, beobachtet sie unwillkürlich das Verhalten (Lern-, Spiel-, Bewegungs- und Sozialverhalten) des Kindes. Ihr pädagogisches Handeln ist mit dem diagnostischen Handeln eng verwoben.

Die Erzieherin wird sich bei allen Kindern, besonders aber bei Kindern mit einem erhöhten Erziehungshilfebedarf, immer wieder fragen:

- Was geht im Kind, in seinem Denken, Fühlen und Wollen wirklich vor sich?
- Was will es mit seinem Verhalten ausdrücken?
- Was will es mir mit diesem Verhalten sagen?
- Welche Botschaft will es mir vermitteln?
- Was bewegt es gerade zu diesem Verhalten?
- Wie kann ich es mit seinen Problemen wirklich erkennen?

Und sie kann im Blick auf die Bildungsbereiche Körper und Bewegung, Kommunikation und Spiel weitere Beobachtungsfragen stellen, die ein Reflektieren und Verbessern der inklusiven Bildung, Erziehung und Betreuung ermöglichen (Klein, 2011):

- Hat das Kind Freude an der Bewegung?
- Woran zeigt es, dass es sich wohlfühlt?
- Mag es sich selbst?
- Welche Vorzüge empfindet es an sich selbst?
- Welche Bedürfnisse nach Beherrschung der Körperfunktionen hat es?
- Welche Ausdrucksformen benutzt es, um seine Gefühle auszudrücken?
- Ist es in seinen Bewegungen sicher oder unsicher?
- Wie bewegt es sich in den einzelnen Räumen?

- Welche Bewegungsformen bevorzugt es?
- Wie reagiert es mit seinen Bewegungen auf Rhythmen und Musik?
- Wie reagiert es auf Klänge, Töne und Geräusche?
- Wie findet es eine Balance zwischen Bewegung und Ruhe?
- Wie ist sein Essverhalten?
- Wie äußert es seine Bedürfnisse nach Essen und Trinken?
- Welche Rituale pflegt es beim Einschlafen in der Kita und zu Hause?
- Welche Vorstellungen von den eigenen körperlichen Stärken und Schwächen hat es?
- Wie geht es damit um?
- Ergreift es sprachlich die Initiative?
- Über welche Wörter verfügt es?
- Wie bezieht es sich auf Kommunikationspartner?
- Welches Interesse zeigt es an Reimen, Sprachspielen, Liedern und Rhythmen?
- Beteiligt es sich aktiv daran (vgl. auch Ministerium für Gesundheit und Soziales des Landes Sachsen-Anhalt 2004, S. 46f. und S. 54)?

6.5 Leitbild einer menschengerechten Kommune

Die inklusiver werdende Kita bedarf neben einem langen Atem viele kompetente Partner auf allen Ebenen des Systems der Kita-Erziehung. Es geht um einen langfristigen Prozess der persönlichen Qualifizierung und sozialen Umstrukturierung der lernenden Organisation Kita, bei dem die professionelle Öffentlichkeitsarbeit in Kindertagesstätten (Krenz, 2009b) eine wichtige Rolle spielt. Die Kita kann ihren Beitrag zum Leitbild einer menschengerechten Kommune leisten, das Katrin Grüber, Leiterin des IMEW (Institut Mensch, Ethik und Wissenschaft, Warschauer Straße 58 A, 10243 Berlin) folgendermaßen beschreibt (vgl. Grüber, 2010, S. 47–49):

Die Idee einer menschengerechten Stadt ist im Rahmen von Überlegungen entstanden, wie Städte gestaltet und umgebaut werden können, um ökologischen Problemen und den Auswirkungen einer mangelhaften bzw. fehlenden Infrastruktur zu begegnen. Ziel war es, die Lebenssituation in Städten zu verbessern. Das Verkehrsaufkommen zu reduzieren und ‚autofreie' Innenstädte zu schaffen, war aber nicht nur ein umweltpolitisches, sondern auch ein familienorientiertes Anliegen. Das Gefühl Gemeinschaft zu erleben, stellt ein wichtiges Kriterium für eine menschengerechte Stadt dar.

Vielleicht ist es heute an der Zeit, den Begriff ‚menschengerechte Stadt' neu als Leitbild zu beleben, als Oberbegriff für eine demenz-, alters- und familiengerechte oder barrierefreie Stadt. Sie bedeutet, dass die Verschiedenheit der Bewohner und

Bewohnerinnen in den Mittelpunkt des Handelns gestellt und ihre verschiedenen Bedürfnisse ernst genommen werden, wo es heißt: eine Gemeinde für alle.

Was Gronemeyer und Rothe z. B. für Menschen mit Demenz gesagt haben – die Kommune solle ein Gemeinwesen sein, in dem es sich für Menschen mit Demenz und ihre Familien gut leben lässt und in dem Teilhabe gelebte Wirklichkeit ist – lässt sich übertragen: Demnach soll eine Kommune ein Ort sein, in der es sich für alle Menschen, ob mit oder ohne Behinderung, gut leben lässt und in dem Teilhabe gelebte Wirklichkeit ist. Deshalb gehören Überlegungen zur Beseitigung von Ungleichverhältnissen in den Mainstream – in den Kern von Verwaltungshandeln.

Interessenvertretungen spezifischer gesellschaftlicher Gruppen – wie die Behindertenbeauftragten, der Behindertenbeirat und der Seniorenbeirat einer Stadt, ebenso wie die Behindertenorganisationen und andere Verbände oder Organisationen – werden selbstverständlich bei Gestaltungs- und Planungsprozessen einbezogen, von Anfang an, um ihre Kompetenz für die Kommune und auch die Sozialgemeinschaft als Ganze zu nutzen. Im gesamten Rahmen wird die Perspektive von Menschen mit Behinderung berücksichtigt. Disability Mainstreaming ist kein Fremdwort mehr und ist Alltag.

In einer solchen Stadt steht Barrierefreiheit für ein gesellschaftliches Qualitätsmerkmal: ‚Barrierefreiheit ist nicht nur bei Gebäuden und Verkehrsmitteln, sondern auch im Bildungswesen, in der Kultur, im Bereich von Information und Medien oder in der Freizeit nutzt nicht nur behinderten, sondern allen Menschen und entwickelt sich zu einem gesellschaftlichen Qualitätsmerkmal'(Marquardt, 2007).

In einer solchen Stadt wird das bürgerschaftliche Engagement unterschiedlicher kommunaler Akteure gefördert: Kirchengemeinden, Sportvereine, Musikschulen, Volkshochschulen, alle Berufstätigen, die sich im Rahmen ihrer beruflichen Tätigkeit engagieren, sowie alle Bürgerinnen und Bürger, die sich als behinderte oder nicht behinderte Privatpersonen oder qua Verbands- oder Organisationsarbeit einbringen. Denn Kommunen sind die Orte, an denen die Begegnungen zwischen Menschen mit und ohne Behinderung stattfindet – oder nicht stattfindet. Es ist die Verantwortung aller, unabhängig von gesetzlichen Verpflichtungen, einen Beitrag dafür zu leisten.

Bereits vor Inkrafttreten der UN-Konvention gab es viele gute Ansätze, die unterschiedlichen Barrieren abzubauen und die Gleichstellung von Menschen mit Behinderung zu verwirklichen. Wenn die bestehenden Gesetze konsequent umgesetzt würden, wäre die Situation deutlich besser, als sie es jetzt ist. Die UN-Konvention kann als Folie dafür dienen, gesetzliche Lücken zu erkennen und zu schließen. Vor allem aber kann sie bereits heute kommunales Handeln positiv beeinflussen.

7.
Inklusive Praxisanforderungen und -hinweise

Platon, der bekannte griechische Philosoph (geb. 427 v.Chr. in Athen und gestorben 347 v.Chr. in Athen), dem die Pflege der Wissenschaft im weitesten Sinne am Herzen lag und dem es auch um eine Reform des politischen Denkens ging, klagte schon vor fast 2500 Jahre in einer seiner reichhaltigen Schriften über den Werteverfall bei der Jugend. Wenn man seine Ausführungen dazu liest, könne man annehmen, seine Texte seien in der heutigen Zeit geschrieben worden:

Wenn sich Väter daran gewöhnen, ihre Kinder einfach gewähren und laufen zu lassen, wie sie wollen, und sich vor ihren erwachsenen Kindern geradezu fürchten, ein Wort zu reden; oder wenn Söhne schon sein wollen wie die Väter, also ihre Eltern weder scheuen noch sich um ihre Worte kümmern, sich nichts mehr sagen lassen wollen, um ja recht erwachsen und selbstständig zu erscheinen, dann zerfällt die Demokratie. Und auch die Lehrer zittern bei solchen Verhältnissen vor ihren Schülern und schmeicheln ihnen lieber, statt sie sicher und mit starker Hand auf einen geraden Weg zu führen, sodass die Schüler sich nichts mehr aus solchen Lehrern machen. Sie werden aufsässig und können es nicht mehr ertragen, wenn man nur ein klein wenig Unterordnung von ihnen verlangt. Am Ende verachten sie dann die Gesetze auch, weil sie niemand und nichts als Herr über sich anerkennen wollen. Und das ist der schöne, jugendfrohe Anfang der Tyrannei.

Unabhängig davon, inwieweit man selbst jeder dieser Ausführungen zustimmen mag oder nicht, geht es zunächst nur darum zu erkennen, dass *Werte, Wertbetrachtungen* und *Wertediskussionen* schon vor langer Zeit für Gesprächsstoff gesorgt haben. Dieses auch heutzutage sehr aktuelle Thema gab stets – durch alle Jahrhunderte hindurch – Anlass zur Besorgnis, kritischen Betrachtung und zur Suche nach Standortbestimmungen. Das darf auch bei der Betrachtung einer inklusiven und bindungsgeprägten Elementarpädagogik nicht ausgeschlossen werden.
Monhandas Karamchand, genannt Mahatma Gandhi, ein indischer Staatsmann und Reformator (geb. am 02.10.1869 in Porbandar, ermordet am 30.01.1948 in Neu-Delhi), der sich für eine Milderung der Kastenunterschiede und Überwindung des Gegensatzes zwischen Hindus und Moslems einsetzte,

sah die *kommenden modernen sozialen Sünden der Menschheit* in folgenden Merkmalen:

- Politik ohne Prinzipien,
- Geschäft ohne Moral,
- Reichtum ohne Arbeit,
- Erziehung ohne Charakter,
- Wissenschaft ohne Menschlichkeit und
- Genuss ohne Gewissen.

7.1 Wertearten und Wertewandel

In vielen Wörtern unserer Sprache kommt das Wort *Wert* vor. So *verwerten* wir unterschiedliche Informationen, sehen bestimmte Dinge als *wertlos* oder *wertvoll* an, *bewerten* Ereignisse um uns herum, betrachten *wertbeständige* Güter entweder als besonders gut oder lehnen sie aufgrund eines persönlichen *Werturteils* ab, nehmen nach einer erfolgten Arbeit eine mehr oder weniger intensive *Auswertung* vor, investieren in bestimmte *Wertanlagen* oder ernähren uns mit *Vollwertkost*. Diese kleine Aufzählung von *Wertbegriffen* macht deutlich, wie tief das Wort *Wert* in unserem Sprachgebrauch verwurzelt ist.

Werte können als persönliche Einstellungen, Grundsätze des Lebens, Weltbilder oder verinnerlichte Wahrheiten bezeichnet werden (im Unterschied zum Wissen), die unsere Art des Fühlens, Denkens und Handelns beeinflussen. In der aktuellen Diskussion werden dabei vor allem *vier Wertearten* unterschieden: religiöse, ethische, künstlerische und wissenschaftliche Werte.

Religiöse Werte können sich beispielsweise darin zeigen, wenn Menschen ein ausgeprägtes Gerechtigkeitsempfinden besitzen, Schuld vergeben können, Hilfsbereitschaft zeigen, die Gleichheit aller Menschen bejahen, materielle oder ideelle Dinge hilfsbedürftigen Menschen zur Verfügung stellen oder Dankbarkeit zeigen sowie Ehrlichkeit zum Ausdruck bringen.

Sittliche Werte haben damit etwas zu tun, Freundlichkeit, Wertschätzung und Offenheit anderen Menschen entgegenzubringen, anderen zu vertrauen, auf Gewalt zu verzichten, zuverlässig zu sein, Höflichkeit an den Tag zu legen, pünktlich zu sein, gepflegte Diskussionen zu führen und Gradlinigkeit im Verhalten auszudrücken.

Künstlerische Werte zeigen sich im Interesse an der Vielfalt der Musik, an einer sorgsamen Sprachpflege, einem reichen Wortschatz und einem konstruktiven Konfliktlöseverhalten, einer wertschätzenden Gesprächsführung, im Interesse an Museen und Kulturdenkmälern, der deutschen und internationalen Geschichte, der Freude an der Beschäftigung mit unterschiedlicher Literatur sowie im regelmäßigen Lesen, um sich persönlich und fachlich gut/aktuell/umfassend zu informieren und selbstinitiativ fortzubilden.

Wissenschaftliche Werte beziehen sich darauf, immer wieder neugierig zu sein, Wahrnehmungsoffenheit für unbekannte Dinge und Ereignisse zu besitzen, neue Problemlösestrategien bei bisher unlösbaren Schwierigkeiten zu suchen und diese auszuprobieren, Hintergründe für Probleme zu suchen und Ursachen zu erkennen, allgemeine und besondere Gegebenheiten zu hinterfragen, Anstrengungsbereitschaft beim Verfolgen von Zielen aufzubringen, Unbekannte Dinge zu erforschen und Wagnisse einzugehen, um selbst immer wieder aufs Neue Forscher und Entdecker zu sein.

> **Werte sind damit grundlegende Elemente, die das eigene Verhalten (in den allermeisten Fällen unterbewusst) steuern und zur Art und Weise der eigenen Lebensgestaltung/Lebensführung beitragen.**

Insofern sind sie für eine verantwortungsvolle/verantwortungslose bzw. konstruktive oder destruktive, entwicklungsförderliche bzw. entwicklungshinderliche Gestaltung der eigenen Lebensart/-zeit und für ein Zusammenleben mit anderen Menschen von tragender Bedeutung (vgl. Beil, 1998). Je nachdem, welchen Werten der Mensch eine entsprechende Bedeutung beimisst oder mit Nichtachtung/Ablehnung entgegentritt, wird er als Akteur seines Lebens in entscheidender Art und Weise dazu beitragen, wie seine Lebenszeit verläuft (vgl. Frick, 2005).

Wir Menschen brauchen entwicklungsförderliche Werte und Werteübereinstimmungen, um eine glückliche Beziehung zu uns selbst herzustellen und kommunikationsfreundlich mit anderen Menschen umgehen zu können, an einer menschlich geprägten Welt mitzuarbeiten, die Natur wertzuschätzen und ökologisch verantwortungsbewusst zu handeln. Dabei treten diese – und andere – wertegeprägten Einstellungen und Handlungsweisen nicht von allein in entsprechender Form auf – sie sind vielmehr das Ergebnis einer langen Entwicklung (vgl. Franz, 2010; Standop, 2005).

Die Frage, warum das *Bildungsgut Werte* immer stärker an Wert verloren hat, muss sicherlich vielschichtig betrachtet werden. Zum einen kommt bei vielen Menschen eine zunehmende Entmoralisierung von Werten zum Vorschein (z. B. durch eine immer stärker ausgeprägte Delegation von Verantwortung an gesellschaftliche Bedingungen oder aktuelle Verhältnisse; Schuldzuschreibungen an persönliche Lebensbedingungen oder andere Personen, persönliche Spaßorientierung als Leitmotiv für eigenes Handeln (vgl. Wunsch, 2003).

Zum anderen nimmt die ungebremste Methodengläubigkeit – sowohl bei Eltern als auch unter professionellen pädagogischen und therapeutischen Fachkräften – stark zu anstatt das normale Alltagsgeschehen mit seinen vielfältigen, sinnverbundenen und selbstbezogenen Lernmöglichkeiten für Werte zu entdecken (vgl. von Hentig, 1999). Zudem tragen persönliche Belastungen und ungelöste Konflikte dazu bei, dass bedeutsame, kommunikationsförderliche Werte immer weniger das Alltagsgeschehen prägen (vgl. Krause/Lorenz, 2009). Kurzum: Persönliche Irritationen und eine Orientierungsleere führen einerseits zu eigenen Werteverlusten und können somit andererseits auch nicht dazu beitragen, das Bildungsgut Werte für Kinder erfahrbar werden zu lassen.

Viele persönlich geprägte Überzeugungen, die für Erwachsene als richtig oder falsch, gut oder böse, angemessen oder unangemessen galten bzw. gelten, scheinen heute für die nachwachsende Generation keine Gültigkeit mehr zu besitzen (vgl. Altmann, 2010). So ist es nicht verwunderlich, dass bei einer groß angelegten Umfrage der Zeitschrift FOCUS auf die Frage, welche Tugenden für Deutschland in Zukunft von großer Bedeutung seien, 92 % der über 1000 befragten Erwachsenen mit den Begriffen *Verantwortungs- und Pflichtbewusstsein* antworteten, 91 % *Zuverlässigkeit* angaben, 88 % *Ehrlichkeit* in den Vordergrund stellten, 87 % *Pünktlichkeit* und *Fleiß* erwähnten, 83 % *Gründlichkeit* nannten, 79 % *Ordnungssinn* und *Sauberkeit* erwähnten und 76 % *Ehrgeiz* als zentrale Tugend ins Gespräch brachten (Ergebnis einer repräsentativen Umfrage für FOCUS, wobei Mehrfachnennungen möglich waren).

Werte sind immer wieder einem heimlichen oder offenkundigem Wandel unterworfen. Überall dort, wo unterschiedliche Kulturen mit unterschiedlichen, teilweise gegensätzlich geprägten Wertvorstellungen in einer offenen Gesellschaft zusammentreffen, wo in einer zunehmend medienwirksamen und finanzgeprägten Welt das individuelle Bedürfnis der Menschen nach persönlicher Selbstentfaltung immer stärker ausgeprägt ist, wo Individualismus zum höchsten Kulturprinzip von unterschiedlichen Seiten propagiert wird, dort wird es zunächst zwangsläufig zu einer Werteirritation kommen (müssen) (Gensicke, 1994).

Sprach man (aus soziologischer Sicht betrachtet) noch Anfang der 1950er Jahre von einer eher *geschlossenen* Gesellschaft, in der sogenannte *Pflicht- und Akzeptanzwerte* (beispielsweise Selbstdisziplin bei einer Aufgabenerledigung, Zurückhaltung gegenüber Vorgesetzten oder Bereitschaft zur Unter- bzw. Einordnung in einer Gruppe, Gehorsam gegenüber Autoritätspersonen, Pflichtbewusstsein, Bescheidenheit bei einer vorhandenen Möglichkeit, egoistisch geprägte Vorstellungen umzusetzen, bedingungslose Opferbereitschaft, Selbstlosigkeit und Sparsamkeit …) im Vordergrund standen, so rückt in unserer heutigen Gesellschaft und der heutigen Zeit immer stärker das Wort der *Selbstentfaltungswerte* und des *Spaßfaktors* in den Vordergrund (vgl. Begmann,

2007). Soziologisch betrachtet kann davon ausgegangen werden, dass nach dem zweiten Weltkrieg und der danach schweren Aufbauzeit die Menschen einen neuen Freiheitsspielraum erleben wollten – ähnliches kann auch für die Zeit nach dem Mauerfall für die Bürgerinnen und Bürger der neuen Bundesländer angenommen werden, zumal es tatsächlich entscheidende Lebensveränderungen gab:

- Bescheidenheit (als Konsument) entwickelte sich zu einer scheinbar immer überflüssigeren Tugend; stattdessen gilt es, Konsum- und Freizeitwünsche möglichst zeitnah umzusetzen.
- Sparsamkeit war aufgrund der verbesserten finanziellen Möglichkeiten vieler Arbeitnehmer immer weniger nötig, auch wenn wiederum aufgrund weltwirtschaftlicher Schwierigkeiten oder persönlicher finanzieller Engpässe eine Zurückhaltung nötig gewesen wäre. Doch dafür gab/gibt es die schnelle und einfache Möglichkeit, sich über Kreditvergaben Wünsche zu erfüllen. Nicht selten ungeachtet der Tatsache, dass damit die finanzielle Not noch größer wurde.
- Berufs- und Lebensrisiken wurden in zunehmender Weise von dem Wohlfahrtsstaat Deutschland gemildert bzw. minimiert, sodass in manchen (vielen?) Fällen von einem viel zu engmaschigen Auffangnetz gesprochen wurde.
- Die Vielfalt der Medien und ihrer Nutzungsmöglichkeiten (TV, Internet …) eröffneten immer neue *Erfahrungsräume*, die keine Wünsche offen ließen/lassen.
- Neue Lebens- und Ausdrucksformen in der eigenen Lebensgestaltung halfen/helfen dabei, ein subjektiv eng erlebtes Normgefängnis zu verlassen und eigenen Gestaltungsvorstellungen nachzugehen.
- Über einige Jahrhunderte feststehende Rollenbilder und -vorstellungen in der Ehe begannen sich aufzulösen und zu verändern.
- Das klassische Naturgesetz einer zwangsläufigen Familiengründung der jeweils nächsten Generationen wurde als aufgehoben betrachtet, nicht selten, um nur den eigenen selbstbezogenen Lebensentwürfen nachgehen zu können.
- Kinderbetreuung wurde/wird aufgrund persönlicher und/oder beruflicher/finanzieller Notwendigkeiten an Tagesmütter/Kindertageseinrichtungen/Ganztagsbetreuungen aus dem Elternhaus delegiert, sodass auf viele Kinder entsprechende Bindungsbrüche zugekommen sind.

Werte unterzogen sich damit (gewünscht und ungewollt) einer zunehmenden Auflösung/Liberalisierung und die Lebensform vieler Erwachsener entwickelte sich in Richtung einer Singularisierung (vgl. Hahne, 2006).

Bei aller Veränderung einer Gesellschaft und einer damit veränderten Wertewelt kommt es in der Diskussion um einen Wertewandel immer wieder zu der Frage, ob es sich im Allgemeinen um einen Werteverlust, einen Werteverfall oder einen Wertewandel handelt.

Unbestritten geht es sicherlich zunächst um einen Wertewandel, der zu einer zunehmenden Individualisierung von Menschen beigetragen hat. Gleichzeitig haben sich die persönlichen und beruflichen Lebensbedingungen der meisten Menschen in Deutschland in der Hinsicht geändert, dass von ihnen in einem immer stärkerem Maße persönliche Entscheidungen abverlangt werden, zumal Gewohnheiten und Traditionen in einer immer schneller sich verändernden und mit Neuerungen ausgestatteten Welt nicht mehr in dem Maße wie früher gefragt sind (vgl. Pöppel, 1999; Pighin, 2005). Dort, wo traditionelle Normen in den Hintergrund rücken (müssen?), ist die private Person umso mehr gefordert, persönlich geprägte Entscheidungen zu treffen und individuell Stellung zu beziehen. Wenn das Lebens- und Erziehungsleitbild vieler Erwachsener unter dem Motto *Selbstständigkeit und freier Wille* steht, dann hat es auch mit einer sich immer schneller entwickelnden Gesellschaft zu tun. Insofern ist der Begriff *Wertewandel* zunächst am deutlichsten! Doch dabei offenbart sich schnell eine logische Forderung:

> Dort, wo beispielsweise eine sogenannte *Einfügungsdisziplin* abgelehnt wird, ist es notwendig, dass Menschen im Sinne einer verantwortlichen Lebensführung stattdessen eine *Selbstdisziplin* an den Tag legen, die persönlichkeitsfördernd und sozial verträglich ist. Wo *Fremdbestimmung* abgelehnt wird, ist eine *Selbstverantwortung* notwendig und wo *Leistungskontrolle* negativ bewertet wird, versteht es sich von selbst, dass eine eigene *Anstrengungsbereitschaft* erwartet werden kann.

Werte tragen ganz entscheidend zur kulturellen Gestaltung unseres Lebens bei (vgl. Stöcklin-Meiner, 2003). Sie sind keinem Menschen angeboren noch entstehen sie von allein. Dabei sollte eines im Bewusstsein der Menschen und für den Umgang mit Kindern aktuell bleiben: Werte können nicht *anerzogen* oder durch *Belehrungen* weitergegeben werden, weil Lebensphilosophien und Sichtweisen nur durch eine wertschätzend erlebte Umgangs- und Konfliktkultur, ethisch geprägte und ästhetisch ansprechende Sprach-, Ess- und Raumkultur entstehen! Werte entstehen durch ein lebendiges, identisches Kulturerleben (vgl. Stein, 2008; Ferro/Jeammet, 2001). Kinder lernen Tag für Tag durch Erfahrungen, Erlebnisse und Eindrücke (keine) Werte kennen und übernehmen sie – sofern vorhanden – aus ihrem erfahrbaren Umfeld. Werte, die damit entwicklungsförderlich für Kinder sind, wollen daher in den ungezählten Alltagssituationen im Elternhaus, in der Krippe und in Tageseinrichtungen, in der Schule und im Hort sowie in Straßensituationen direkt erfahren werden. Und dazu brauchen sie ein *wertegeprägtes Umfeld*, das sie nur durch uns Erwachsene kennenlernen können (vgl. Friedrich, 2003; Dreikurs et al, 2004).

Wenn sich Kinder heute in ihrer Lebenszeit immer stärker zerrissen fühlen, weil Pädagogik in zunehmendem Maße auf Ziele der Zukunft ausgerichtet ist, Kinder sich in ihren Lebensräumen immer weiter eingeschränkt fühlen, weil die Welt für sie immer weniger Platz zur Verfügung stellt, und Kinder sich in ihrem Leben entweder zunehmend allein gelassen oder völlig bevormundet fühlen, dann müssen elementarpädagogische Fachkräfte die Tageseinrichtung zu einem Ort gestalten, in dem Kinder grundlegende, basale Werterfahrungen machen können, beispielsweise auch durch sinngebende Rituale (vgl. Biermann, 2003). Diese Werte müssen dann darauf ausgerichtet sein, dass Kinder:

- Geborgenheit, Sicherheit und Verlässlichkeit finden, Vertrauen erleben und Zutrauen im Umgang mit sich selbst aufbauen können;
- in den Beziehungen mit den elementarpädagogischen Fachkräften Zufriedenheit spüren, um sich ohne Angst oder Druck, Zurückhaltung und Resignation zu entwickeln;
- in den Persönlichkeiten der Erwachsenen Vorbilder erleben, die beispielsweise nur das von ihnen erwarten, was sie selbst auch zu tun bereit sind, die an aktiver und konstruktiver Kommunikation Interesse zeigen und Probleme partnerschaftlich/partizipatorisch ansprechen, Lösungswege abwägen und schließlich gefundene Lösungen konsequent umzusetzen versuchen;
- deutlich spüren, wie ihnen von Seiten der Erwachsenen Wertschätzung, Achtung, Zuwendung und Respekt entgegengebracht werden, zumal diese Verhaltensmerkmale die Basis für ein Selbstwertgefühl und eine Selbstachtung bilden;
- die elementarpädagogischen Fachkräfte erleben, die ihnen jeweils angemessene Zeiten zur Verfügung stellen, um sich in Ruhe und mit Ausdauer den aktuellen Vorhaben und Projekten zu widmen;
- sich als Subjekt ihrer Entwicklung begreifen können und nicht den möglichen Erfahrungen ausgesetzt sind, Objekt oder Zieldefinition von Erwachsenen zu sein;
- Neugierde ausleben können auf der Suche nach sich selbst, auf der Suche nach Antworten für ihr Leben und auf der Suche nach Sinnzusammenhängen zwischen eigenen Bedürfnissen und den Möglichkeiten bzw. Grenzen, die ihnen die Umwelt aufzeigt;
- vielfältige und sehr unterschiedliche Erfahrungen machen können, weil sie einerseits ihre Welt begreifen wollen und müssen, andererseits die Selbstständigkeit nur dann auf- und ausgebaut werden kann, wenn sich Kinder in Handlungsaktivitäten selbst erfahren und beispielsweise aus Fehlern am besten lernen dürfen.

Ohne Zweifel war und ist es in Vergangenheit, Gegenwart und Zukunft für die Elementarpädagogik als einer eigenständigen Fachdisziplin wichtig, spezifische Qualitätsmerkmale zu erarbeiten, damit Ziele erreichbar, realistisch und überprüfbar werden. Vor über fünfzig Jahren stellte schon der Pädagoge Bollnow fest, dass eine allgemeine Müdigkeit das erzieherische Denken in Deutschland befallen habe, dass es träge geworden sei, sich ohne irgendwelche nennenswerten neuen Impulse dahinschleppe und letztlich keinen Beweis für eine Effektivität erbringe.

Doch gerade in der unmittelbar zurückliegenden Zeit wurden die Forderungen aufgestellt, dass auch die Elementarpädagogik Qualitätskriterien beachtet, sich in eine Qualitätsentwicklung begibt und daher sogenannte Qualitätsstandards zu erfüllen versuchen müsse. Eine solche Qualitätsdiskussion ist notwendiger denn je, um eine professionelle Arbeit zu gewährleisten und zu dokumentieren. Erstens gerät sie dadurch aus der Grauzone der Beliebigkeit, in der einzelne Menschen persönliche Schwerpunkte setzen und vielleicht darauf aus sind, den Tag ohne große Anstrengungen hinter sich zu bringen. Zweitens muss es Kriterien geben, die Einrichtungen und deren Tätigkeit vergleichbar werden lassen. Das hat zur Folge, dass zwischen unterschiedlich geführten Institutionen und auf unterschiedlichen Ebenen ein inhaltlich-sachlicher Dialog geführt wird und persönliche, individualistisch-geprägte Kriterien an Wert verlieren. Drittens werden Forderungen sichtbar, die im Sinne einer hochwertigen Arbeit berechtigt sind, sodass sich die Verantwortlichen in der Elementarpädagogik darum kümmern müssen, diese Qualitätsmerkmale durch bestimmte Maßnahmen erreichbar werden zu lassen. Und viertens können Qualitätsstandards dazu beitragen, den einzelnen Einrichtungen – und damit den Mitarbeiterinnen und Verantwortlichen – einen größeren Handlungsspielraum zu geben. Auf dieser Grundlage wurden bzw. werden unterschiedliche Dimensionen und Merkmale von qualitätsgeprägten Bedeutungen ins Feld geführt und diskutiert. Erinnert sei an dieser Stelle an Begriffe wie Trägerqualität, Einrichtungsqualität, Raumqualität, Kosten-Nutzen-Qualität, Personal-/Mitarbeiterinnenqualität, Arbeits- und Tätigkeitsqualität, Qualitätsmaximierung sowie qualitative Grundorientierungen. Nur in einer qualitätsgeprägten Einrichtung können sich Kompetenzen und Professionalität entwickeln, die für eine inklusive Pädagogik unverzichtbar sind.

Doch besteht bei einer solchen Diskussion auch die Gefahr, dass pädagogische Werte sehr stark funktionalisiert werden, wenn beispielsweise ein freundlicher Umgang miteinander durch das Wort *Kundenorientierung* ersetzt wird, wenn statt *Beachtung der Lebenswelt der Kinder und ihrer Eltern* von *Kontextorientierung* gesprochen wird oder wenn statt *Bedürfnisbeachtung* von einem *bedarfsgerechten Leistungsangebot auf der Grundlage konkreter, empirischer Bedarfsermittlung* die Rede ist. So gut, wichtig, notwendig und richtig solche Aussagen vom Grundsatz her betrachtet sind, so sehr entsprechen sie dennoch einer sprachlichen Welt, die Humanität zum unerwünschten Begriff erklärt, weil eine technologische Formulierung keinen Beziehungswert in sich trägt und von der Wortbedeutung her betrachtet auch nicht in sich tragen kann. Werte sind immer mit humanen Qualitäten verbunden. Denken wir allein an Begriffe wie Wertschätzung, Achtung, Respekt oder Liebe. Ganz anders wirken dann Begriffe des modernen Managements auf uns: Statt einer sorgsamen Reflexion der Arbeit steht nun ein *Benchmarking* an, statt einer hilfreichen Überprüfung der bisherigen Ziele und eingeschlagenen Wege kommt es zu einem Controlling, statt engagierter Auseinandersetzungen über die Folgen bestimmter Projekte werden *Effekte* überprüft, und statt der beziehungsorientierten Arbeit mit Kindern, Kolleginnen und Eltern wird von einer *Dienstleistung zum Zwecke einer Bedarfsbeachtung und Bedürfnisbefriedigung* gesprochen. Eltern und die Öffentlichkeit sind *Kunden* und Kinder werden schon als *Rohstoff* bzw. *Humankapital* bezeichnet. Statt des Bildungsbegriffes fallen Worte wie *Investition* und Bildungsmöglichkeiten erscheinen in Vorträgen und pädagogischen Aufsätzen als *Investitionsangebote*. Eine nachhaltige Bildungsarbeit *wirft für die Gesellschaft eine spätere, gute Rendite* ab und hilfreiche Fähigkeiten im Umgang mit Menschen werden nun in einem *Steuerungsmodell* definiert. Soziale Tätigkeiten gelten als *Produkte* und kinder- bzw. mitarbeiterinnenfreundliche Bedingungen finden sich als eine *basal bedeutende Strukturqualität* wieder. Schließlich gelten Beziehungen mit Kindern als *pädagogische Verhältnisse*. Um es an dieser Stelle ganz deutlich zum Ausdruck zu bringen: Der Gebrauch dieser funktionalen Begriffe trägt dazu bei, dass beziehungsorientierte Bindungen damit nicht nur an Wert verlieren, sondern auf einem Nullpunkt angelangt sind. Für eine inklusive und bindungsnahe Pädagogik sind solche Beziehungen Gift.

Entwicklungsförderliche Werte in der Elementarpädagogik drücken in starkem Maße bestimmte humane Qualitäten aus, die vor allem von den elementarpädagogischen Fachkräften gezeigt werden sollten, um der unmittelbaren Kinderwelt und der globalen Welt erneut Impulse für mehr Menschlichkeit zu geben. Das ist insofern besonders angezeigt, als die Welt, in der wir leben, von Tag zu Tag technisierter und mittelbarer in den Beziehungen wird. Das Internet lässt persönliche Beziehungen überflüssig werden, mit den E-Mails gehören persönliche, handgeschriebene Briefe der Vergangenheit an, und mit dem Handy werden Erreichbarkeiten zur sekündlichen Realität, die zudem persönliche Diskussionen – Auge in Auge – ersetzen. Es geht bei diesen Ausführungen sicherlich nicht um eine allgemeine oder gar plakative Medienfeindlichkeit. Vielmehr ist es Absicht, auf notwendige Folgen einer zunehmenden Technisierung und dem damit gleichzeitig automatisch verbundenen Merkmal einer Entmenschlichung kurz hinzuweisen.

So offenbaren sich humane Qualitäten (=humanistisch bedeutsame Werte) beispielsweise in ganz alltäglichen Situationen in der Art und Weise, wie mit

Kindern umgegangen – gesprochen, gespielt, agiert – wird. Sie zeigen sich durch:

- Freundlichkeit in der Zuwendung zu Kindern und nicht in einer Ablehnung, weil diese vielleicht eine andere Einstellung zu einer bestimmten Sache haben oder eine andere Meinung vertreten;
- Offenheit in der Wahrnehmung von Kleinigkeiten, die für Kinder in dieser bestimmten Situation bedeutsam sind; in der genauen Beobachtung von Feinheiten oder Nebensächlichkeiten, die der elementarpädagogischen Fachkraft nicht sofort ins Auge fallen;
- ein echtes Interesse an der Lebenssituation jedes einzelnen Kindes und durch die Neugierde, etwas bisher Unbekanntes in der Ausdrucksform des Kindes zu verstehen, zu begreifen und für das eigene Verhalten möglicherweise zu berücksichtigen;
- Vertrauen in Form einer vorurteilsfreien Begegnung mit dem Kind, das vielleicht fremd auf uns wirkt oder befremdliche Verhaltensweisen zeigt, die uns im ersten Moment abschrecken, vielleicht sogar ängstigen (können);
- eine Wertschätzung von Kindern – insbesondere in einem sorgsamen Umgang mit ihnen, ohne bei Überraschungen oder einem erwartungswidrigem Verhalten mit persönlichen Angriffen oder Beleidigungen, Geringschätzung, Missachtung oder gar Strafen zu reagieren;
- Respekt, indem Ironie, Herabsetzungen oder Bloßstellungen grundsätzlich und überall vermieden werden;
- ein Gerechtigkeitsempfinden, indem unterschiedliche Erfahrungen und Positionen sorgsam miteinander abgewogen und in Beziehung zueinander gesetzt werden, damit das vorhandene Rollenübergewicht einer elementarpädagogischen Fachkraft nicht den Ausschlag dafür gibt, wer in der entsprechenden Situation „etwas zu sagen hat";
- Zuverlässigkeit in dem eigenen Verhalten, sodass elementarpädagogische Fachkräfte einschätzbar und jederzeit berechenbar für Kinder sind;
- Höflichkeit im Umgang mit den Kindern – nicht etwa in einem *unterwürfigen Verhalten*, sondern in der grundsätzlichen Bereitschaft, eigene und fremde Bedürfnisse miteinander in Beziehung zu setzen, diese abzuwägen und egozentrische Wünsche im Sinne eines gerechten und partnerschaftlichen Sozialverhaltens aufzugeben;
- Hilfsbereitschaft und Aufmerksamkeit für den anderen, verbunden mit dem Wunsch, ihm aufgrund einer Hilflosigkeit oder derzeit eingeschränkten Aktionsmöglichkeiten eine entsprechende Unterstützung zu schenken;
- Dankbarkeit darüber, dass Kinder mit ihren Ideen und Handlungsversuchen, Äußerungen und fantasievollen Vorschlägen die Pädagogik bereichern;
- Verantwortung in der Übernahme von notwendigen Arbeiten und nicht in der ständigen (un-)bewussten Delegation von Verantwortlichkeiten;

- Rücksichtnahme auf ganz besondere Kinderbedürfnisse, die nicht irgendwelchen allgemeingültigen Gesichtspunkten geopfert werden dürfen, sondern die Einmaligkeit jedes Kindes ausdrücken;
- das empathische Einfühlungsvermögen in Kinder, ihre Besonderheiten und Situationen, vor allem wenn es darum geht, Betrachtungen „aus einer anderer Sicht" vorzunehmen, um den eigenen Blickwinkel zu weiten und ggf. auch zu verändern bzw. für neue Aspekte zu schärfen;
- die Liebe zu jedem Kind – vor allem durch den Verzicht auf eine starre Selbstgerechtigkeit in gleichzeitiger Ablehnung von Machtansprüchen und Machtdurchsetzung;
- Altruismus als Selbstverzicht zum Wohle des Kindes, das gerade in diesem Moment seine Bedürfnisbefriedigung dringend zum Ausdruck bringt, indem egozentrische Vorstellungen sorgsam mit sozialen Notwendigkeiten abgewogen werden;
- Aufrichtigkeit als Form eines unerschrockenen Verhaltens, Dinge klar beim Namen zu nennen und sich dafür einzusetzen, dass Gerechtigkeit im sozialen Umgang miteinander Wirklichkeit werden kann;
- Barmherzigkeit in der Rücksichtnahme auf Schwächere, in der Vergebung von Schuld und in der besonderen Hilfestellung, anderen Menschen in Notlagen beiseite zu stehen;
- Freude in allen Situationen, wenn Kinder um uns herum Glück erfahren haben oder Erfolge erzielen konnten;
- Begeisterung als innewohnende Kraft, die alle Menschen dazu veranlasst, weitere Lernanstrengungen zu unternehmen oder andere dabei zu unterstützen, selbst gewählte oder vorgegebene, sinnvolle Ziele zu erreichen;
- Beziehungsfähigkeit, gerade mit Menschen dann in Beziehung zu treten, die es einem selbst schwer machen, kommunikationsoffen auf sie zuzugehen und eigene Vorurteile oder Widerstände zu überwinden;
- Ehrlichkeit in dem permanenten Versuch, *ohne Maske* und ohne Hintergedanken auf Kinder zuzugehen und dabei jede Möglichkeit der Begegnung zu nutzen, um sich gegenseitig besser kennenzulernen;
- Gastfreundschaft, durch die sich Kinder in Gesprächen, persönlichen Begegnungen, gemeinsamen Spielaktionen und in Handlungserlebnissen wirklich willkommen fühlen;
- Gewaltlosigkeit in einer eher leisen Sprache, einer suchenden Erklärung nach Lösungen und in einer Prozessorientierung, um anstehende Aufgaben oder vorgegebene Notwendigkeiten mit Respekt und Achtung mit Kindern zu erfüllen;
- Mitleid in der festen Überzeugung, dass Kinder in besonderen Notlagen auch einer besonderen Hilfestellung bedürfen, weil erlebte Notlagen besondere Gefühle der Einsamkeit und des Verlassenseins in Kindern und Erwachsenen selbst aktualisieren;
- Solidarität vor allem mit den Kindern, die aufgrund besonderer Einschränkungen nicht in der Lage sind, für sich selbst zu sprechen oder zu sorgen.

All diese humanen Qualitäten, die sicherlich durch weitere Begriffe ergänzt werden könnten (vgl. Waller, 2002), werden nur dann zu einem festen Bestandteil der Elementarpädagogik, wenn die elementarpädagogischen Fachkräfte bereit sind, sich immer wieder mit sich selbst auseinanderzusetzen, Selbsterfahrung zu sammeln und sich vor allem mit ihrer eigenen Biografie zu beschäftigen. Jeder Mensch hat eine ganz spezifische Geschichte mit unendlichen vielen Eindrücken, Erlebnissen und Erfahrungen hinter sich. Und dabei wird ein persönlicher Werteverlust auch immer einen Werteverlust der pädagogischen Arbeit mit sich bringen.

Die Umsetzung humaner Qualitäten im Beruf setzt eine persönliche und berufliche Identitätsentwicklung voraus. Sie entwickelt sich nur durch eine (selbst-)kritische Auseinandersetzung mit der eigenen Persönlichkeit, den besonderen Stärken und den entwicklungshinderlichen Schwächen (vgl. Karakus/Lünse, 2000). Dabei geht es in einem sicherlich mühsamen, aber äußerst wichtigen und hilfreichen Klärungsprozess um die Frage, wer man eigentlich ist, welche Kompetenzen die eigene Person auszeichnen und welche Inkompetenzen hinderlich für die Erreichung bestimmter Ziele sind.

Deshalb – so heißt es beispielsweise auch in dem Abschnitt *Werteorientiert handelnde Kinder – Ethik/Religion/Philosophie* in der *Bildungskonzeption des Bundeslandes Mecklenburg-Vorpommern* –

muss jeder Fachkraft bewusst sein, dass pädagogisches Handeln immer von subjektiven Werteentscheidungen und Einstellungen geprägt ist. Fachkräfte müssen sich für die Reflexion der Prozesse insbesondere auch folgende Fragen stellen:

◆ Was gibt meinem Leben einen Sinn?
◆ Was ist für mich wichtig?
◆ Kann ich staunen?
◆ Kann ich dankbar sein?
◆ Wie gehe ich mit Fehlern und Schwächen um?
◆ Wie finde ich Lösungen in Konflikten?
◆ Wie bewältige ich Krisensituationen?
◆ Wie gehe ich mit Andersartigkeit um?
◆ Was weiß ich über die christlichen Überlieferungen (Religion) und abendländische Traditionen? Welchen Stellenwert haben sie für mich?
◆ Was weiß ich über andere Religionen und Traditionen? Welchen Stellenwert haben sie für mich (Ministerium für Bildung, Wissenschaft und Kultur 2010, S. 11)?

Bei der Suche nach Antworten werden eigene Werte offenkundig, die mit der Vergangenheit und damit mit der Gegenwart in Beziehung stehen.

Erzieherinnen erwerben ihre berufliche Qualifikation durch ihre mehrjährige Berufsausbildung an staatlich anerkannten bzw. genehmigten Fach(hoch-)

schulen bzw. -akademien. Darüber hinaus tragen Fort-, Weiter- und Zusatzausbildungen dazu bei, die eigene Tätigkeit zu überdenken, neue Handlungsstrategien zu entwickeln sowie besondere Fähigkeiten auf- und auszubauen. Schließlich sind es immer wieder besondere Kindheitserfahrungen und -erinnerungen sowie besondere biografische Erlebnisse und Ereignisse, die eine elementarpädagogische Fachkraft in ihrem Berufsbild und den eigenen Erwartungen an sich selbst, an die Kinder und die Eltern prägen und sich in einem Verhalten zeigen, in dem bestimmte Werte oder Normvorstellungen zum Ausdruck kommen.

Wenn es zutrifft, dass das persönliche und pädagogische Handeln einer Erzieherin im weiten Spannungsfeld vielfältiger, sich ständig verändernder und widersprüchlicher Erwartungen abläuft, besteht immer die Gefahr, sich nach besonders ausgeprägten Erwartungen zu richten. Dabei kann es geschehen, dass eigene Ziele und Schwerpunkte bei einer ungenügenden Verinnerlichung von entwicklungsförderlichen Werten aus den Augen verloren werden oder vielleicht sogar aufgegeben werden (müssen). Denken wir dabei nur an bestimmte, massive Forderungen einiger Eltern oder strukturelle Bedingungen im Arbeitsfeld der Elementarpädagogik.

Trotz allem führt kein Weg daran vorbei, sich diesen Spannungen zu stellen und Lösungsmöglichkeiten zu finden, um dem Anspruch des Berufsbildes zu entsprechen,

- in erster Linie Partnerin des Kindes zu sein;
- stets im primären Sinne als Anwältin der Interessen von Kindern zu handeln;
- insbesondere für die Verbesserung von Lebensbedingungen von Kindern einzutreten, unabhängig von ihrem Alter, ihrer Weltanschauung und Religion, ihrer sogenannten Schichtzugehörigkeit und ihrer Nationalität;
- die Berechtigung der Ansprüche, die an einen gestellt werden, kritisch zu überprüfen;
- Entscheidungen für das pädagogische Handeln auf der Grundlage einer kritischen Auseinandersetzung sowohl mit den pädagogischen Traditionen als auch mit aktuellen wissenschaftlichen Erkenntnissen und bildungspolitischen Strömungen zu treffen;
- die Gesamtentwicklung eines Kindes zu berücksichtigen und die besonderen Entwicklungsbedürfnisse von Kindern, ihre Lebenssituationen und die besonderen Entwicklungsaufgaben im Blick zu behalten.

Eine Grundvoraussetzung für die Umsetzung dieser anspruchsvollen Aufgabe ist die besondere Wertschätzung und Achtung der Persönlichkeit des Kindes. Das konkrete Handeln erlaubt es, gemeinsam mit Kindern einen Lebens- und Erfahrungsraum zu gestalten, in dem sich Kinder verstanden und geborgen fühlen, Bedürfnisse und Gefühle ausgedrückt werden können, Konflikte konstruktiv gelöst werden, Zutrauen in eigene Fähigkeiten entwickelt und das Umfeld aktiv erforscht werden kann. Damit bauen Kinder eine Identität auf, von der sie ein Leben lang profitieren können.

Pädagogik im Arbeitsfeld der Kindertagesstätten braucht sich in ihrer Bedeutung hinter keiner anderen pädagogischen oder psychologischen Disziplin zu verstecken. Im Gegenteil: Es geht um eine offensive Transparenz der Ziele, Aufgaben und ihrer jeweiligen Bedeutung.

> In einer Welt, in der Kinder immer mehr und intensiver zum Spielball einer Erwachsenenwelt, zum Konsumgut einer riesigen Industriemaschinerie erklärt und zu Medien beeinflussten Objekten werden, brauchen sie immer stärker einen inneren Halt, der durch Sicherheit und Orientierung gekennzeichnet ist. Wo Kinder durch die weiten Maschen einer Sicherheit vermittelnden Umgebung hindurch fallen und beispielsweise von Institutionen sowie von manchen Erwachsenen zur eigenen Profilierung genutzt und damit in ihrer Individualentwicklung beeinträchtigt werden, ist es mehr denn je nötig, dass Erzieherinnen Kindern dabei helfen, ihr Anrecht auf eine stabile Persönlichkeitsentwicklung umsetzen zu können.

Früher herrschte in vielen Elternhäusern das Patriarchat vor – der Vater bestimmte und damit war alles gesagt. Und in vielen Kindertageseinrichtungen herrscht(e) das Matriarchat: Die elementarpädagogischen Fachkräfte gaben bzw. geben die Tagesschwerpunkte der Pädagogik vor und damit war/ist der Tag vorgeplant. Lebensphilosophien und lebensprägende Sichtweisen können stattdessen nur durch eine wertschätzend erlebte Umgangskultur, eine ethisch ansprechende und förderliche Konfliktkultur, eine ästhetisch ansprechende Sprach-, Ess- und Raumkultur sowie eine lebendige, kindorientierte Spielkultur entstehen (vgl. Scheurl-Defersdorf, 2006; Leger, 2006; Krenz 2007).

Es stellt sich die Frage, wo und in welchem Maße Kinder genau diese werteorientierten Kulturbereiche erleben können. Die Antwort ist ebenso einfach wie kurz: in einer partizipatorisch ausgerichteten, werteorientierten Einrichtung mit engagierten, lebendigen elementarpädagogischen Fachkräften, die allen Kindern eine respektvolle, bindungsstarke Beziehung anbieten.

Um es noch konkreter und praktischer zu formulieren heißt dies, dass

die pädagogische Fachkraft [...] Konsequenzen für ihr Handeln von ihrer gezielt reflektierten Wahrnehmung [...] ableitet. Dabei nimmt sie sich selbst bewusst in ihrer Vorbildwirkung wahr und nutzt diese z. B. wie folgt:

- Sie baut eine Beziehung zum Kind auf, indem sie sich als Bezugsperson dem Kind öffnet und anbietet, eine verlässliche Autorität und ein verständnisvoller Partner zu sein.
- Sie lebt die eigene, weltanschauliche bzw. religiöse Sozialisation und Wertorientierung authentisch vor.
- Sie nimmt das Kind in seiner eigenen Würde und seinem Selbstbestimmungsrecht ernst.
- […]
- Sie erkennt jegliches politisches Handeln und Denken, das demokratiefeindlich ist und wirkt diesem entgegen.
- Sie begleitet das Kind in seiner emotionalen, kognitiven und sozialen Entwicklung. Somit kennt sie die Fragen, die das Kind beschäftigen, wie es die Welt sieht und welche Vorstellung es vom Leben und vom Menschen hat und sucht mit ihm gemeinsam Antworten.
- Sie ermöglicht ein wertschätzendes Erziehungs- und Bildungsklima, in dem das Kind Selbstvertrauen und Selbstbewusstsein entwickeln kann.
- […]
- Sie erkundet gemeinsam mit Kindern die Bedeutung der traditionellen Rituale und Symbole. Sie überlegen, welche Rituale und Symbole übernommen werden können.
- Sie stellt gemeinsam mit Kindern Regeln auf, hinterfragt sie und verändert sie gegebenenfalls gemeinsam mit Kindern.
- Sie nimmt das Kind in seiner Geschlechtlichkeit wahr und akzeptiert es.
- Sie sieht das Kind und sich als gleichwertig an.
- Sie macht Fehler, kann diese als Mensch eingestehen und bittet um Entschuldigung.
- Sie entwickelt ein Gespür für (auch religiöse) Dimensionen der Weltwahrnehmung und der Fragehaltung der Kinder (Ministerium für Bildung, Wissenschaft und Kultur, 2010, S. 11/12).

Nachhaltig bedeutsame, entwicklungsförderliche Werte entstehen nur durch ein lebendiges, identisches Kulturerleben mit Menschen, die den Werten sowohl für ihre eigene Lebensführung als auch der interaktionalen Umgangskultur einen tiefen Raum geben. Kinder lernen Tag für Tag durch Erfahrungen, Erlebnisse und Eindrücke sehr unterschiedliche Werte kennen und übernehmen sie aus ihrem erfahrbaren Umfeld. Werte, die damit entwicklungsförderlich für Kinder sind, wollen daher in den ungezählten Alltagssituationen im Elternhaus, in allen pädagogischen Einrichtungen sowie in Straßensituationen direkt erfahren werden. Und dazu brauchen Sie ein wertegeprägtes Umfeld, das sie nur durch Personen – und das sind Erwachsene – und nicht durch Trainings, isolierte Übungseinheiten, sporadisch stattfindende Belehrungsgespräche oder methodisierte Rollenspiele kennenlernen können (vgl. Hoffmann-Zulek, 2005).

Die für den Aufbau von persönlichkeitsbildenden Werten so wichtige Grundlage – die Entdeckung der eigenen Individualität – kann sich demnach nur bilden, wenn Kinder ihre Einzigartigkeit, ihren ganz persönlichen, individuellen Wert entdecken. Hier sind immer wieder alltagsbezogene, individualisierte Beziehungserlebnisse für Kinder unumgänglich. Und dazu gehören elementarpädagogische Fachkräfte, die jedem Kind durch ihre humanen Verhaltensmerkmale einen uneingeschränkt hohen Bedeutungswert in einer bindungsstarken Vertrauensbeziehung beimessen (vgl. Konrad, 1999).

7.2 Wie inklusive Erziehung nicht sein darf

Ursula Haupt, Professorin für Heil- und Sonderpädagogik bei Kindern mit Körperbehinderung, beschreibt das Bild eines elfjährigen Jungen, der von klein auf funktionsorientierte Therapie und Förderung erhalten und sein Selbstbild verloren hat.

Sechs Jahre lang wurde das Kind mit einer speziellen Bewegungstherapie, der sogenannten Vojta-Methode behandelt, und drei Jahre zusätzlich mit der Bobath-Methode. Außerdem erhielt er fünf Jahre Sprachtherapie und zwei Jahre Ergotherapie. Und schließlich – neben weiteren Therapien – gleichzeitig mehrere Jahre Schwimmtherapie und Reittherapie.

Das Kind wurde rund um die Uhr behandelt. Sein Bedürfnis, Kind sein zu dürfen, wurde total ignoriert. Inzwischen kann es kurze ebene Strecken allein gehen. Es benutzt auch den Rollstuhl. Das Kind zeichnet sich als Roboter – ferngesteuert und programmierbar – ohne eigene Impulse und Handlungsfähigkeit.

Und wie steht es um seine Beziehungs- und Zuwendungsfähigkeit? „Ein wesentlicher Teil ist noch eingekapselt in elementare, heftige Wut über den Verlust seiner selbst, seiner ureigenen Lebendigkeit durch Fremdbestimmung. So hat er, unten Klötze, mit denen er alles zermalmen kann" (Haupt, 1998, S. 101 f.).

Die Funktionalisierung durch spezielle Methoden ignoriert die Bedürfnisse des Kindes nach einer Aktivierung aller Entwicklungsbereiche. Das Kind als Objekt soll funktionieren. Dadurch wird das Entwickeln eines positiven Selbstkonzepts und einer Selbstwirksamkeitsüberzeugung verhindert. Das Kind mit Behinderung wird am Prozess seiner Sozialisation sekundär behindert.

7.3 Gemeinsame Spiel- und Lernsituationen schaffen

> **Beispiel 1:** In einem inklusiven Kindergarten in Ungarn schaukeln Kinder auf der Wippe. Sie verlassen diese, wenn Emma, ein Kind mit Autismus, mitschaukeln will. „Die Erzieherin ermahnt die Kinder nicht, dass sie Emma vom Spiel nicht ausschließen sollen, sondern sie zeigt sich sehr erfreut, nun Emma beim Schaukeln Gesellschaft leisten zu können" (Kron/Papke/Windisch, 2010, S. 50). Bald sammeln sich einige Kinder um die Erzieherin. Sie wollen mit Emma schaukeln.
> Bei diesem Beispiel ist die Erzieherin ein Rollenmodell für das Kind. Sie zeigt, wie man mit einem Kind mit besonderen Bedürfnissen zusammen etwas tut und wie sich die Kinder aufeinander einlassen können.
>
> **Beispiel 2:** Sigrid (fünf Jahre), ein Kind mit Autismus, wurde vor drei Wochen in die Gruppe aufgenommen. Die Kinder warten auf das Mittagessen und versammeln sich auf dem Teppich, während Tamara ziellos im Raum umhergeht. Die Erzieherin initiiert das Bewegungsspiel „Meine Hände klatschen. Meine Hände tanzen […]" Sie singt (mal leise, dann laut) und bewegt im Rhythmus (mal langsam, dann schnell) ihre Hände. Die Kinder schauen und beginnen die Bewegungen zu imitieren. Sigrid schaut dem Geschehen zu, bewegt sich aber weiter im Raum und dreht sich um sich selbst. Ab und zu begibt sie sich kurz zu den Kindern und läuft dann wieder weg. Bald beobachtet sie das Bewegungs- und Singspiel der Gruppe und setzt sich auf den Teppich. Zaghaft versucht Sigrid die Bewegungen zu imitieren. Und zum Schluss kann sie die jeweils letzten Worte des Liedes leise mitsingen.

Gerade bei Sing- und Bewegungsspielen fühlt sich das Kind mit Autismus und Kommunikationsproblemen eingeladen mitzumachen. Durch rhythmische und musische Spielübungen werden Brücken zum *unerreichbaren Kind* gebaut.

7.4 Mit Herz, Hand und allen Sinnen

Das Kind will sich durch Bewegungen ausdrücken und bald will es alles, was es sieht und was von Interesse ist im wahrsten Sinne des Wortes mit den Händen und Sinnen

- wahrnehmen,
- erkunden und erforschen,
- ergreifen und begreifen,
- erfassen und erkennen.

Es will sich die Welt aneignen, z. B. beim Malen mit körpereigenen Mitteln: Beim großflächigen Malen mit Fingern auf großem Papier (Packpapier) mit der Fingerfarbe Schultempera und Kleister (Kleister gleichmäßig verteilen und Farbe hinzufügen; Farbe direkt in den Kleister rühren oder mit den Fingern aufnehmen) erleben besonders Kinder mit körperlichen und kognitiven Beeinträchtigungen sowie Kinder mit Autismus, dass sie fähig sind, Spuren zu hinterlassen und Strukturen zu bilden. Sie erleben sich als Gestalter ihrer Welt. Durch dieses kreative Tun können sie nach und nach ein Stück ihrer Verschlossenheit aufgeben und sogar überwinden. Und sie lernen sich als Person zu erleben, die zur Welt und zu den anderen Menschen, zu Kindern und Erwachsenen, einen eigenen Standpunkt beziehen können.

Bei diesen spielbetonten und rhythmischen Malübungen wird die Finger- und Handmotorik der Kinder ganz nebenbei weiter ausgebildet, die Bewegungsabläufe werden koordiniert und durch taktil-kinästhetische Erfahrungen wird ihre Sensibilität angesprochen. Auch beim freien oder an Aufgaben gebundenen Gestalten mit Wachsmalkreiden werden feinmotorische Fähigkeiten (Finger- und Handfertigkeiten) entwickelt. Und beim Malen der eigenen Bewegungen (Kreis- und Drehbewegungen) lassen sich ausgeführte Bewegungen sichtbar machen.

Kinder mit schwerer und mehrfacher Behinderung können diese basalen Bewegungsmuster weiterentwickeln. Und als rhythmische sprachbegleitende Übung kann die Bewegung der Finger, Hände und Arme in Farbspuren umgesetzt werden. Besonders Kinder mit starken Beugespasmen in den oberen Extremitäten werden durch Fingermalerei und Malen mit Wachsmalkreiden deutlich lockerer und entspannter (Müller-Laakman, 2008, S. 30 ff. und S. 47 ff.).

Für vielseitige Entwicklungsunterstützungen der Finger- und Handfertigkeit bietet sich vor allem Papier in verschiedenen Größen, Farben und Stärken an:

- Papier reißen,
- Papier schneiden (freies oder gebundenes Schneiden/Ausschneiden),
- Papier falten,
- Papier kleben (buntes Papier frei oder in Vorlagen/Rahmen zu einem Bild kleben) oder
- Papier zuordnen (nach Farbe, Form und Größe).

Aber auch das plastische Gestalten mit Knetmasse, Ton, Tonschlamm oder Tonklumpen ermöglicht viele Spielaktivitäten, wie z. B. vom Klumpen Teile abzupfen und sie zu einem Gegenstand (Haus, Baum, Schneemann) umwandeln. Durch festes Greifen, Festhalten und Loslassen (Verarbeiten zu einem Bau- oder Kunstwerk) werden nicht nur Feinmotorik und Augen-Hand-Koordination weiterentwickelt. Auch das Wollen, Denken und Fühlen, die Vorstellung, das Sprechen/die Sprache, das Gedächtnis, die Fantasie und die Kreativität sowie die sozialen Kompetenzen werden in Sinnzusammenhängen gepflegt. Das Kind setzt sich bei diesen Aktivitäten mit der Wirklichkeit auseinander und verändert sie.

Besonders das Kind mit einer Wahrnehmungsstörung oder Beeinträchtigung seines Sehens (hochgradig sehbehindert oder blind) spürt den Widerstand des Gegenstandes, z. B. des Tonklumpens, in seinen Fingern und Händen. Mit ihm kann es – mit Führungshilfe durch einen Erwachsenen (Physio- oder Beschäftigungstherapeutin oder Erzieherin) – etwas formen und gestalten. Durch diese Aktivitäten wird ihm der Gegenstand nach und nach vertraut: Es erkennt das Gespürte und es wird seine Finger- und Handmotorik fortan pflegen, denn es kann in der Wirklichkeit etwas bewirken und verändern. Es entwickelt Interesse am (Lern-)Gegenstand. Und es wird dem Kind mit einer Beeinträchtigung der Wahrnehmung und des Sehsinnes zunehmend bewusster:

- „Problem-Lösen ist spannend.
- Schwierigkeiten sind da, um überwunden zu werden.
- Ich führe durch alle Schritte – ohne dabei zu sprechen – mit Pausen" (Affolter, 1987, S. 270).

7.5 Wie gemeinsame Erziehung gelingen kann

Arbeit mit schwerbehinderten Kindern

Die Erzieherin einer inklusiv arbeitenden Kita erlebt mit Kindern mit schwerer Behinderung das Unterscheiden von Farben an einem großen Farbwürfel mit den vier Grundfarben. Darauf ist bisher niemand gekommen, weil man meinte, man würde diese Kinder überfordern. Doch der geduldigen und zuversichtlichen Haltung der Erzieherin ist es zu verdanken, dass die Kinder bald die Farben voneinander unterscheiden konnten. Die Kinder, die sich zuvor nicht dafür interessierten, was draußen vor dem Fenster vor sich ging, schauten nun durch das Fenster auf die Sträucher und Bäume. Was sie offenbar früher nicht wahrgenommen hatten, konnten sie jetzt sehen, entdecken und voneinander unterscheiden.

Nun ging die Erzieherin mit allen Kindern der Gruppe hinaus. Draußen fanden sie sich gut zurecht. Und noch mehr: Die Kinder mit schwerer und mehrfacher Behinderung, die keine Bewegungsbeeinträchtigung hatten, tollten um die Bäume und Sträucher der umgebenden Wiese so herum, als ob das schon immer ihr Spielplatz gewesen ist.

Offenbar liegen im Menschen mit komplexer Behinderung verborgene Fähigkeiten (Ressourcen), die erst durch eine gute pädagogische Arbeit aufgespürt und hervorgelockt werden.

Sprachförderung bei Kindern mit Downsyndrom

Dass eine gute pädagogische Arbeit in der heterogenen Gruppe nichts anderes als pädagogische Arbeit ist, lehrt das Beispiel der Sprachförderung und Sprachtherapie bei Kindern mit Downsyndrom. Kinder mit Downsyndrom sind Kinder wie alle Kinder. Das lernen wir von Nigel Hunt. Wie Nigel Hunt, ein Mensch mit einer organisch-genetischen Veränderung (Chromosomenstörung), seine Welt sieht, erlebt und mitgestaltet, darüber informieren seine autobiografischen Aufsätze: Sie geben der Erzieherin Einblick in

- seine geistige Welt,
- sein freundliches Wesen,
- seine Vorliebe für Musik und Spiel,
- seinen Sinn für Freude und Humor (Hunt, 1974).

Und sie wird erkennen: Das Kind mit Downsyndrom lernt in gleicher Weise wie die anderen Kinder. Es hat spezielle Bedürfnisse und einen erhöhten Erziehungshilfebedarf. Das soll nun etwas ausführlicher dargestellt werden.

Nach Beobachtungen der international bekannten Heil- und Sonderpädagogin Etta Wilken, die seit Jahrzehnten die Bedingungen der Entwicklungsunterstützung bei Kindern mit Downsyndrom erforscht und die entwicklungsgemäße (nicht altersgemäße) Sprachförderung und Sprachtherapie beschreibt, hat sich die Familienstruktur dieser Kinder verändert (Alter der Eltern, Stellung innerhalb der Geschwisterreihe entspricht weitgehend dem Durchschnitt), ebenso auch die Einstellung und das Verhalten der Eltern: „Sie erleben nicht mehr so sehr ihr Kind als ein besonderes, sie wollen vielmehr die besonderen und nötigen Hilfen" (Wilken, 2010, S. 9). Die Eltern vertrauen den Entwicklungsmöglichkeiten ihres Kindes und streben die gemeinsame Erziehung in der Kita an. Eine Befragung von über 700 Eltern ergab, dass „fast 80 % der Kinder mit Downsyndrom einen Allgemeinen Kindergarten" besuchen (Wilken, 2010, S. 159).

Früher wurde die sprachliche Förderung als eine spezielle Therapie gesehen. Heute führen Erfahrungen mit Kindern, ihren Eltern und Erziehern zu Erkenntnissen, die die Ziele und Methoden der Sprachförderung veränderten. Es geht nun um die Gestaltung von Lernsituationen, die dem Kind mit Downsyndrom ermöglichen, dass es sein sprachliches Handeln in der Gruppe als bedeutsam erleben kann. Um das zu erreichen sind die sprachtherapeutischen Maßnahmen soweit wie möglich in die alltägliche Kita-Arbeit – wie beispielsweise bei den Pflegehandlungen oder beim Spielen – zu integrieren.

Hier hat die Logopädin oder Sprachtherapeutin (mit ihrem spezifischen Fachwissen) die Erzieherin und die mitwirkende Assistentin zu beraten und ihnen praktische Hilfen an die Hand zu geben, die sich aufgrund des Syndroms ergeben. So lassen sich, um ein weiteres Beispiel zu nennen, viele Lieder problemlos mit Gebärden begleiten „und alle Kinder können spielerisch lernen, wie man ‚mit den Händen spricht'" (Wilken, 2010, S. 83). Und mit Bild- und Gebärdenkarten können die Kinder der Gruppe verschiedene Zuordnungs- und Ratespiele durchführen. Auch Spiellieder, Singspiele oder Fingerspiele können mit Gebärden sinnvoll begleitet werden. Alle Kinder pflegen hier groß- und feinmotorische Bewegungen, die auch rhythmisch gestaltet werden können. Diese Gebärden-unterstützende Kommunikation (GuK) erweist sich bei Kindern mit Downsyndrom als unentbehrliche Hilfe insbesondere beim Erwerb der Sprache, aber auch bei der Förderung in allen anderen Entwicklungs- und Bildungsbereichen.

Besonders Bewegung und Sprache stehen im engen Zusammenhang: Bei Bewegungsübungen wird auch die Sprache gefördert. Häufig erfordert die schlaffe Muskulatur gezielte Übungen im mundmotorischen Bereich, um einen aktiven Lautaufbau zu ermöglichen. Für den Lautaufbau ist es wünschenswert, dass Eltern und Erzieher sprachtherapeutisch beraten und unterstützt werden: Wie ist beispielsweise bei der Pflege und Versorgung der intensive Blickkontakt sprachlich zu begleiten? Wie kann und soll beim Spielen das handlungsbegleitende Sprechen der Erwachsenen erfolgen?

Der Bewegungsablauf von Zunge, Lippe und Gaumensegel erfordert beim Sprechen eine hohe Geschicklichkeit und muss aufeinander abgestimmt sein. Dafür ist wiederum eine gute allgemeine Körper- und Bewegungskoordination wichtig. So kann beim Anhauchen eines Spiegels der Einzellaut *H* internalisiert werden oder für einzelne Tiere kann die Bezeichnung für das, was sie tun (z. B. der Hund macht *wau-wau*) gesprochen und in Spiel-Situationen umgesetzt werden. Neben diesen mundmotorischen Übungen kann die Hand- und Feinmotorik spielerisch und rhythmisch weiterentwickelt werden: Beim

- Aus- und Einräumen von Spielsachen und Bildkarten aus dem Krabbelsack oder bei lebenspraktischen Tätigkeiten,

- Aufschrauben von Tuben, Flaschen und Gläsern,
- Anklammern von Wäsche,
- Zerkleinern von Obst und Gemüse,
- Umgang mit Schere und Kleber, mit Perlen und Faden oder mit Knete

wird gleichzeitig das Benennen und Zuordnen nach Gruppen und Kategorien, nach Größe, Form oder Farbe geübt.

Und bei Kreisspielen, Singspielen und Bewegungsspielen bieten das Hüpfen, Werfen und Fangen viele Möglichkeiten für die Weiterentwicklung der Großmotorik sowie der sozialen und kommunikativen Kompetenzen. So lernen z. B. die Kinder in der Gruppe beim Spiel mit Musik *Schneeflocken tanzen* (Modrow-Artus, 2009, S.103), die tanzenden Schneeflocken nach dem Tempo und der Dynamik der Musik mit ihren Händen umzusetzen. Sie erfinden nach den Klängen der Musik neue Bewegungen und Rhythmen mit ihrem Körper, ihren Händen und Fingern: Erst tanzt ein Kind, dann tanzen zwei und bald alle Kinder und der Schnee wirbelt überall.

Begleitung hochgradig sehbehinderter oder blinder Kinder

Ein hochgradig sehbehindertes oder blindes Kind hat aufgrund seiner Lebens- und Lernerschwernisse, seiner Orientierungsschwierigkeiten und Mobilitätseinschränkungen besondere Bedürfnisse. Es benötigt in der inklusiven Gruppe individuelle Sehhilfen, technische Hilfsmittel und vorbereitete Materialen. Oft machen die Kinder beim Sport schmerzvolle Erfahrungen der Ausgrenzung.

Als Beispiel seien alle sportlichen Ballspiele genannt, bei denen ein gutes Sehvermögen in der Regel die Voraussetzung für den Einsatz des eigenen Reaktionsvermögens ist. An einem Klingelball, der dem Kind die jeweilige Position vermittelt, kann es sich orientieren.

Auch der hohe Lärmpegel in der inklusiven Gruppe kann ein Problem sein, denn das blinde und hochgradig sehbehinderte Kind ist bei seiner Orientierung in großem Maße auf sein fein ausgebildetes Gehör angewiesen. Und die fehlende blendfreie Beleuchtung im Raum, die fehlenden Türschilder mit zu kleinen oder nicht kontrastreich dargestellten Symbolen sowie Bildern und ein unzureichend ausgeleuchteter Arbeitsplatz können das Wohlbefinden in der inklusiven Gruppe beeinträchtigen (Jacobs, 2011).

Als Grundvoraussetzung für eine erfolgreiche inklusive Entwicklungsbegleitung gilt, dass schon vor der Aufnahme in eine Gruppe ein gründliches Mobilitäts- und Orientierungstraining mit den blinden und sehbehinderten Kindern durchgeführt wird, bei dem ein Blindenpädagoge oder Mobilitätstrainer hinzugezogen werden muss. Die Fachkraft hat dann die Erzieherin bei ihrer Arbeit vor Ort regelmäßig zu beraten.

Erfahrungen bei der inklusiven Praxis mit schwerbehinderten Kindern, mit Kindern mit Downsyndrom sowie blinden und hochgradig sehbehinderten Kindern zeigen: Für jedes Kind der heterogenen Gruppe sind Situationen zu schaffen und ein Erlebnis- und Erfahrungsraum zu gestalten, in dem es zusammen mit anderen Kindern die Möglichkeit bekommt,

- sein Spielen, Lernen und Üben selbst zu gestalten,
- selbst Neues zu entdecken und zu erfinden und
- seine negativen Erlebnissen und Erfahrungen (Lern-, Spiel- und Übungserfahrungen) selbst zu korrigieren.

Dies kann vor allem dann gelingen, wenn die Erzieherin bei ihrer Arbeit durch entsprechende Fachkräfte regelmäßig beraten wird und auch die Fachkräfte insgesamt einen regelmäßigen Austausch pflegen, sich auf gleicher Augenhöhe begegnen und voneinander lernen.

8. Beispiel: Frank

8.1 Anamnese und Diagnose

Franks Mutter berichtet: Unser Kind fiel gleich nach der Geburt durch ein hässliches Gesicht mit grober Nase auf. Der Kinderarzt, der ihn auf der Entbindungsstation untersuchte, entdeckte nichts Außergewöhnliches an ihm; außer einer gewissen motorischen Steifheit und einer starken Gelbsucht, die aber noch im Krankenhaus deutlich zurückging. Er wurde als gesund entlassen. Wir konsultierten dann regelmäßig eine sehr kompetente Kinderärztin, die bei ihm im Alter von fünf bis sechs Wochen eine starke Anämie feststellte und behandelte. Franks Schlafbedürfnis war während der ersten Monate extrem groß, was wir zunächst auf die diagnostizierte Anämie zurückführten. Mit etwa fünf Monaten fiel der Kinderärztin sein geringes Interesse an Gegenständen und Ereignissen seiner Umwelt auf. Darüber hinaus konstatierte sie eine Muskelschwäche und verordnete daher dreimal wöchentlich Krankengymnastik, die sensomotorische Entwicklungstherapie einschloss. Der Erfolg war nach einigen Wochen erkennbar; Frank entwickelte mehr Freude an Bewegungen des Körpers und spielte intensiver mit Gegenstände, die in seinem Bett hingen.

In den folgenden Wochen äußerte die Kinderärztin die Sorge, dass bei Frank eine Systemerkrankung vorliegen könnte, ohne diese jedoch näher zu definieren. Die Untersuchungsbefunde einer Kinderklinik erbrachten außer den bereits bekannten Symptomen: Hydrozephalus, auffallende Mundform, tiefsitzende Ohren, teigige Haut, sprödes Haar, Verdacht auf Septumdefekt (angeborener Herzfehler).

Die erneut durchgeführte Chromosomenanalyse war wieder negativ. Es wurde der Verdacht auf eine Stoffwechselerkrankung geäußert. Alle in der Folgezeit durchgeführten Stoffwechseltests blieben jedoch ohne positives Ergebnis. Der Arzt schlug eine regelmäßige heilpädagogische Beratung und Begleitung vor.

Trotz einzelner Fortschritte bei der Diagnose waren wir nicht weiter gekommen. Wir bemühten uns, Frank durch Spielangebote zu fördern und waren oft deprimiert, wenn der Erfolg nicht sofort sichtbar war. Wir erkannten jetzt auch, dass er kognitiv gegenüber Gleichaltrigen erheblich retardiert war, wenngleich wir immer noch hofften, er könne vieles noch aufholen.

Ich möchte hinzufügen, dass wir auch heute noch enttäuscht sind, dass man nichts über die Ursachen von Franks Behinderung weiß. Die Sorge, was aus ihm werden mag, ist immer präsent, wenn auch die Gewissheit da ist, dass er förderungsfähig ist. Unser Fernziel ist es, ihn soweit zu bringen, dass er als Erwachsener einer sinnvollen, in irgendeiner Form kreativen Beschäftigung nachgehen kann.

8.2 Beginn der Beratung und Begleitung

Drei Monate später wurde mit der häuslichen Beratung begonnen. Ein Heilpädagoge besuchte 14-tägig die Familie. Es wurden Anregungen zur ganzheitlichen Erziehung, namentlich zur Aktivierung der Bewegungs- und Wahrnehmungsfähigkeit, zum Aufbau der Sinnesfähigkeit und zum Erfahrungswert der Sprachfähigkeit gegeben. Verschiedene Gegenstände wie Küchen- und Haushaltsgeräte, ein Dreirad, Bälle in unterschiedlichen Größen, Farben und Qualitäten, Perlen in verschiedenen Größen, Farben und Formen, ein Krabbelsack mit diversem Spielzeug, rhythmische Übungsgeräte wie Reifen, bunte Tücher, runde Holzstäbe (konkav gearbeitet), bunte Stäbchen, Seil, Sprachlernspiele, Lotto- und Memoryspiele dienten als Spiel- und Lerngegenstände.

Zu dieser häuslichen Beratung und Begleitung kamen in den folgenden neun Monaten drei weitere Aktivitätsfelder hinzu:

1. Frank und Mutter besuchten einmal wöchentlich für drei Stunden eine Spielgruppe mit fünf bis sechs entwicklungsauffälligen Kindern, die eine Erzieherin leitete. Dabei lernte Frank, zunächst mit einem Kind, dann aber auch mit zwei und drei anderen Kindern zusammenzuspielen (zunächst in etwas gelenkten, dann mehr und mehr in freien und gebundenen Spielen). Die Mütter konnten mitspielen, ihre Kinder beobachten, sich zurückziehen und miteinander ins Gespräch kommen.
2. Außerdem nahmen Mutter und Kind zusammen mit anderen Müttern und Kindern einmal wöchentlich an einem Bewegungsbad teil, bei dem die freien Übungsanteile gegenüber den gestalteten Übungen überwogen.
3. Schließlich erhielt Frank auf Wunsch der Mutter außerhalb des häuslichen Bereichs ein- bis zweimal im Monat Sprachheilunterricht.

8.3 Im inklusiven Kindergarten

Nach weiteren drei Monaten nahm die Mutter zu einem Kindergarten Verbindung auf. Frank besuchte ihn zunächst zweimal wöchentlich, später regelmäßig vormittags. Die Gruppe umfasste zu Beginn acht bis zehn Kinder, davon waren neben Frank zwei weitere Kinder entwicklungsauffällig. Frank konnte sich im Verlauf der ersten Wochen in die Gruppe gut eingliedern. Die Mutter berichtete: „Er musste am Anfang viel einstecken, nun setzt er sich durch. Das hat er gelernt." Nach acht Monaten Kindergartenbesuch konnte aufgrund der Beobachtungsprotokolle der folgende zusammenfassende und kommentierte Bericht erstellt werden.

Im Bericht über Entwicklung und inklusive Erziehung wurde festgehalten: Frank spielt selbstständig, er hat Ausdauer, eigenes Gestaltungsvermögen, klettert von sich aus in den ersten Stock des Holzspielhauses, schaut von oben dem Tun und Treiben der anderen Kinder zu. Er ist vergnügt, freut sich und fühlt sich wohl. Frank beteiligt sich aus eigenem Antrieb an gemeinsamen Vorhaben (wie Hausbau mit großen Kartons), wird von anderen Kindern zum Mitmachen angeregt und auch herausgefordert. In schwierigen Situationen versucht er sich zu behaupten, was ihm inzwischen häufig gelingt. Er lernt sich durchzusetzen. Sehr schwierigen Situationen geht er eher aus dem Weg. Er zieht sich gelegentlich zurück und spielt mit Gegenständen, die er lieb hat und die ihn interessieren. Bald hüpft er auf einer Matte mit anderen Kindern herum, wirkt ausgelassen, wird dann von der Erzieherin in eine gemeinsame Spielsituation eingebunden. Hier kann er mitmachen, nachahmen und sich durchsetzen.

Später schaut er allein mit der Erzieherin ein Bilderbuch an, dabei werden in dialogischer Form *Sprech- und Sprachübungen* (Artikulationsübungen, rhythmisch-musikalisches Nachsprechen mehrsilbiger Wörter und einfacher Satzmuster) unaufdringlich durchgeführt. Schließlich schneidet Frank mit einer handlichen Schere Papierstreifen für einen Gartenzaun. Dabei hilft ihm die Erzieherin. Er entwickelt seine Feinmotorik und Fingerfertigkeit weiter. Frank ist mit Freude bei der Sache. Andere Kinder kommen und wollen mitschneiden und den Zaun gemeinsam machen.

Kommentar zum Schneiden mit der Schere: Das aufgabenbezogene Schneiden ist nicht nur eine Ausformung der Feinmotorik. Bei dieser sinnbezogenen Tätigkeit bringt Frank aus eigenem Antrieb seine körperlich-geistigen Kräfte in Bewegung: *Ich will* einen Zaun machen. Um das nun zu erreichen, muss er die Streifen (mit Hilfe) sorgfältig schneiden. Sein Interesse an der zu lösenden Aufgabe verlangt ein konzentriertes Arbeiten: Er *will* gerade, gleich große, kleinere oder größere Streifen schneiden. Die Erzieherin beobachtet sein

Tun und kann unterstützend oder korrigierend mitmachen. Franks Aktivität ist durch ein Vorhaben bestimmt. Je sachgerechter er arbeitet, desto besser entwickelt er die Koordination seiner Sinnes-Bewegungs-Wahrnehmungs-Aktivitäten.

8.4 Ein offenes Erziehungsprogramm

Franks Familie zog in eine andere Stadt. Das vorgeschlagene offene Erziehungsprogramm hat die Mutter kommentiert. Es kann gemeinsam verantwortet und in zehn Punkten zusammengefasst werden.

Das vorgeschlagene Erziehungsprogramm

- Spiel ist die grundlegende Form kindlichen Handelns. Die Erziehung ist soweit wie möglich aus spielerischen Tätigkeiten heraus zu gestalten. Frank will im Spiel tätig sein, Erfahrungen sammeln und ordnen und dadurch die ihm möglichen und zunehmend sich differenzierenden Handlungen einüben.
- Spiel lässt sich gliedern in:
  - freies Spiel (bei dem Frank selbst gestalten, Spielinhalt, Spielverlauf und Spielabsicht bestimmen kann);
  - gebundenes Spiel (bei dem er sich nach Gegenständen, Aufgaben und Regeln richten kann);
  - gelenktes Spiel (bei dem Erwachsene mitgestalten und mitbestimmen können).

In diesen drei Spielformen kann Frank tätig sein.

- Nur das zufriedene und sich wohlfühlende Kind kann aus eigener Initiative kreativ Spielen lernen. Frank ist zu selbstständigem Spielen anzuregen, zu ermuntern und auch anzuleiten. Spiel-Lernerfolge wecken seine Neugierde und erhöhen seine Bereitschaft zum Tun und Mittun. Er wiederholt erfolgreiche Spiele und bestätigt auf diese Weise sein Können. Außerdem ahmt er in einer einladenden Atmosphäre Handlungen anderer, die er mag, gern nach (Nachahmungslernen, Nachahmungsfreude). In diesem Wechselbezug mit Menschen und Gegenständen, mit Regeln und Ordnungen werden Frank die Gegenstände, Regeln und Ordnungen zunehmend vertrauter. Er traut sich auf die Mit- und Umwelt zuzugehen, sie zu verändern und zu gestalten, Bekanntes in ähnlichen oder neuen Situationen (wieder) zu erfahren und zu entdecken. Durch Spiel-Handeln bindet sich Frank in die Mit- und Umwelt ein. (Hier ist ein vernetztes Wechselspiel am Werk, wie es im ökologisch-systemischen Erkenntnisparadigma beschrieben wird.)

- Häusliche Spielerziehung ist noch etwas zu erläutern: Bei der Gestaltung der Spielsituationen ist zu beachten, dass
  - Frank sich frei im Raum bewegen kann,
  - ausreichend Raum zum Spielen vorhanden ist,
  - eine Spielecke eingerichtet wird,
  - Frank nicht mit Spielsachen überhäuft wird,
  - er auch Spielsachen zum Liebhaben und Pflegen hat und
  - nicht jeder Spielerfolg gelobt (bestätigt) wird.
- Sobald Frank von sich aus vertraute, ähnliche oder neue Spielsachen berührt, aufhebt, hält, sortiert oder arrangiert, beginnt er ihre Ähnlichkeiten und Unterschiede, ihre Größe und Eigenschaften zu bemerken. Er erfährt ihre Form, Beschaffenheit, Zusammengehörigkeit und Verwendbarkeit. Er macht Spielerfahrungen, die seinem Bedürfnis und Interesse entsprechen.
- Die rhythmisch-musikalische Übungsbehandlung, insbesondere nach der Scheiblauer-Methode, sollte bei Frank gepflegt werden (vgl. Klein, 2012):
  - Wechsel von Anspannung und Entspannung;
  - Bewegungen richten sich nach Musik und Rhythmus;
  - Eigenrhythmus und innere Ordnung/Unordnung drücken sich in den Bewegungen aus;
  - Störungen im Gefühlserleben drücken sich in den rhythmischen Bewegungen aus;
  - in den rhythmischen Bewegungen ordnet sich Franks innere und äußere Welt.
- Das Spielen-und-Lernen in altersgemischten Gruppen ist weiter zu pflegen. So können sich alle Spielpartner als gleichwertig empfinden lernen, mit- und voneinander lernen. Daraus erwächst gegenseitige Achtung und Hilfe – ohne Mitleid. Erfolgserlebnisse in der Gruppe schaffen nicht nur Befriedigung und Freude, sie ermutigen auch und steigern das Selbstvertrauen.
- Frank darf nicht wie in einem Schonraum leben und vor dem Wagnis der Auseinandersetzung mit der Umwelt abgeschirmt werden. Er kann und soll aus negativen Erfahrungen lernen.
- Frank ist dort anzusprechen, wo er Entwicklungsmöglichkeiten zeigt oder erwarten lässt. Das Trainieren einzelner Defizite ist abzulehnen. Das Anwenden von Programmen, deren theoretische Grundlage das Reiz-Reaktions-Lernen ist, ist zu vermeiden. Hier lernt er auf Reize zu reagieren und sein fantasiereiches Spielen und Üben geht verloren. Er wird in seinem Lernen behindert.
  - Franks Mutter ergänzt: „Sehr berechtigt finde ich Ihre Warnung vor einem Trainingsprogramm, das nur aus Reiz-Reaktions-Lernen besteht. Ich habe bei Frank sogar festgestellt, dass er sich gegen dieses Lernen wehrt. Manchmal weigert er sich, mehrmals nachzusprechen, und lehnt es ab, mit seinen Übungsblättern zu arbeiten. Er merkt offensichtlich, dass er in bestimmte Muster gezwängt werden soll. Ich versuche dann, die auf den Übungsblättern dar-

gestellten Situationen in einem Zusammenhang mit seinen täglichen Tätigkeiten zu bringen und ihn auch vieles von dem Dargestellten selbst spielen zu lassen."

◆ Spielübungen sind ungezwungen und wie selbstverständlich rhythmisch-musisch zu gestalten. Bei diesen Übungen kann beispielsweise eine Stoffpuppe (als Erziehungsmittel) gute Dienste leisten. Ingeborg Thomae, Mutter eines Sohnes mit Downsyndrom namens Frieder und Gründerin der ersten Frühberatungsstelle in Bonn im Jahre 1966, teilt mir ihre Erfahrungen mit der Puppe Kasimir mit: Beim Spielen ist Kasimir („er ist unbeschreiblich beweglich, er macht tollste Kunststücke, er ist gelenkig und unverwüstlich") ein „immer zuverlässiger Gefährte. Kasimir macht vor, wie man auf allen Vieren läuft, wie man kriecht, wie man sich ganz klein zusammenkauert und dann wieder riesengroß wird". Kasimir hat keine Angst beim Treppensteigen, und „weil er am Abend müde ist, hält auch Frieder sein Plappermäulchen. Kasimir ist Beispiel, Ansporn und Trost."

9. Anhang

9.1 Zusammenfassung der UN-Menschenrechtskonvention

UN-Konvention über die Rechte von Menschen mit Behinderungen in leichter Sprache: Menschenrechte für behinderte Frauen, Männer und Kinder auf der ganzen Welt; zusammengestellt von den Autoren (siehe www.spdfraktion.de und Literaturangabe in diesem Buch *Bundesministerium für Arbeit und Soziales*, Hg.)

I

Alle Menschen haben Menschenrechte. Menschen mit Behinderungen haben die gleichen Rechte wie alle anderen Menschen. Überall auf dieser Welt.

Oft geht es behinderten Menschen schlechter als Menschen ohne Behinderungen. Die meisten behinderten Menschen leben in sehr armen Ländern. In vielen Ländern haben behinderte Menschen weniger Rechte. Sie werden oft schlechter behandelt.

Das ist ungerecht. Das soll anders werden. Deshalb hat die UN einen Vertrag geschrieben. Den Vertrag sollen viele Länder auf der Welt unterschreiben. Diese Länder müssen dann den Vertrag einhalten.

Die UN ist eine große Gruppe. Sie macht für die ganze Welt Politik. In der UN arbeiten fast alle Länder der Welt mit.

Die UN hat genau nachgedacht. Sie hat behinderte Menschen gefragt. Viele behinderte Menschen aus der ganzen Welt haben an dem Gesetz mitgearbeitet. Sie wissen am besten: Welche Rechte brauchen wir? Wo werden wir schlecht behandelt? Was muss besser werden?

II

Was steht in dem Vertrag?

Behinderte Menschen haben die gleichen Rechte wie alle anderen Menschen auch. Sie dürfen nicht schlechter behandelt werden. Sie sollen selbst über ihr Leben bestimmen. Sie sollen die Unterstützung und Hilfen bekommen, die sie brauchen.

Behinderte Menschen sind wichtig. Sie sollen ernst genommen werden. Sie sollen überall mitreden können. Wie alle anderen Menschen auch.

In dem Vertrag steht auch: Die Länder sollen besonders auf die Rechte von behinderten Frauen achten. Behinderte Frauen werden oft doppelt ungerecht behandelt: Weil sie behindert sind. Und weil sie Frauen sind. Sie erleben oft Gewalt. Deshalb brauchen behinderte Frauen besondere Hilfen.

Auch über behinderte Kinder steht etwas in dem Vertrag: Sie sollen die gleichen Rechte haben wie alle Kinder. Viele Menschen haben ein schlechtes Bild über behinderte Menschen im Kopf. Die Länder müssen das ändern. Das Fernsehen und die Zeitungen sollen mehr über behinderte Menschen berichten. Alle Menschen sollen erfahren: Wie leben behinderte Menschen?

Was ist wichtig für behinderte Menschen?

Barrierefreiheit: Behinderte Menschen sollen überall mitmachen können. Aber es gibt viele Hindernisse. Das sind z. B. Hindernisse für Menschen im Rollstuhl: Treppen, zu kleine Toiletten, Eingänge und Ausgänge auf Bahnhöfen, Stufen bei Zügen, Bussen und Flugzeugen. Das ist z. B. ein Hindernis für Menschen mit Lernschwierigkeiten: Schwere Sprache. Das ist z. B. ein Hindernis für gehörlose Menschen: Es gibt nicht genug Gebärdendolmetscher.

All diese Hindernisse machen es für behinderte Menschen schwer. Deshalb können sie oft nicht mitmachen. Darum gilt: Viele Hindernisse müssen weg.

Beispielsweise: Menschen im Rollstuhl brauchen Rampen oder Aufzüge. Sie brauchen große Toilettenräume.

Menschen mit Lernschwierigkeiten brauchen leichte Zeichenerklärungen. Sie brauchen das besonders hier: an öffentlichen Plätzen und Gebäuden.

Gehörlose Menschen brauchen Gebärdendolmetscher.

III

Alle Länder sollen diese Hindernisse beseitigen. Damit alle Menschen mitreden können. Damit alle Menschen mitmachen können.

Gleiche Rechte
Menschen mit Behinderungen haben die gleichen Rechte wie alle Menschen. Sie können wie alle zu einem Gericht gehen. Die Richter müssen behinderte Menschen ernst nehmen. Behinderte Menschen müssen Unterstützung für ihre Rechte bekommen, wenn sie welche brauchen.

Z. B.: Eine Person erklärt die Gesetze. Sie kann helfen, wenn dass die behinderte Person möchte. Aber sie darf nicht über die behinderte Person bestimmen. Auch nicht über eine Person mit Lernschwierigkeiten. Oder über eine Person mit einer psychischen Krankheit. Oder eine Person, die nicht sprechen kann. Was die behinderte Person will, ist wichtig. Sie soll entscheiden.

Wohnen
Behinderte Menschen sollen selbst entscheiden: Wo möchte ich wohnen. Mit wem möchte ich wohnen. Behinderte Menschen haben die Wahl. Sie können ihre Wohnform aussuchen. In der eigenen Wohnung oder einem Wohnheim. Allein oder in einer Wohngemeinschaft. Oder mit dem Partner oder der Partnerin. In der Stadt oder auf dem Land. Und sie bekommen die nötige Hilfe da, wo sie wohnen.

Niemand muss in ein Heim ziehen, nur weil er oder sie Unterstützung braucht. Die Unterstützung soll zu der Person kommen.

Alle Menschen haben ein Recht auf Privatsphäre. Auch behinderte Menschen, ganz gleich, wo sie wohnen. D. h.: Niemand darf in die Wohnung oder das Zimmer kommen, ohne zu fragen.

Niemand darf die Post lesen, ohne zu fragen.

IV

Arbeit
Behinderte Menschen sollen da arbeiten können, wo alle Menschen arbeiten. Z. B.: In der Autofabrik in der eigenen Stadt. Oder im Supermarkt. Oder an der Universität. Oder im Krankenhaus.

Sie können Unterstützung am Arbeitsplatz bekommen. Behinderte Menschen sollen gute Ausbildungen bekommen. Sie sollen ihren Beruf aussuchen können, wie alle Menschen. Die Betriebe und Firmen sollen mehr behinderte Menschen einstellen.

Schule
Alle Kinder sollen in die gleichen Schulen gehen. Behinderte Kinder und nicht behinderte Kinder sollen gemeinsam lernen. Es soll keine Sonderschulen geben.

Die Lehrer müssen für alle Kinder da sein. Sie müssen für jedes Kind die richtige Hilfe kennen. Dafür brauchen auch die Lehrer eine gute Ausbildung.

Manche Kinder brauchen viel Unterstützung. Das geht auch in der Schule für alle. Die Unterstützungsperson kommt dann mit in die Klasse.

Auch nach der Schule geht das weiter. Auch in der Ausbildung lernen alle zusammen. Und an der Universität.

Partnerschaft
Behinderte Menschen können sich ihre Partner und Partnerinnen genauso aussuchen wie alle Menschen. Sie können wie alle Menschen heiraten. Sie können wie alle Menschen Kinder bekommen, wenn sie Kinder wollen. Niemand darf ihnen die Kinder einfach wegnehmen. Wenn sie Unterstützung brauchen, kommt die Unterstützung in die Familie.

V

Gesundheit
Auch für behinderte Menschen muss es gute Ärzte geben. Die Ärzte und Krankenhäuser müssen auch für behinderte Menschen gut sein. D. h.: Für Menschen im Rollstuhl muss es einen Fahrstuhl und ein Rollstuhl-WC geben. Blinde Menschen müssen den Weg im Krankenhaus gut finden können. Die Ärzte müssen in leichter Sprache erklären können, was wichtig bei der Krankheit ist. Sie müssen behinderte Menschen genauso gut behandeln wie Menschen ohne Behinderungen.

Alle Menschen sollen die Medizin und die Hilfen bekommen, die sie brauchen. Deshalb dürfen die Hilfen und die Medizin nicht zu teuer sein.

Menschen mit Behinderungen müssen gefragt werden. Sie dürfen nicht gegen ihren Willen untersucht oder operiert werden.

Informationen
Behinderte Menschen sollen mitreden. Dafür brauchen sie gute Informationen. Sie müssen wissen, um was es geht. Wie z. B. in der Politik. Alle Menschen müssen die Informationen so bekommen, dass sie sie gut verstehen. Z. B.: Blinde Menschen müssen Internetseiten am Computer lesen können. Gehörlose Menschen brauchen Gebärdensprache im Fernsehen. Menschen mit Lernschwierigkeiten brauchen Bücher und Zeitungen in leichter Sprache.

VI
In der UN-Konvention stehen noch sehr viele andere wichtige Dinge. Z. B.: Alle Menschen haben ein Recht auf Leben. Auch behinderte Menschen. Alle Menschen sollen sicher vor Gewalt sein. Auch behinderte Menschen. Das müssen die Länder jetzt machen: Gesetze ändern oder neue Gesetze machen. Sie müssen dafür sorgen, dass die Gesetze auch eingehalten werden. Behinderte Menschen müssen gefragt werden, wenn neue Gesetze gemacht werden.

9.2 Nachwort

Kindertageseinrichtungen sind Orte für Kinder – ausgestattet mit einem eigenständigen Erziehungs-, Bildungs- und Betreuungsauftrag. So hat es schon vor über dreißig Jahren der Deutsche Bildungsrat deutlich formuliert und so steht es auch in allen Kindertagesstättengesetzen der 16 Bundesländer im föderalistischen System Deutschlands.

Schaut man in die Ausführungen der Bildungskommission, fallen folgende Merkmale einer Aufgabenstellung für Kindertageseinrichtungen auf: Sie

- berücksichtigen die besonderen soziokulturellen Hintergründe der Kinder und ihrer Eltern und haben die Aufgabe, diese bei der gesamten Arbeit zu beachten;
- ermöglichen den Kindern eine ganzheitliche Entwicklung und verzichten somit auf teilisolierte Förderungen einzelner Teilleistungsbereiche von Kindern;
- ermöglichen den Kindern einen Einsatz ihrer ganzen geistigen, seelischen und körperlichen Fähigkeiten und gewähren ihnen gleichzeitig ausreichende Ruhepausen;
- schenken den Kindern genügend Zeit, um sich frei und durch vielerlei Möglichkeiten ausdrücken zu können;
- berücksichtigen die individuellen Unterschiede der Kinder in einer Kindergruppe und beachten in der pädagogischen Arbeit die besonderen (Entwicklungs-)Bedürfnisse der Kinder;
- bieten den Kindern vielfältigste Möglichkeiten für individuelles und soziales Lernen;
- achten auf besondere Krisenpunkte in der Entwicklung von Kindern;

◆ legen die Grundlagen für ein späteres Lernen in nachfolgenden Bildungseinrichtungen.

Damit wird deutlich: Der Kindergarten hat sich als ein Ort für Kinder zu verstehen, in dem tagtäglich Bildungsprozesse initiiert werden, wertschätzende *Beziehungserlebnisse* möglich sein müssen und sicherheitsvermittelnde *Bindungserfahrungen* zum Kinderalltag gehören.

Kinder stehen heute in vielerlei Verpflichtungen und Erwartungen, weil einerseits das Leben immer unübersichtlicher für Kinder (und Erwachsene) wird, andererseits ihnen tatsächlich die Möglichkeit fehlt, das Leben in seinen Facetten mit Zeit und Ruhe wahrzunehmen, Handlungen auszuprobieren und den eigenen Entwicklungszeitraum Kindheit in gleichzeitig beziehungsorientierten Bindungserfahrungen zu genießen.

Immer weniger haben Kinder die Möglichkeiten, sich mit Freunden auf der Straße zu verabreden – stattdessen müssen Fahrgemeinschaften von den Eltern organisiert werden. Immer seltener können sich Kinder nach eigenen Zeitwünschen verabreden und treffen, weil Kurse oder Trainings die Tagesabläufe neben dem Besuch der Kindertageseinrichtung bestimmen. Immer öfter reagieren Kinder bei Enttäuschungen mit der Aussage: „Du bist nicht mehr mein(e)Freund(in)", weil Kinder in einem Umfeld leben, das es ihnen schwer macht, eine innere Stabilität aufzubauen und Konfliktbelastungen gemeinschaftlich zu klären.

Dort, wo Kinder sich in (noch vorhandenen) Büschen oder in dunklen Ecken verstecken, werden sie aufgefordert, wieder vorzukommen, weil Dinge geschehen könnten, die Erwachsene nicht wünschen. Matschen Kinder in Pfützen oder Schlammlöchern, werden sie angehalten, sich nicht schmutzig zu machen und wenn sie einmal plötzlich und kurzfristig verschwunden sind, wird sofort eine groß angelegte Suche nach ihnen gestartet.

Bilden Kinder Banden, werden sie dazu angehalten, mit anderen freundlich umzugehen; klettern sie auf irgendwelche Bäume, wird auf die Gefahr des Herunterfallens hingewiesen; Dächer von Gartenhütten sollen nicht erklommen werden – und dabei gibt es von dort eine bessere Aussicht auf die kleine Welt – und Dinge auf der Straße können kaum noch betrachtet werden, weil schnell eine Mahnung zum Weitergehen auffordert.

Kindheiten heute sind grundsätzlich anders als noch vor einem Jahrzehnt. Schnell gerät man bei einer solchen Aussage allerdings in den Ruf, eine nostalgische Verklärung zu stilisieren. Unbestritten gab es zu jeder Zeit auch einschränkende, verletzende, zerstörende und belastende Erfahrungen für Kinder. Allerdings – und das ist das Wesentliche – hatten Kinder eine weitaus größere Chance, sich in einem selbst organisiertem Maße zu entwickeln, selbst gewählte Freundschaften in selbstbestimmter Art zu gestalten und räumliche sowie persönliche Schwerpunkte neben alltäglichen Verpflichtungen zu realisieren. Genau das fehlt Kindern heute. Umso mehr bedarf es Kindertageseinrichtungen, die sich als Orte einer weitgehend unbeschwerten Entwicklung von Kindern verstehen.

Wenn Kinder in einem Umfeld aufwachsen, in dem ihnen lebensbedeutsame Erfahrungen genommen, Zeitstrukturierungen vorgegeben und organisatorische Vorgaben übergestülpt werden, sind sie mehr denn je auf ein Entwicklungsfeld angewiesen, in dem sie vielfältige Handlungsschritte unternehmen können, die ihrer Entwicklung dienen. Insoweit bieten Kindertageseinrichtungen die Chance, dieses Entwicklungsfeld anzubieten.

Kinder brauchen dringender denn je einen Ort, an dem sie zunächst ihre eigene Identität auf- und ausbauen können, an dem sie sich von Spannungen frei spielen und erfahren können, dass es sich lohnt, als Kind zu diesem Zeitpunkt auf der Welt zu sein. Kinder sind auf der Suche, Stolz zu spüren, verbunden mit dem Gefühl: „Das bin ich, das kann ich, das schaffe ich und das traue ich mir zu." Indem sie aktiv und initiativ etwas unternehmen, schaffen sie es, eine Beziehung zu ihrem Können aufzubauen und zu bemerken, dass sie zunehmend in der Lage sind, für sich (und andere) zu sorgen.

Warum versuchen Kinder auf Bäume oder Gartenhausdächer zu klettern, sich auf waghalsige kleine Abenteuer einzulassen, von irgendwelchen Höhen zu springen oder so schnell zu laufen wie nur möglich? Weil sie auf der Suche sind, Stolz zu empfinden und eigenes Handeln anzuerkennen.

Kinder brauchen Rückzugsmöglichkeiten – sowohl innerhalb als auch außerhalb der Kindertageseinrichtung –, um dem allgegenwärtigen Blick von Erwachsenen zu entkommen und um sich allein (oder mit anderen) Beschäftigungen hinzugeben, die nur ihnen bekannt sind.

Kinder brauchen Freiräume, um sich zu bewegen, zu laufen und zu toben, zu springen und zu hüpfen, zu rollen oder zu legen, um ihren Gefühlen einen ganz individuellen Ausdruck zu geben.

Sie brauchen ungeteilte Zeiten, in denen sie mit Ausdauer und nach eigenen Zeitempfindungen Dinge in Ruhe zu Ende führen können und sie brauchen vor allem Erwachsene, die ihre Ausdrucksformen wirklich verstehen, die Symbole ihres Handelns und Erzählens begreifen (Krenz, 2012) und sie brauchen *ihre* Kindertageseinrichtung als einen Ort, an dem sie ein aktives Mitspracherecht haben: von der Gestaltung des Tagesablaufes über die Festlegung der Tages- und Wochenschwerpunkte bis hin zur Kinderkonferenz, Raumgestaltung und Außenraumplanung.

Kinder brauchen offene Ohren, die hören, was Kinder zurzeit beschäftigt und sie suchen vielfältige Möglichkeiten, das *wirkliche Leben* – und keine heile, künstlich aufgebaute Welt – kennenzulernen.

Kinder brauchen eine Umgebung, in der sie sich in ihrer Individualität entwickeln können, bevor eine sogenannte Sozialentwicklung auf sie einströmt und sie brauchen Menschen, die ihnen einen Raum zugestehen, in dem sie mit Versuch und Irrtum das Weltgeschehen um sie herum begreifen können.

Sie brauchen Erwachsene (und ein entsprechendes Umfeld), die einer Prozesshaftigkeit ihrer Handlungsweisen eine höhere Beachtung schenken als dem Herstellen von irgendwelchen ästhetischen Produkten. Sie brauchen diese Erwachsenen als Bündnispartner zur Umsetzung ihrer ureigenen Interessen.

Sie brauchen und suchen einen Ort, an dem sie ihr eigenes Zeitmaß leben können, an dem wenig gedrängelt wird und an dem ihr magisches Denken Platz findet, ausgedrückt werden zu dürfen ohne mit kognitiven Belehrungen überfrachtet – und nicht selten damit irritiert – zu werden.

Sie brauchen Mitspieler und keine Dirigenten, die sich wirklich auf der Ebene von Kindern – im wahrsten Sinne des Wortes – befinden und sie brauchen Erwachsene, die mit ihnen sprechen anstatt zu ihnen oder über sie.

Sie brauchen Menschen, die ihre Stärken sehen und nicht gegen ihre vermeintlichen Schwächen kämpfen und sie suchen Erwachsene, die statt Pessimismus einen hohen Optimismus ausstrahlen, getreu dem Motto: „Es gibt für alles eine Lösung! Gehen wir am besten gemeinsam auf die Suche, wie diese in diesem konkreten Fall aussehen kann."

Sie suchen Mitmenschen, die sich auf Erfahrungen einlassen und keine tradierten Dogmen (Lehrsätze) verbreiten; sie brauchen Erwachsene, die statt moralisierender Ratschläge für ein anderes Normverhalten durch ihre werteorientierte Vorbildfunktion das vorleben, was sie sich von den Kindern erhoffen.

Sie wünschen sich Menschen, die auch einmal von geplanten Vorhaben ohne Schwierigkeiten loslassen können, statt sich auf bestimmte Rollen und Ziele zu fixieren. Sie suchen Erwachsene, die sie, statt erziehen zu wollen, engagiert und ganzheitlich begleiten.

Kinder brauchen Menschen, die Selbsterfahrung auf sich nehmen, statt eigene Gedanken, Gefühle und Muster zu projizieren und sie suchen Erwachsene, die mit ihnen auf die Suche nach bedeutsamen Wahrheiten gehen, statt im Sinne von Recht oder Unrecht zu debattieren und dabei unmerklich eigene Standpunkte auf Kinder übertragen.

Wenn diese – und sicherlich viele weitere – Merkmale für beziehungs- und inklusiv-orientierte Kindertageseinrichtungen zutreffen sollen, bedarf es einer kritischen Reflexion traditioneller Sichtweisen, Einschätzungen, Normen und eingefahrener Muster.

Lebensraum Kindergarten – mehr als nur ein Schlagwort

Um die Kindertageseinrichtung zu einem Ort unbeschwerter Entwicklungen für Kinder werden bzw. bleiben zu lassen, gilt es, die oben genannten *elementaren Kinderbedürfnisse* zu beachten und vor Ort für eine Atmosphäre zu sorgen, in der sich Kinder wohlfühlen. Dabei wird es allerdings vorkommen, dass Erwachsene die Aufgaben und Schwerpunkte, ihre Arbeitsweisen und Methoden neu überdenken und gegebenenfalls radikal verändern müssen.

Um von dem Wort *Lebensraum* und seinem möglichen Bedeutungswert für die Elementarpädagogik auszugehen, soll an dieser Stelle versucht werden, den Begriff noch konkreter zu fassen. So könnten die einzelnen Buchstaben Pate für folgende Eigenschaften stehen:

L   wie *Liebe* zu jedem Kind spüren und Lebendigkeit in die Beziehung sowie die Arbeit hineinbringen;
E   wie *Eigensinn* der Kinder fördern und die Eigenständigkeit von Kindern von Anfang an unterstützen;
B   wie *behutsam* mit Kindern umgehen, die voller Ängste stecken oder ihre besonderen Entwicklungszeiten brauchen;
E   wie *einfühlend* mit Kindern umgehen sowie erfrischende Ideen in den Tagesablauf bringen;
N   wie *Neugierde* zeigen, niemanden ausgrenzen und niemals bei Schwierigkeiten den Kopf in den Sand stecken;
S   wie *Sicherheit* vermitteln und *Sorgsamkeit* im Umgang mit Kindern an den Tag legen;
R   wie *ruhig* an neue Herausforderungen herangehen und sich *rundherum* den Kindern und ihren Entwicklungsbedürfnissen zuwenden;
A   wie *ausdauernd* mit den Kindern fühlen, spielen, kommunizieren;
U   wie *ursachenorientiert* an Aufgaben herangehen und die eigene Unabhängigkeit von Modetrends der Pädagogik bewahren,
M   wie *menschenorientiert* fühlen, denken und handeln.

Solang allerdings funktionale Vorstellungen über die *Gestaltung der Zukunft von Kindern* ein Schwergewicht vor der Beachtung heutiger Kindheiten (und ihrer Folgen auf die Entwicklung) bildet, solange werden Methoden und Zukunftsorientierungen vor einer Neuorientierung der Elementarpädagogik Schranken setzen. Was Kinder brauchen:

◆ Keine weitere Verpädagogisierung von Tagesabläufen, sondern eine ungeteilte Zeit für Projekte, die den Lebensplänen der Kinder entsprechen.

- Keine Moral für gesunde Ernährung, sondern ein normal ausgewogenes Essen mit Genuss.
- Keinen eigenen, isolierten Bewegungsraum, sondern eine Kindertageseinrichtung, in der tagtäglich drinnen und draußen viel Bewegung erwünscht und möglich ist.
- Keine zeitbegrenzte, spielzeugfreie Kindertageseinrichtung, sondern einen Ort, an dem grundsätzlich eher weniger didaktisiertes Spielzeug vorhanden ist und Platz für reichlich Kreativität besteht.
- Keine durchgestylte Kindertageseinrichtung mit einer hypermodernen Innen- und Außeneinrichtung, sondern einen Ort, an dem Kinder sich wohlfühlen, den sie umgestalten können und der zu lebendigen Abenteuerspielen einlädt.
- Keinen zusätzlichen Intensivraum für besondere Arbeit, sondern Räume, in denen es überall *intensiv* zugeht – vom Kommunikationserleben bis zur Projektgestaltung.
- Kein Vorschulüben, sondern ein gemeinsames Leben und Lernen mit Kindern in sinnzusammenhängenden, ganzheitlichen Vorhaben.
- Keinen Ort, an dem Kinder gesagt bekommen, was sie machen können/sollen/müssen, sondern an dem die Themen, Schwerpunkte und Interessen der Kinder verstanden und aufgegriffen werden.
- Eine Atmosphäre, in der sich Kinder angenommen und wertschätzend behandelt fühlen.
- Einen Ort, an dem sich Erwachsene und Kinder selber fordern und eigenmotiviert fördern.
- Eine Kindertageseinrichtung, in dem das Leben pulsiert, in dem Realitäten erfahren werden können und die jede aufgesetzte Künstlichkeit aufgibt.
- Eine allseits vorhandene Möglichkeit, unverarbeitete Erfahrungen aufzuarbeiten, um sich von Druck und Belastungen aus eigenen, vergangenen Erlebnissen und Eindrücken zu befreien.
- Einen Ort, an dem der Fantasiereichtum von Kindern jede Arbeitsschablone überflüssig macht und elementarpädagogische Fachkräfte ein von Kindern geliebter Teil der Gruppe sind.
- Eine Kindertageseinrichtung, in der teilisolierte, funktionsausgerichtete Therapieprogramme durch das gemeinsame, ganzheitliche Leben immer mehr überflüssig werden.
- Einen Ort, an dem mit Kindern zusammen gekocht und gelacht wird, Freude regiert und Regeln gemeinsam ausgehandelt werden, Kinder noch Kinder sein können und nicht als unfertige Erwachsene betrachtet werden, geachtete Rückzugsecken bestehen und Kinder selbstverständlich jeden Tag ihr Spielzeug mitbringen können, Jungen ebenso wie Mädchen zu ihren besonderen Rechten kommen und Gewalt von einer natürlichen Aggression unterschieden wird.

◆ Einen Ort, an dem es möglichst wenig Ablehnung und keine Ausgrenzung, allerdings Auseinandersetzungen und Konflikte gibt, an dem jedes Kind das verbriefte Recht auf eine freie Meinungsäußerung besitzt und vor allem das Kind in Erwachsenen ein Modell für das Gesagte erlebt.

Neuorientierung tut not

Dort, wo Kindertageseinrichtungen zu einem gemeinsamen *Lebensraum für alle* geworden sind, fühlen sich Kinder angenommen und verstanden. Dies schafft die notwendige Sicherheit für Kinder, sich auf neue Erfahrungen einzulassen, alte Muster zu verändern und mit neuen Verhaltensweisen lebendig und neugierig zu experimentieren.

Wenn Kinder den benannten Bullerbü-Effekt nicht mehr erleben können, dann müssen sie auch hier resignieren und entwickeln bzw. verfestigen auffällige Verhaltensweisen, die sich folgenotwendig weiter in die Schulzeit verlagern bzw. Kinder ihre Erfahrungen auf der Straße suchen. Das ist – auf die Gegenwart bezogen – dramatisch und im Hinblick auf die Zukunft fatal.

Kindergarten – ein Garten für Kinder

Wer einmal durch einen großen Garten mit altem Baumbestand und einer reichhaltigen Vielfalt der Pflanzen- und Tierwelt gegangen ist, lässt sich gern in ein Reich der Sinne entführen. Einerseits gibt es vielfältige Farben und Formen der unterschiedlichen Pflanzen zu bewundern, andererseits betören die unterschiedlichen Düfte. Die Blumen und Sträucher entwickeln ihre ganze Pracht zu unterschiedlichen Zeiten, sodass eine Blütezeit die andere ablöst. Hecken dienen Kleintieren zum Schutz, bieten Nistgelegenheiten und große Bäume spenden Schatten; so helfen sie, dass der Boden in den heißen Sommermonaten nicht gänzlich austrocknet. Ein Garten zeichnet sich durch seine Vielfältigkeit im Gegensatz zu angelegten Monokulturen mit ihren besonderen Anfälligkeiten gegen Krankheiten und Sturm aus.

Der Kindergarten kann – ausgehend von diesem Bild – auf dreierlei Arten seine Aufgaben übernehmen. Einerseits kann er alles laufen lassen und dazu beitragen, dass sich der Garten irgendwie entwickelt. Andererseits kann er einem vorzeigbaren, gepflegten und jederzeit gesteuerten Vorstadtgarten entsprechen, bei dem die Beete unkrautfrei gehalten werden und der Gärtner es jederzeit in der Hand hat, was, wo, wie, neben wem in welcher Höhe wächst (entsprechend einem autoritären Stil). Zum dritten können sich Gartenfachleute ein profundes Wissen über alle Pflanzen aneignen und dafür Sorge tragen, dass sich diese optimal entwickeln, wobei den Pflanzen selbstverständlich auch ihre Ausbreitung/Ausweitung zugestanden wird und Gartenfachleute vor allem für eine gute Bodenbeschaffenheit sorgen nach dem Motto: „Nicht die Pflanze ist krank, sondern der Boden für das Wachstum (un-)geeignet." Diese Sichtweise entspricht einem inklusiven Ansatz, weil elementare Bedürfnisse der Pflanzen beachtet und wertgeschätzt werden.

Nun kann sich jeder Kindergarten das Bild vornehmen und einmal darüber reflektieren, ob die eigene Einrichtung auch tatsächlich ein Garten für Kinder darstellt, in dem sie wachsen können und sich zur vollen Entfaltung ihrer Farbenpracht entwickeln.

Möge auch dieses Buch dazu beitragen, das Wesentliche einer bindungsorientierten, beziehungsstarken und inklusiven Pädagogik in Augenschein zu nehmen, das Unwesentliche bewusst zu vernachlässigen und das Notwendige zu unternehmen, um die elementarpädagogische Arbeit konstant und konsequent auch weiterhin zu professionalisieren und vor allem mit einer großen Liebe zu jedem einzelnen Kind auszuführen.

9.3 Literatur

Um den Leserinnen und Lesern eine bessere Übersicht über die verwendete Literatur zu geben, werden die Literaturangaben und -hinweise nach Themenschwerpunkten aufgeführt.

A) Biografien und Lebensbedingungen von Kindern in Deutschland
B) Allgemeine Pädagogik/Sonder-/Heilpädagogik/Inklusion
C) Die Person/Persönlichkeit der elementarpädagogischen Praxis
D) Bildung durch Bindung/Neurobiologie & Neuropsychologie
E) Bildung
F) Kindheiten damals und heute
G) Bindungsorientierte Pädagogik, Entwicklungspsychologie
H) Werte in der Pädagogik

A) Biografien und Lebensbedingungen von Kindern in Deutschland

Aries, P.: Geschichte der Kindheit. München 1975
Bergmann, W.: Das Drama des modernen Kindes. Weinheim 2003
Bergmann, W.: Ich bin der Größte und ganz allein. Düsseldorf 2009
Bleuel, H. P.: Kinder – und die Welt, in der sie leben. Braunschweig 1981
De Mause, L. (Hrsg.): Hört ihr die Kinder weinen. Frankfurt 1977

Deutsches Jugendinstitut: Was für Kinder – Aufwachsen in Deutschland. München 1993
Elkind, D.: Das gehetzte Kind. Hamburg 1991
Ellneby, Y.: Kinder unter Stress. München 2001
Gebauer, K.: Wenn Kinder auffällig werden. Düsseldorf 2000
Geulen, D.: Kindheit – neue Realitäten und Aspekte. Weinheim 1989
Hengst, H. u. a.: Kindheit als Fiktion. Frankfurt 1981
Herbst, T.: Die kindliche Einsamkeit. Paderborn 2010
Konrad, F.-M./Schultheis, K.: Kindheit. Stuttgart 2008
Kullmann, K.: Kinder der Angst. In: Der Spiegel 32/2009, S. 38–48
Mansel, J.: Glückliche Kindheit – Schwierige Zeit. Opladen 1996
Muchow, M.: Der Lebensraum des Großstadtkindes. Bentheim 1980
Neumann, K.: Kindsein – Zur Lebenssituation von Kindern in modernen Gesellschaften. Göttingen 1981
Rittelmeyer, C.: Kindheit in Bedrängnis. Stuttgart 2007
Rolff, H.-G./Zimmermann, P.: Kindheit im Wandel. Weinheim 1997
Weizäcker, Richard von: Bulletin der Bundesregierung vom 06. Juli 1993, Nr. 59, S. 1
Wingen, M.: Kinder in der Industriegesellschaft – wozu? Zürich 1987
Wyrwa, H.: Damit unsere Kinder eine Zukunft haben. Stuttgart 2001

B) Schwerpunkt: Allgemeine Pädagogik/Sonder-/Heilpädagogik/Inklusion

Adorno, T. W.: Negative Dialektik. Frankfurt a. M. 1966
Affolter, F.: Wahrnehmung, Wirklichkeit und Sprache. Villingen-Schwenningen 1987
Albers, T.: Mittendrin statt nur dabei. Inklusion in Krippe und Kindergarten. München und Basel 2011
Bateson, G.: Ökologie des Geistes. Anthropologische, psychologische, biologische und epistemologische Perspektiven. Frankfurt a. M. 1988
Bloch, E.: Das Prinzip Hoffnung. Werksausgabe Band 5. Frankfurt a. M. 1985
Börsenverein des Deutschen Buchhandels (Hg.): Janusz Korczak. Buchhändler-Vereinigung, Frankfurt 1972
Booth, T./Ainscow, M./Kingston, D.: Index für Inklusion (Tageseinrichtungen für Kinder). Lernen, Partizipation und Spiel in der inklusiven Kindertageseinrichtung entwickeln. GEW, Frankfurt a. M. 2006
Bundesministerium für Arbeit und Soziales (Hg.): Übereinkommen der Vereinten Nationen über die Rechte von Menschen mit Behinderungen. Redaktion 53107 Bonn, Stand Januar 2010, Bestell-Nr. A 729. Publikationsversand der Bundesregierung: Postfach 48 10 09, 18132 Rostock, E-Mail: publikation@bundesregierung.de (Anmerkung: Die UN-Behindertenrechtskonvention kann kostenlos bezogen werden. Auf den Seiten 78–159 ist sie in leichter Sprache dargestellt und erklärt.)
Coelho, P.: Unterwegs. Gedanken und Geschichten. CD. Berg 2003
Damasio, A.: Descartes' Irrtum. Fühlen, Denken und das menschliche Gehirn. Berlin 2010

Damasio, A.: Selbst ist der Mensch, Körper, Geist und die Entstehung des menschlichen Bewusstseins. München 2011
Dederich, M.: Anerkennungsethik. In: Orientierung. Fachzeitschrift der Behindertenhilfe. Heft 3/2011, S. 10–13
Dessai, E.: Kinderfreundliche Erziehung in der Stadtwohnung. Frankfurt a. M., 1993
Dewey, J: Demokratie und Erziehung. (Hg. Jürgen Oelkers), Weinheim 2000
Dörner, K.: Der gute Arzt. Lehrbuch der ärztlichen Grundhaltung. Stuttgart 2001
Dreikurs, R.: Disziplin ohne Strafe. München 1984
Dreiske, H.: Ohne Netz. Freiburg 1987
Ebert, S.: Die KiTa als lernende Organisation. In: Zukunftshandbuch KiTa, Bildung & Soziales. Regensburg, Ausgabe April 2011, S. 1–10
Eco, U.: Der immerwährende Faschismus. In: Eco, U.: Vier moralische Schriften. München 2000, S. 37–69
Ellger-Rüttgardt, S. (Hg.): Verloren und Un-Vergessen. Jüdische Heilpädagogik in Deutschland. Weinheim 1996
Finger, G: Nicht Bosheit, sondern Botschaft – Verhaltensstörungen neu deuten, in: Handbuch für ErzieherInnen in Krippe, Kindergarten, Kita und Hort, hrsg. v. Krenz, A. München2010, 59. Ausgabe (September), S. 1–18
Fragner, J.: Der gute Pädagoge aus der Sicht der Eltern. In: Der gute Lehrer, hrsg. v. Bäuerle, S. Stuttgart 1989, S. 230–244
Frisch, M.: Tagebuch 1946–1949. Frankfurt a. M. 1975
Fromm, E.: Haben oder Sein. Die seelischen Grundlagen einer neuen Gesellschaft. Stuttgart 1976
Gadamer, H-G.: Wahrheit und Methode. Grundzüge einer philosophischen Hermeneutik. Tübingen 2010
Giese, M.: Der Inklusionsdiskurs in der Heil- und Sonderpädagogik. Ein anthropologisches Niemandsland, In: Zeitschrift für Heilpädagogik Nr. 6/2011, S. 218–221
Goll, H.: Kinder mit Anencephalie – Interdisziplinärer Stand der Forschung, ethische Positionen und Hilfen für Eltern und Kind. In: Spätabbrüche der Schwangerschaft. Überlegungen zu einer umstrittenen Praxis, hrsg. v. Römelt, J., Leipzig 2005, S. 45–82
Graff, B.: Das neue Profil des Menschen. In: Süddeutsche Zeitung vom 5./6.06.2010, S. 14
Grüber, K.: Zusammen leben ohne Barrieren. Die Umsetzung der UN-Konvention für die Rechte von Menschen mit Behinderungen in Kommunen. Eine Veröffentlichung der Konrad-Adenauer-Stiftung e. V., St. Augustin/Berlin 2010
Gruen, A.: Der Verlust des Mitgefühls. Über die Politik der Gleichgültigkeit. München 1999
Gruen, A.: Wie man ein Kind lieben soll. In: publik-forum, jorunal nr. 6/2003
Günoter, U.. Kinder auf ihrem Weg begleiten. Lahr 2007
Hanselmann, H.: Vom Umgang mit sich selbst. Erlenbach-Zürich 1931
Haupt, U.: Kinder mit zerebralen Bewegungsstörungen im Spannungsfeld von eigenen Entwicklungsimpulse und fremdbestimmter Anleitung, In: Dörr, G. (Hg.): Neue Perspektiven der Sonderpädagogik. Düsseldorf 1998, S. 95–116

Haupt, U.: Wie lernen beginnt. Grundfragen der Entwicklung und Förderung schwer behinderter Kinder. Stuttgart 2006
Haupt, U.: Behindert und gefördert. Kinder mit Körperbehinderung in unserer Gesellschaft. München 2011
Hauser, U.: Eltern brauchen Grenzen. Lasst die Kinder Kinder sein. München 2008
Hentig, H. v.: Janusz Korczak oder Erziehung in einer friedlosen Welt. In: Börsenverein des Deutschen Buchhandels (Hg.): Janusz Korczak. Buchhändler-Vereinigung. Frankfurt 1972, 19–76
Hentig, H. v.: An dem, was wirklich ist, erkennen, was möglich ist. In: Neue Sammlung 1976, S. 199–209
Hentig, H. v.: Die Schule neu denken. Eine Übung der praktischen Vernunft. München/Wien (1. Aufl. 1993), 5. Aufl. 2008
Hobmair, H.(Hrsg.): Pädagogik/Psychologie, Band 2. Troisdorf 2005
Hofmann, G.: Richard von Weizsäcker. Ein deutsches Leben. München 2010
Honneth, A.: Kampf um Anerkennung. Zur moralischen Grammatik sozialer Konflikte. Frankfurt a. M. 2003
Hunt, N.: Die Welt des Nigel Hunt. Tagebuch eines mongoloiden Jungen. München und Basel 1974
IMEW – Institut Mensch, Ethik und Wissenschaft (Hg.): IMEW konkret 10, Berlin, Dezember 2007 (Warschauer Straße 58A, 10243 Berlin) info@imew.de
Jacobs, K.: Der steinige Weg zur inklusiven Schulbildung – Probleme, Hemmnisse, Chancen. Manuskript zum Vortrag vom 18.01.2011 (Bezug unter kjacobs@hofheim.de)
Jaspers, K.: Vernunft und Freiheit. Ausgewählte Schriften. Stuttgart/Zürich/Salzburg 1960
Käßmann, M.: In der Mitte des Lebens. Freiburg 2009
Keller, H.: Licht in mein Dunkel. Zürich 1991
Keller, H.: Mein Weg aus dem Dunkel. Blind und gehörlos – das Leben einer mutigen Frau, die ihre Behinderung besiegte. München 1994
Kerber-Ganse, W.: Die Menschenrechte des Kindes. Opladen und Farmington Hills 2009
Kittel, C.: Kinderrechte. Ein Praxisbuch für Kindertageseinrichtungen. München 2008
Klein, F.: Janusz Korczak. Sein Leben für Kinder – sein Beitrag für die Heilpädagogik. Bad Heilbrunn 1997
Klein, F.: Janusz Korczak. In: Grimm, R. (Hg.): Selbstentwicklung des Erziehers in heilpädagogischen Aufgabenfeldern. Luzern 1998, S. 31–51
Klein, F.: Inklusive Erziehung und Bildung in der Kita. Heilpädagogische Grundlagen und Praxishilfen. Troisdorf 2010
Klein, F.: Inklusion von Anfang an. Bewegung, Spiel und Rhythmik in der inklusiven Kita-Praxis. Köln 2012
Klein, F./Neuhäuser, G.: Heilpädagogik als therapeutische Erziehung. München und Basel 2006
Kobi, E., E.: Grundfragen der Heilpädagogik. Eine Einführung in heilpädagogisches Denken. Berlin 2004

Kohlberg, L.: The Philosophy of Moral Development. San Francisco 1984 (Übersetzung Friedhelm Beiner)
Korczak, J.: Die Verantwortung des Pädagogen. Düsseldorf 1972
Korczak, J.: Wenn ich wieder klein bin. Göttingen 1973
Korczak, J.: Wie man ein Kind lieben soll. Göttingen 1978a
Korczak, J.: Verteidigt die Kinder! Erzählende Pädagogik. Gütersloh 1978b
Korczak, J.: Von Kindern und anderen Vorbildern. Gütersloh 1979
Korczak, J.: Gebete eines Menschen, der nicht betet: Allein mit Gott. Gütersloh 1980
Korczak, J.: Das Kind lieben. (Hg.: Dauzenroth, E./Hampel, A.). Frankfurt 1984
Korczak, J.: Tagebuch aus dem Warschauer Ghetto 1942. Göttingen 1992
Korczak, J.: Das Recht des Kindes auf Achtung. Göttingen 1998
Korczak, Janusz: Sämtliche Werke. Kritische Gesamtausgabe in 16 Bänden. Band 4: Das Kind in der Familie, hrsg. von Beiner, F. und Dauzenroth, E. Gütersloh 1996
Krasznahorkai, L.: Seiobo auf Erden. Erzählungen. Frankfurt a. M. 2010
Krenz, A.: Mit Kindern jeden Tag erleben. Ein pädagogisches Gedankenbuch. Darmstadt 1996
Krenz, A.: Der „Situationsorientierte Ansatz" in der Kita. Grundlagen und Praxishilfen zur kindorientierten Arbeit. Troisdorf 2008
Krenz, A.: Kinder brauchen Seelenproviant. Was wir ihnen für ein glückliches Leben mitgeben können. München 2009a
Krenz, A.: Professionelle Öffentlichkeitsarbeit in Kindertagesstätten. Grundlagen einer kompetenten Selbstdarstellung für Kindergarten, Kindertagesstätte und Hort. Troisdorf 2009b
Krenz, A.: Beobachtung und Entwicklungsdokumentation im Elementarbereich. München 2009c
Krenz, A. (Hg.): Kindorientierte Elementarpädagogik. Göttingen 2011
Kreuzer/M. Ytterhus, B. (Hg.): „Dabeisein ist nicht alles" – Inklusion und Zusammenleben im Kindergarten. München und Basel 2011
Kron, M.: Kindliche Entwicklung und die Erfahrung von Behinderung. Frankfurt a. M. 1988
Kron, M./Papke, B./Windisch, M.: Zusammen aufwachsen. Schritte zur frühen inklusiven Bildung und Erziehung. Bad Heilbrunn 2010
Kron, M.: Integration als Einigung – Integrative Prozesse und ihre Gefährdungen auf Gruppenebene. In: Kreuzer, M./Ytterhus, B. (Hg.): „Dabeisein ist nicht alles" – Inklusion und Zusammenleben im Kindergarten. München und Basel 2011, S. 190–200
Kudszus, H.: Das Denken bei sich. Köln 2002
Kunz, L.: Einige Gedanken zum Abschluss der Herausgabe Sämtlicher Werke Janusz Korczaks. In: Korczak-Bulletin Nr. 2/2006, S.22–29
Laing, R. D.: Phänomenologie der Erfahrung. Frankfurt a. M. 1969
Landeshauptstadt Hannover: Projekt Koordination Elternbildung. In: https://e-government.hannover-stadt.de 2010
Langer, I./Schulz von Thun, F./Tausch, R.: Sich verständlich ausdrücken. München und Basel 2011

Lévinas, E.: Zwischen uns. Versuche über das Denken an den Anderen. München und Wien 1995

Lewin, A.: So war es wirklich. Die letzten Lebensjahre und das Vermächtnis Janusz Korczaks. Gütersloh 1998

Lill, G.: Begriffe versenken. Sinn und Unsinn pädagogischer Gewohnheitswörter. Berlin 2007

Lindgren, A.: Steine auf dem Küchenbord. Hamburg 2000

Lindmeier, B.: Auswirkungen der „UN-Konvention über die Rechte von Menschen mit Behinderungen" auf Einrichtungen der Behindertenhilfe. In: Sonderpädagogische Förderung heute, Nr. 4/2009, S. 395–409

Lutz, B./Knauf, T.: Kinder suchen Sinn, Wahrheit und Glück. Berlin/Düsseldorf/Mannheim 2009

Marquart, M.: Pressemitteilung Berlin 04.05.2007: Erklärung des Landesbeauftragten für Menschen mit Behinderung zum 5. Mai, dem europäischen Protesttag für Gleichstellung und gegen Diskriminierung der Menschen mit Behinderung im Jahr der Gleichstellung für alle: http.//www.berlin.de/lb/behi/presse/archiv/20070504.0910.77220.html

Maywald, J.: Die Bedeutung der UN-Kinderrechtskonvention für die Elementarpädagogik in Deutschland. In: Krenz, A. (Hg.): Handbuch für ErzieherInnen in Krippe, Kindergarten und Hort, Nr. 62/2011, S. 1–29

Meckel, M.: Briefe an mein Leben. Erfahrungen mit einem Burnout. Reinbek 2010

Mehringer, A: Eine kleine Heilpädagogik. Vom Umgang mit schwierigen Kindern, 12. Auflage. München und Basel 2008

Ministerium für Gesundheit und Soziales des Landes Sachsen-Anhalt (Hg.): Bildungsprogramm für Kindertageseinrichtungen in Sachsen-Anhalt: Bildung: elementar – Bildung von Anfang an. Magdeburg 2004 (Bezug: ms-presse@ms.sachsen-anhalt.de)

Modrow-Artus, A.: Bewegung, Rhythmik und Tanz. Kreative Bausteine für die Kita-Praxis. Troisdorf 2009

Müller-Laackman, B.: Werken und Gestalten. Methoden in Heilpädagogik und Heilerziehungspflege. Troisdorf 2008

Neuhäuser, G.: Psychiatrie. Eine Einführung für Heilpädagogen und andere Berufe im Sozial- und Gesundheitswesen. Stuttgart 2010

Nirje, B.: Das Normalisierungsprinzip – 25 Jahre danach. In: Vierteljahrsschrift für Heilpädagogik und ihre Nachbargebiete (VHN), Nr. 1/1994, S. 12–32

Oelkers, J.: War Korczak Pädagoge? In: Beiner, F. (Hg.): Janusz Korczak – Zeugnisse einer lebendigen Pädagogik. Heinsberg 1982, S. 42–60

Osten, M.: „Alles velozifersche" oder Goethes Entdeckung der Langsamkeit. Frankfurt a. M. 2003

Radtke, P.: Würdigung des Instituts Mensch, Ethik und Wissenschaft. In: IMEW-Newsletter 6/2009, S. 4

Reppowa, I.: Sein Glanz fiel auch auf dies besondere Haus. In: Korczak-Bulletin Nr. 1/2002, S. 8–9

Sachs, S.: Stefa. Weinheim und München 1989

Sacks, O.: Der Mann, der seine Frau mit dem Hut verwechselte. Reinbek 1992

Saint-Exupéry, A.: Man sieht nur mit dem Herzen gut. Freiburg 1991
Saramago, J.: Die Reise des Elefanten. Hamburg 2010
Sarimski, K./Schaumburg, M.: Soziale Partizipation in der Freizeit von 3 bis 6-jährigen Kindern mit und ohne Behinderung – eine vergleichende Elternbefragung. In: Zeitschrift für Heilpädagogik Nr. 4/2010, S. 124–129
Schlack, H-G.: „Das Kind als Akteur seiner Entwicklung" – Welche Art von Therapie passt zu diesem Konzept? In: Büchner, Chr. (Hg.): Lebensspuren. Über den Zusammenklang von Erziehung und Therapie. Luzern 2005, S. 39–49
Schlobach, U.: Wir lernen mit schwerst geistig Behinderten. Unveröffentlichte Examensarbeit. Universität Würzburg 1982
Sloterdijk, P.: Kritik der zynischen Vernunft. Bd. 1. Frankfurt 1983
Schurz, R.: Auf der Couch. In: Die Welt vom 07.08.2010, S. 7.
Sobecki, M.: Janusz Korczak neu entdeckt. Pädologe und Erziehungsreformer. Bad Heilbrunn 2008
Speck, O.: Erziehung und Achtung vor dem Anderen. Zur moralischen Dimension der Erziehung. München und Basel 1996
Speck, O.: System Heilpädagogik. Eine ökologisch reflexive Grundlegung. München und Basel 2008
Speck, O.: Wage es nach wie vor, dich deines eigenen Verstandes zu bedienen! Ideologische Implikationen einer Schule für alle. In: Zeitschrift für Heilpädagogik Nr. 3/2011, S. 84–91
Steiger, S.: Korczaks Koffer. Das Experimentelle Theater Günzburg und die Botschaft aus Warschau. Günzburg 1999 (Siegfried Steiger, Imhofstraße 21, 89312 Günzburg)
Strömstedt, M.: Astrid Lindgren. Ein Lebensbild. Hamburg 2001
Sünkel, W.: Vittorino da Feltre und das Hofmeistermodell in der neuzeitlichen Pädagogik. In: Sünkel, W.: Im Blick auf Erziehung. Bad Heilbrunn 1994, S. 11–21
Sünkel, W.: Salzmanns Symbolum. Einige Gedanken über den inneren Abstand des Erziehers von sich selbst. In: Sünkel, W.: Im Blick auf Erziehung. Bad Heilbrunn 1994, S. 23–28
Thimm, W. (Hg.): Das Normalisierungsprinzip. Ein Lesebuch zu Geschichte und Gegenwart eines Konzepts. Marburg 2005
Tschöpe-Scheffler, S.: Pestalozzi – Leben und Werk. Im Zeichen der Liebe. Neuwied/Kriftel/Berlin 1996
Tschöpe-Scheffler, S.: Kinder brauchen Wurzeln und Flügel. Mainz 1999
Tschöpe-Scheffler, S.: Fünf Säulen der Erziehung. Wege zu einem entwicklungsfördernden Miteinander von Erwachsenen und Kinder, 5. Auflage, Ostfildern 2009
Vetter, S.: Persönliche Mitteilung an den Verfasser. Jena 2011 (Der Text erscheint 2012 im Tagungsband des Deutschen Roten Kreuzes: Inklusion konkret).
Weber, C.: Zwischenstation Sehnsucht. In: Süddeutsche Zeitung vom 26./27.06.2010, S. 24
Weiß, H.: Kinder in Armut – eine Herausforderung inklusiver Bildung und Erziehung. In: Sonderpädagogische Förderung heute, Nr. 1/2010, S. 7–27
Welser, M. v.: Kinderrechte ins Grundgesetz! In: Süddeutsche Zeitung vom 17.06.2011, S. 2

Wilken, E.: Sprachförderung bei Kindern mit Down-Syndrom. Mit ausführlicher Darstellung des GuK-Systems. Stuttgart 2010
Winterhoff, M.: Warum unsere Kinder Tyrannen werden. Oder: Die Abschaffung der Kindheit. Gütersloh 2009
Winterhoff, M.: Tyrannen müssen nicht sein. Gütersloh 2010
Winterhoff, M./Tergast, C.: Lasst Kinder wieder Kinder sein: Oder: Die Rückkehr zur Intuition. Gütersloh 2011
Wocken, H.: Schulstruktursicherungsgesetz! In: SPUREN. Sonderpädagogik in Bayern. Heft 3/2011, S. 27–29
Zöller, D.: Ein Kind als Schadensfall? In: behinderte menschen. Zeitschrift für gemeinsames Leben, Lernen und Arbeiten, Nr. 2/2009, S. 70

C) Schwerpunkt: Die Person/Persönlichkeit der elementarpädagogischen Praxis

Asendorpf, J.: Psychologie der Persönlichkeit. Berlin 2. Aufl. 2000
Baum, H.: Das Kind in mir. Was mich und meinen Erziehungsstil prägt. Freiburg 1998
Baumann-Bay, L. und A.: Mach deinen Beruf zur Berufung. Eine Anleitung zur Selbst- und Sinnfindung. Stuttgart 2003
Berry, C. R.: Die Erlöser-Falle. Lust und Frust der Helfer-Typen. München 1993
Bowlby, J.: Frühe Bindung und kindliche Entwicklung. München 4. Aufl. 2001
Bundesverband ev. ErzieherInnen & SozialpädagogInnen e.V.: Berufsbild ErzieherIn. Allgemeine Merkmale des Erzieherinnenberufes. Lübeck 2. Aufl. 1983
Callahan, C.: Spielraum. In: managerSeminare, Heft 83, Februar 2005, S. 31–36
Damasio, A. R.: Descartes' Irrtum. Fühlen, Denken und das menschliche Gehirn. München 3. Aufl. 1997
Damasio, A. R.: Ich fühle, also bin ich. Die Entschlüsselung des Bewusstseins. München 3. Aufl. 2001
Damasio, A. R.: Der Spinoza-Effekt. Wie Gefühle unser Leben bestimmen. München 2003
Ernst, H.: Wer bin ich? Selbsterkenntnis – die schwierigste aller Künste. PSYCHOLOGIE HEUTE, April 2006, S. 20–29
Fischer, H.: Hintergrund: Berufliche Identität. In: TPS – Theorie und Praxis der Sozialpädagogik. Heft 1/1982, S. 4 ff.
Friedrich, H.: Beziehungen zu Kindern gestalten. Weinheim und Basel 3. Aufl. 2003
Gerlach, S.: Nachdenklichkeit lernen. München 2003
Grossmann, K./Grossmann, K. E.: Bindungen – das Gefüge psychischer Sicherheit. Stuttgart 2004
Großmann, U.: Kleiner Ratgeber für Erzieherinnen – Hilfen für die Vielfalt des Berufsalltags. Neuwied/Kriftel/Berlin 1998
Gruntz-Stoll, J.: Probleme mit Problemen. Dortmund 1994
Gruschka, A.: Kinder stärken, Dinge klären. Die Erziehung der Erzieher. In: Welt des Kindes. Heft 4/98, S. 6–12

Hartmann, M. et al.: Kompetent und erfolgreich im Beruf. Wichtige Schlüsselqualifikationen, die jeder braucht. Weinheim 2005
Huhn, G./Backerra, H.: Zur Selbstmotivation führen. In: QZ – Qualität und Zuverlässigkeit. Jahrgang 50, Heft 4/2005, S. 170–171
Kellers, R.: Was wir über uns wissen, wissen wir durch Vergleiche. In: PSYCHOLOGIE HEUTE, Heft 4/April 2006, S. 27–29
Keupp, H.: Diskursarena Identität: Lernprozesse in der Identitätsforschung. In: Keupp, H. und Höfer, R. Identitätsarbeit heute. Frankfurt 1997
Korczak. J.: Wie man ein Kind lieben soll. Göttingen 1987
Krenz, A.: Qualitätssicherung in Kindertagesstätten. Das Kieler Instrumentarium für Elementarpädagogik und Leistungsqualität, K.I.E.L. (Kapitel: Selbstverständnis der Erzieherin) München 2001
Krenz, A.: Elementarpädagogik und Professionalität. Lebens- und Konfliktraum Kindergarten. Offenbach 2005
Krenz, A.: Erhebung zur Berufs(un)zufriedenheit bei ErzieherInnen in der Kindergarten- und Hortarbeit. Kiel: unveröffentlichte Studie 2010
Langemmayr, M.: Erzieherinnen bilden – Zum Berufsbild der Erzieherin im Kontext des bayerischen Bildungs- und Erziehungsplans. KiTa aktuell, Bayern 2004, Nr. 6, 131 ff.
LeDoux, J. E.: Das Netz der Gefühle. Wie Emotionen entstehen. München 2001
LeDoux, J. E.: Das Netz der Persönlichkeit. Wie unser Selbst entsteht. Zürich/Düsseldorf 2003
Leman, K./Carlson, R.: Kindheitserinnerungen. Der Schlüssel zur Persönlichkeit. München 1994
Missildine, W. H.: In dir lebt das Kind, das du warst. Stuttgart 9. Aufl. 1990
Morgenroth, H.: Den roten Faden finden. München 1995
Netz, T.: ErzieherInnen auf dem Weg zur Professionalisierung. Studien zur Genese der beruflichen Identität. Frankfurt 1998
Ochmann, F.: Die Macht der Gefühle. In: STERN, Nr. 35/2003, S. 96–107
Pommerenke, U.: Motivation und Erfolg. Strategien und Self-Coaching für ErzieherInnen. Offenbach 2004
Rosenkranz, H. Von der Familie zur Gruppe zum Team. Paderborn 1990
Roth, G.: Fühlen, Denken, Handeln. Wie das Gehirn unser Verhalten steuert. Frankfurt 2001
Schmid, W.: „Ich hab mich selbst so lieb …" – Über die Lebenskunst der Kinder. In: PSYCHOLOGIE HEUTE, Oktober 2003
Schmid, W.: Schönes Leben? Einführung in die Lebenskunst. Frankfurt 5. Aufl. 2002
Schmidbauer, W.: Helfen als Beruf. Die Ware Nächstenliebe. Reinbek 1992
Schmidbauer, W.: Wenn Helfer Fehler machen. Liebe, Missbauch, Narzissmus, Reinbek 1997.
Schmidbauer, W.: Hilflose Helfer. Über die seelische Problematik der helfenden Berufe. Reinbek 2000
Schoenaker, Th./Seitzer, J./Wichtmann, G.: So macht mir mein Beruf wieder Spaß. Ein Selbsthilfebuch für Erzieherinnen. München 1995

Seitz, R.: Erzieherin zwischen Lust und Frust. München 1998
Suess, G.. J./Pfeifer, K.-W. (Hrsg.): Frühe Hilfen. Die Anwendung von Bindungs- und Kleinkindforschung in Erziehung, Beratung und Therapie. Gießen 2. Aufl. 2000
Schwarz, A. A./Schweppe, R. P.: Der Träumer, der Weise, das innere Kind. München 2004
Stavemann, H. H.Im Gefühlsdschungel. Weinheim 2001
Terhart, E.: Lehrerberuf und Professionalität. In: Dewe, B. et al.(hrsg.). Erziehen als Profession: zur Logik professionellen Handelns in pädagogischen Feldern. Opladen 1992
Thiersch, R. (Hrsg.): Die Ausbildung der Erzieherinnen-Entwicklungstendenzen und Reformansätze. Weinheim 1999
Tschöpe-Scheffler, S.: Lebenskompetenzen unterstützen. In: Praxis Spiel & Gruppe. Heft 2/1998, S. 86–89
Tugendhat, E.: Selbstbewusstsein und Selbstbestimmung. Sprachanalytische Interpretationen. Frankfurt/Main 1979
Watzlawick, P.: Anleitung zum Unglücklichsein. München/Zürich 6.Aufl.1983
Weiss, A.: Ketzerische Gedanken zum weiblichsten aller Berufe. In: Theorie und Praxis der Sozialpädagogik, TPS. Heft 1/1982, S. 17–21

D) Schwerpunkt: Bildung durch Bindung/Neurobiologie & Neuropsychologie

Ainsworth, M. D. S.: Attachment as related to mother-infant interaction. In: Rosenblatt, J. et al. (Hrsg.). Advances in the study of behaviour, Bd. 9, San Diego 1979, S. 1–51
Ainsworth, M. D. S.: Feinfühligkeit versus Unfeinfühligkeit gegenüber den Mitteilungen von Babys. In: Grossmann, K. E./Grossmann, K. (Hrsg.). Bindung und menschliche Entwicklung. Stuttgart 2003, S. 414–421
Arnold, M.: Kinder denken mit dem Herzen. Wie die Hirnforschung Lernen und Schule verändert. Weinheim 2011
Benjes, H.: Hein Botterblooms heilsames Durcheinander für Lehrer, Libellen und Kinder. Hellwege, 8. Aufl.1999
Bergmann, W.: Das Drama des modernen Kindes. Weinheim 2006
Bowlby, J.: Frühe Bindung und kindliche Entwicklung. München 4. Aufl. 2001
Carr, M.: Assesment in Early Childhood Settings. Learning Stories. London 2001
Damasio, A. R.: Decartes' Irrtum. Fühlen, Denken und das menschliche Gehirn. München 3. Aufl. 1997
Damasio, A. R.: Ich fühle, also bin ich. Die Entschlüsselung des Bewusstseins. München 3. Aufl. 2001
Damasio, A. R.: Der Spinoza-Effekt. Wie Gefühle unser Leben bestimmen. München 2003
Fuchs, T.: Das Gehirn – ein Beziehungsorgan. Eine phänomenologisch-ökologische Konzeption. Stuttgart 3. Aufl. 2010

Gebauer, K.: Klug wird niemand von allein. Kinder fördern durch Liebe. Düsseldorf 2007
Graf, J.: Erst Wurzeln, dann Flügel. In: PSYCHOLOGIE HEUTE, Februar 2006, S. 46–51
Greenspan, St. I.: Das geborgene Kind. Zuversicht geben in einer unsicheren Welt. Weinheim 2003
Grossmann, K./Grossmann, K. E.: Bindungen – das Gefüge psychischer Sicherheit. Stuttgart 2004
Holmes, J.: John Bowlby und die Bindungstheorie. München 2002
Howes, C.: Continuity of care: The importance of infant, toddler, caregiver relationships. Zero to Three, 18, Nr. 6,/1998, S.7–11
Hüther, G.: Die Macht der inneren Bilder. Wie Visionen das Gehirn, den Menschen und die Welt verändern. Göttingen 2004
Jackel, B.: Lernen, wie das Gehirn es mag. Kirchzarten 2008
König, A.: Interaktion als didaktisches Prinzip. Bildungsprozesse bewusst begleiten und gestalten. Köln 2010
Kullmann, K.: Kinder der Angst. In: DER SPIEGEL. 2009, Heft 32, S. 38–48
Largo, R. H.: Kinderjahre. Die Individualität des Kindes als erzieherische Herausforderung. München 1999
LeDoux, J. E.: Das Netz der Gefühle. Wie Emotionen entstehen. München 2001
Markova, D.: Wie Kinder lernen. Eine Entdeckungsreise für Eltern und Lehrer. Kirchzarten, 5. Aufl. 2005
Ochmann, F.: Die Macht der Gefühle. In: STERN, 2003, Nr. 35, S. 96–107
Musiol, M: Aspekte zur Trias von Betreuung, Bildung und Erziehung in Kindertageseinrichtungen und wie sie in der Praxis sichtbar werden. In: Bildungskonzeption für 0- bis 10-jährige Kinder in Mecklenburg-Vorpommern. Hrsg.: Ministerium für Bildung, Wissenschaft und Kultur. Schwerin 2010
Roth, G.: Fühlen, Denken, Handeln. Wie das Gehirn unser Verhalten steuert. Frankfurt 2001
Schmid, W.: „Ich hab mich selbst so lieb …" – Über die Lebenskunst der Kinder. In: PSYCHOLOGIE HEUTE, Oktober 2003
Schmid, W.: Schönes Leben? Einführung in die Lebenskunst. Frankfurt 5. Aufl. 2002
Suess, G. J. und Pfeifer, K.-W. (Hrsg.): Frühe Hilfen. Die Anwendung von Bindungs- und Kleinkindforschung in Erziehung, Beratung und Therapie. Gießen 2. Aufl. 2000
Suess, G. J.: Neue Erkenntnisse aus der Bindungsforschung. In: Manuskripte im Rahmen der didacta in Hannover, 2006, S. 1–2
Tschöpe-Scheffler, S.: Lebenskompetenzen unterstützen. In: Praxis Spiel & Gruppe. 1998, Heft 2, S. 86–89
Zimpel, A. F.: Zwischen Neurobiologie und Bildung. Göttingen 2010

E) Schwerpunkt: Bildung

a) Bücher

Astington, J. W.: Wie Kinder das Denken entdecken. München 2000
Bowlby, J.: Frühe Bindung und kindliche Entwicklung. München 2001
Crain, W.: Lernen für die Welt von morgen. Kindzentrierte Pädagogik – der Weg aus der Erziehungs- und Bildungskrise. Freiamt 2005
Deutsche UNESCO-Kommission (Hrsg.): Lernfähigkeit – unser verborgener Reichtum. UNESCO-Bericht zur Bildung für das 21. Jahrhundert. Berlin 1997 („Delors-Bericht")
Draude-Groschwitz, W.: Lasst den Kindern ihre Kindheit! Zur „Bildungsreform" in Kindertageseinrichtungen. In: Kiebitz, Heft 1/2008
Gauger, J.-D. (Hrsg.): Bildung und Erziehung. Grundlage humaner Zukunftsgestaltung. Bonn/Berlin 1991
Gerlach, S.: Nachdenklichkeit lernen. München 2003
Hobmair, H. (Hrsg.): Pädagogik/Psychologie. Band 2. Troisdorf 2005
Holt, J.: Wie kleine Kinder schlau werden. Selbständiges Lernen im Alltag. Weinheim 2003
Krenz, A.: Elementarpädagogik aktuell. Die Entwicklung des Kindes professionell begleiten. Offenbach 2003
Lewis, R.: Leben heißt staunen. Von der imaginativen Kraft der Kindheit. Weinheim 1998
Rau, J.: Den ganzen Menschen bilden – wider den Nützlichkeitszwang. Weinheim 2004
Rau, J.: Rede auf dem ersten Kongress des Forums „Wissen schafft Zukunft" am 14.07.2000 in Berlin. Abdruck in: Neue Sammlung Nr. 40/2000, S. 628 f.
Saint-Exupéry, A. de: Man sieht nur mit dem Herzen gut. Freiburg 1993
Schäfer, G. E. (Hrsg.): Bildung beginnt mit der Geburt. Förderung von Bildungsprozessen in den ersten sechs Lebensjahren.Weinheim 2003
Schäfer, G. E.: Bildungsprozesse im Kindesalter – Selbstbildung. Weinheim 1995
Singerhoff, L.: Kinder brauchen Sinnlichkeit. Die Bedeutung und Förderung kindlicher Sinneswahrnehmung. Weinheim 2001

b) Broschüren

Berger, M./L.: Der Baum der Erkenntnis für Kinder und Jugendliche im Alter von 1–16 Jahren. (Bestelladresse E-Mail: bergerLM@web.de)
GEW-Hauptvorstand (Hrsg.): Bildung fängt vor der Schule an! Stellungnahme des Bundeskuratoriums zur „Förderung von Kindern unter sechs Jahren". Frankfurt a. M., 25.01.2005
ver.di (Hrsg.): Macht Knäckebrot schwedische Kinder klüger? Der Baum der Erkenntnis: Umsetzung des schwedischen Bildungsplanes für Kindertagesstätten und Schulen. Dokumentation von Fachtagungen mit Göran Frisk. Berlin o. J.
ver.di (Hrsg.): Bildung in Kindertagesstätten. Berlin o. J.

c) Fachartikel

Ahnert, L.: Frühe Kindheit: Bindungs- und Bildungsgrundlagen. In: Frühe Kindheit – die ersten sechs Jahre. Heft 05/2003. S. 8 ff.

Baaden, A.: Bildung für morgen. In: Forum Caritas München (Hrsg.): Fachhaltigkeit als Prinzip für die Zukunft. Don Bosco Verlag, München 2003. S. 105 ff.

Bredow, R.: Bildung „Wie weinen Krokodile?". In: Der Spiegel, Heft 15, 2005. S. 142 ff.

Böhm, D.: Lernfeld Kindergarten. Wie findet Bildung statt? In: mobile, Heft 5–6/2004, S. 40 ff.

Bründel, H./Hurrelmann, K.: Chancen des Kindergartens nach PISA. In: Frühe Kindheit – die ersten sechs Lebensjahre. Heft 05/2003, S. 13 ff.

Elschenbroich, D.: Verwandelt Kindergärten in Labors, Ateliers, Wälder. Kinder können und wollen mehr lernen, als wir ihnen zutrauen. Ein Plädoyer gegen Langeweile und Monotonie in deutschen Kindergärten. In: DIE ZEIT, 25.10.2001, S. 36

Firlei, K.: Bildung jenseits der Qualifikationsmaschine. Ein Imperativ für den Fortbestand der menschlichen Zivilisation. In: Landesverband der Volkshochschulen Schleswig-Holstein e. V., Kiel. LV Rundschreiben Nr. 3/2004, S. 5 ff.

Graf, J.: Erst Wurzeln, dann Flügel. In: PSYCHOLOGIE HEUTE, Februar 2006, S. 46–51

Kesberg, E.: Bildungsauftrag der Kindertageseinrichtungen. In: KiTa aktuell NRW, Ausgabe Nr. 3/2002, S. 56 ff.

Klein, L.: „Meine Knochen sind aus Plastik, und drumherum ist Rindfleisch." In: TPS, Heft 5/1996. S. 283 ff.

Laewen, H.-J.: Ein Wechselspiel. In: Welt des Kindes, Heft 1/2005. S. 8 ff.

Langemmayr, M.: Erzieherinnen bilden – Zum Berufsbild der Erzieherin im Kontext des bayerischen Bildungs- und Erziehungsplans. In: KiTa aktuell, Bayern Nr. 6/2004, S. 131 ff.

Leo, S.: Die zehn Bildungsthesen von Prof. Dr. Gerd E. Schäfer. Frühkindliche Bildung, Teil 1. In: KiTa aktuell MO, Nr. 12/2002, S. 254 ff.

Leu, H. R.: Bildungs- und Lerngeschichten von Kindern. In: DJI Bulletin Nr. 60/61, Winter 2002. S. 8 ff.

Liegle, L.: Bildungskulturen im Kindergarten. In: Frühe Kindheit – die ersten sechs Lebensjahre. Heft 05/2003, S. 16 ff.

Lukas, S.: Bildung unter 6 zwischen Anspruch und Wirklichkeit. Ein Forschungsbericht zu subjektiven Bildungstheorien von Erzieherinnen in den Neuen Bundesländern. In: Sozialextra, Heft 1/2005, S. 24 ff.

Meise, S.: Bildung schon im Kindergarten. In: Psychologie heute. November 2003, S. 48 ff.

Otto, J./Spiewak, M.: Spielend ein Genie. In: DIE ZEIT, Nr. 49 – 25.11.2004, S. 37, 39

Reisch, L.: „Sorgfältig darauf achten, welche Fragen ein Kind stellt." Gespräch mit Prof. Wolf Singer. In: GEW (Hrsg.): Erziehung und Wissenschaft. Heft 2/2004, S. 6 f.

Schäfer, G. E.: Bildung: Ein Begriff – viele Bedeutungen. In: Welt des Kindes. Heft 2/2004, S. 22 ff.

Schäfer, G. E.: Bildungsprozesse in der frühen Kindheit. Bildung ist keine Ware. In: Sozialextra, Heft 1/2005. S. 6 ff.

Schweiger, M.: Ein neuer Blick auf die Bildungsprozesse von Kindern. DJI Bulletin Nr. 71/2005, S. 2

Schwender, M.: Die Entwicklungsbegleitung von Kindern mit Förderbedarf in einer Kindergartengruppe. In: Handbuch für ErzieherInnen, München 2011, Ausgabe 61, S. 1–27

Senckel, B.: „Bildung" – zur Aktualität eines „veralterten" Begriffs. In: Unsere Jugend, Heft 12/2004. S. 504 ff.

Strätz, R.: Einige Konsequenzen aus PISA für die Tageseinrichtungen für Kinder. In: Dokumentation Kindergartenmesse, Heft 4/2003, S. 94 f.

Stahlmann, M.: Immer auf die Kleinen …? PISA und die Folgen – eine neue Chance für die Kindertagesstätten. In: Unsere Jugend. Heft 6/2002, S. 259 ff.

F) Schwerpunkt: Kindheiten damals und heute

Aden-Grossmann, W.: Kindheit. in: Pousset, R. (Hrsg.). Handwörterbuch für Erzieherinnen und Erzieher. Berlin 2010

Ariès, P.: Geschichte der Kindheit. München 1978

Beiner, F.: Vom Recht des Kindes so zu sein, wie es ist. In: Welt des Kindes, Heft 1/1988

Betz, T.: Ungleiche Kindheiten. Weinheim 2008

Bundesministerium für Familie, Senioren, Frauen und Jugend (Hrsg.): 13. Kinder- und Jugendbericht. Köln 2009

DeGrandpre, R: Die Ritalin-Gesellschaft. 2002

DJI – Deutsches Jugendinstitut (Hrsg.): Konsum und Umwelt im Jugendalter. München 2009

Ellneby, Y.: Kinder unter Stress. München 2001

Feil, Ch.: Kinder, Geld und Konsum. Die Kommerzialisierung der Kindheit. Weinheim 2003

Glöckler, M.: Kindsein heute. Schicksalslandschaft aktiv gestalten. Umgang mit Widerständen – ein salutogenetischer Ansatz. Stuttgart/Berlin 2003

Göppel, R.: Aufwachsen heute: Veränderungen der Kindheit – Probleme des Jugendalters. Stuttgart 2007

Hamann, G.: Habe alles, bekomme mehr. In: Die Zeit, Nr. 22, 2004, 19.05.2004

Hurrelmann, K.: Lebensphase Jugend. Weinheim 9. Aufl. 2009

Konrad, F.-M./Schultheis, K.: Kindheit. Stuttgart 2008

Klusemann, H.-W.: Kindheit im Wandel – Kindheit heute. In: Bildungskonzeption für 0- bis 10-jährige Kinder in Mecklenburg-Vorpommern. Hrsg.: Ministerium für Bildung, Wissenschaft und Kultur. Schwerin 2010

Korczak, J.: Verteidigt die Kinder. Gütersloh 1987

Krenz, A.: Was Kinder brauchen. Berlin 7. Aufl. 2010

Kullmann, K.: Kinder der Angst. In: Der Spiegel, Heft 32, 2009, S. 38–48

Mansel, J. (Hrsg.): Glückliche Kindheit – Schwierige Zeit? Über die veränderten Bedingungen des Aufwachsens. Opladen 1996

Rittelmeyer, Chr.: Kindheit in Bedrängnis. Stuttgart 2007

Römer, F.: Arme Superkinder. Wie unsere Kinder der Wirtschaft geopfert werden. Weinheim 2011
Süssmuth, R.: Kinderleben, Kinderzeiten, Kinderwelten. In: Kinderzeit, Heft 1/ 1988/89, S.7–9
Wyrwa, H.: Damit unsere Kinder eine Zukunft haben. Stuttgart 2001
Zeiher, H.: Kindheit – organisiert und isoliert. In: Psychologie heute, Februar 1990, S. 20–25

G) Schwerpunkt: bindungsorientierte Pädagogik/ Entwicklungspsychologie

Astington, J. W.: Wie Kinder das Denken entdecken. München 2000
Brooks, R./Goldstein, S.: Das Resilienz-Buch. Stuttgart 2007
Ciompi, L.: Die emotionalen Grundlagen des Denkens. Göttingen 1997
Elkind, D.: Das gehetzte Kind. Werden unsere Kinder zu schnell groß? Hamburg 1991
Ellneby, Y.: Kinder unter Stress. München 2001
Fuhrer, U.: Lehrbuch Erziehungspsychologie. Bern. 2. Aufl. 2009
Gebauer, K.: Klug wird niemand von allein. Düsseldorf 2007
GEO Wissen: Kindheit und Jugend. Geo Wissen, Hamburg, Heft 2/September 04/2004
Gonzales-Mena, J./Widmeyer Eyer, D.: Säuglinge, Kleinkinder und ihre Betreuung, Erziehung und Pflege. Freiamt 2008
Greenspan, St. I.: Das geborgene Kind. Zuversicht geben in einer unsicheren Welt. Weinheim 2003
Günster, U.: Kinder auf ihrem Weg begleiten. Lahr 2007
Haug-Schnabel, G./Schmid-Steinbrunner, B.: Wie man Kinder von Anfang an stark macht. Ratingen 2002
Haug-Schnabel, G.: Zweijährige im Kindergarten – Ab zwei dabei. In: Krenz, Armin (Hrsg.): Handbuch für ErzieherInnen in Krippe, Kindergarten, Vorschule und Hort. München. Loseblattwerk, Ausgabe 09/2005
Haug-Schnabel, G./Bensel, J.: Kinder unter 3 – Bildung, Erziehung und Betreuung von Kleinstkindern. Kindergarten heute spezial. Freiburg 2006
Herbst, Th.: Die kindliche Einsamkeit. Paderborn 2010
Holt, J.: Wie kleine Kinder schlau werden, Weinheim 1997
Hüther, G.: Bedienungsanleitung für das menschliche Gehirn, Göttingen 2001
Jackel, B.: Lernen, wie das Gehirn es mag. Kirchzarten 2008
Kammerer, D.: Die ersten drei Lebensjahre. Ein Elternbegleitbuch. München 2004
Kasten, H.: 0–3 Jahre. Entwicklungspsychologische Grundlagen. Weinheim und Basel 2005
Keller, H. (Hrsg.): Handbuch der Kleinkindforschung. Bern 2. Aufl. 1997
König, A.: Interaktion als didaktisches Prinzip. Troisdorf 2010
Koneberg, L./Gramer-Rottler, S.: Die sieben Sicherheiten, die Kinder brauchen. München 2006

Konrad, F.-M./Schultheis, K.: Kindheit. Stuttgart 2008
Krenz, A.: Werteentwicklung in der frühkindlichen Bildung und Erziehung. Berlin 2007
Krenz, A.: Kinder brauchen Seelenproviant. München 2. Aufl. 2009
Krenz, A.: Was Kinder brauchen. Berlin 2010
Krenz, A.: Was Kinder brauchen. Aktive Entwicklungsbegleitung im Kindergarten. Berlin, 7. Aufl. 2010
Krenz, A.: Kinderseelen verstehen. München 2012
Kuhl, J./Völker, S.: Entwicklung und Persönlichkeit. in: Keller, H. (Hrsg.): Lehrbuch Entwicklungspsychologie. Bern/Göttingen 1998
Largo, R. H.: Babyjahre. München 2005
Largo, R. H.: Kinderjahre. Die Individualität des Kindes als erzieherische Herausforderung. München/Zürich 1999
Leu, H. R./von Behr, A. (Hrsg.): Forschung und Praxis der Frühpädagogik. Profiwissen für die Arbeit mit Kindern von 0–3 Jahren. München 2010
Markova, D./Powell, A. R.: Wie Kinder lernen. Kirchzarten 2005
Mietzel, G: Wege in die Entwicklungspsychologie. Kindheit und Jugend. München 4. Aufl. 2002
Mutius, B. von (Hrsg.): Die andere Intelligenz. Stuttgart 2003
Neumann, U.: Lass mich Wurzeln schlagen in der Welt. Von den seelischen Bedürfnissen unserer Kleinsten. München 2004
Neumann, U.: Wenn die Kinder klein sind, gib ihnen Wurzeln, wenn sie groß sind, gib ihnen Flügel. München 19. Aufl., 2003
Opp, G./Fingerle, M. (Hrsg.): Was Kinder stärkt. Erziehung zwischen Risiko und Resilienz. München 2. Aufl. 2007
Rittelmeyer, Chr.: Kindheit in Bedrängnis. Stuttgart 2007
Rossmann, P.: Einführung in die Entwicklungspsychologie des Kindes- und Jugendalters. Bern/Göttingen 3. Aufl. 2001
Rost, D. H.: Handwörterbuch Pädagogische Psychologie. 3. Aufl. Weinheim/Basel/Berlin 2006
Roth, G.: Aus Sicht des Gehirns. Frankfurt 2003
Spitzer, M.: Lernen. Heidelberg 2003
Suess, G. J./Burat-Hiemer, E.: Erziehung in Krippe, Kindergarten, Kinderzimmer. Stuttgart 2009
Völkel, P./Viernickel, S.: Fühlen, bewegen, sprechen und lernen. Meilensteine der Entwicklung bei Kleinstkindern. Troisdorf 2009

H) Schwerpunkt: Werte in der Pädagogik

a) Bücher „Kinder und Werte"

Altmann, P.: Vom Wert der Werte. Was im Leben wirklich zählt. Hühnfelden 2010
Altner, N.: Achtsam mit Kindern leben. München 2009
Becker, P.: Gesundheit durch Bedürfnisbefriedigung. Göttingen 2006
Beil, B.: „Gutes Kind, böses Kind – Warum brauchen Kinder Werte?" München 1998

Bergmann, W.: Disziplin ohne Angst. Wie wir den Respekt unserer Kinder gewinnen und ihr Vertrauen nicht verlieren. Weinheim und Basel 2007
Biermann, I.: Rituale machen Kinder stark. Praxisbuch für den Kindergarten. München 2003
Bucher, A.: Was Kinder glücklich macht. Weinheim 2003
Dornes, M.: Die emotionale Welt des Kindes. Frankfurt 2000
Dreikurs, R. et al.: Kinder fordern uns heraus. Wie erziehen wir sie zeitgemäß? Stuttgart 12. Aufl. 2004
Ehrensaft, D.: Wenn Eltern zu sehr … Warum Kinder alles bekommen, aber nicht das, was sie brauchen. München 2003
Fees, K.: Werte und Bildung. Werteorientierung im Pluralismus als Problem für Erziehung und Unterricht. Opladen 2000
Ferro, M. und Jeammet, Ph.: Kinder und Werte. Erziehung in einer schwierigen Zeit. Weinheim und Basel 2001
Franz, M.: Hauptsache Wertebildung. Mit Kindern Werte erleben und entwickeln. München 2010
Frick, J.: Die Droge Verwöhnung. Beispiele, Folgen, Alternativen. Bern 3. überarb. Aufl. 2005
Gebauer, K./Hüther, G.: Kinder brauchen Spielräume. Düsseldorf 2003
Gebauer, K./Hüther, G.: Kinder brauchen Wurzeln. Düsseldorf 2001
Hentig, H. von: „Ach, die Werte! Über eine Erziehung für das 21. Jahrhundert. München/Wien 1999
Honig, M.-S.: Entwurf einer Theorie der Kindheit. Frankfurt 1999
Krause, Chr./Lorenz, R.-F.: Was Kindern halt gibt. Salutogenese in der Erziehung. Göttingen, 2009
Krenz, A.: Werteentwicklung in der frühkindlichen Bildung und Erziehung. Berlin, 2007
Ministerium für Bildung, Wissenschaft und Kultur (Hrsg.): Bildungskonzeption für 0- bis 10-jährige Kinder in Mecklenburg-Vorpommern. Schwerin 2010
Pighin, G.: Kindern Werte geben – aber wie? Basel 2005
Saint-Exupery, A. de: Man sieht nur mit dem Herzen gut. Freiburg 6. Aufl. 1993
Salisch, M. von: Emotionale Kompetenz entwickeln. Stuttgart 2002
Schäfer, U./Rüther, E.: Heile Seelen. Göttingen 2007
Spiegel Special: Was Kinder klug und glücklich macht. Nr. 7/2008
Standop, J.: Werte-Erziehung. Einführung in die wichtigsten Konzepte der Werteerziehung. Weinheim 2005
Stein, M.: Wie können wir Kinder Werte vermitteln? Werteerziehung in Familie und Schule. München 2008
Stöcklin-Meier, S.: Was im Leben wirklich zählt. Mit Kindern Werte entdecken. München 2003
Tschöpe-Scheffler, S.: Kinder brauchen Wurzeln und Flügel. Mainz 1999
Waller, K.: Von Achtung bis Zivilcourage. Lexikon der Werte und Tugenden. Stuttgart und Zürich 2002
Wunsch, A.: Abschied von der Spaßgesellschaft. Für einen Kurswechsel in der Erziehung. München 2003

b) Fachartikel

Gensicke, T.: Wertewandel und Familie. Auf dem Weg zu „egoistischem" oder „kooperativem" Individualismus? In: Aus Politik und Zeitgeschichte – Beilage zur Wochenzeitung Das Parlament. B 29–30/94, 22. Juli 1994

Hahne, P.: „Schluss mit lustig" – Auf der Suche nach alten Werten. In: klein & groß, Heft 1/2006

Hoffmann-Zulek, E.: Gut oder schlecht, richtig oder falsch. Wie Kinder Moralvorstellungen entwickeln. In: spielen & lernen, Heft 12/2005

Karakus, M. und Lünse, D.: Zivilcourage – eine demokratische Tugend. Welche Kompetenzen sind nötig, um Zivilcourage als demokratische Tugend zu fördern. In: Aus Politik und Zeitgeschichte. Beilage zur Wochenzeitung Das Parlament. B 7–8/2000, 11.02.2000

Konrad, D.: Alles eine Frage der Werte? Eine Annäherung an den Wertebegriff. In: BZgA FORUM, Heft ¾- 1999

Leger, E.: Werte – Orientierung fürs Leben. Was ist gut und was ist böse? In: klein & groß, Heft 1/2006

Neuweg, H.: „Werte-Erziehung" und das Programm der Vernunft. In: BZgA FORUM ¾ 1999

Pöppel, G.: Werteerziehung zur Bewältigung der Zukunft. In: Sozialpädagogisches Forum in der KEG, Heft 2/99

von Scheurl-Defersdorf, M. R.:Dem Werden und den Werten einen Raum geben. In: klein & groß, Heft 1/2006

Wo lernen Kinder Lernen?

V&R

Armin Krenz (Hg.)
Kindorientierte Elementarpädagogik
Frühe Bildung und Erziehung
2010. 223 Seiten mit 17 Abb. und 2 Tabellen, kart.
ISBN 978-3-525-70117-1

Ihr volles Potenzial als Orte der Bildung können Kindertagesstätten nur dann entfalten, wenn die pädagogische Praxis der Entwicklung von Kindern dient.

Kinder sollen als kleine Forscher ihre eigene Persönlichkeit und die Welt entdecken. Dabei wollen ErzieherInnen diese Bildungsprozesse zum Erblühen bringen. Aber wie kommt diese entwicklungsbegleitende Bildung in die KiTas?

Dr. Armin Krenz (Hg.) engagiert sich europaweit bei Seminaren und Vorträgen und steht mit seiner empathischen Persönlichkeit für eine kindorientierte, ganzheitliche Elementarpädagogik den ErzieherInnen zur Seite.

Die Beiträge aus Forschung und Praxis formulieren die Ausgangslage und die wichtigen Grundsätze dieses Ansatzes.

Vandenhoeck & Ruprecht

Tigermami oder Rabenmutter?
Die Antwort auf Amy Chua!

V&R

André Frank Zimpel
Lasst unsere Kinder spielen!
Der Schlüssel zum Erfolg
Mit einem Vorwort von Gerald Hüther.
Frühe Bildung und Erziehung
2011. 158 Seiten mit 9 Abb. und einer Tabelle, kart.
ISBN 978-3-525-70129-4

Neurobiologische Erkenntnisse belegen die Bedeutung der psychologischen Wirkung des Spiels auf die Entwicklung des Gehirns. Nicht nur systematische Förderung, auch Spiel hat einen bedeutsamen Stellenwert in der frühkindlichen Entwicklung.

Was bedeutet das für die Bildung und Erziehung der Kinder? Wie wirkt sich Spielen im Verhältnis zu Aufmerksamkeit und Lernen aus? Kann man aus dem Spiel der Kinder etwas über die nächste Entwicklungsstufe erfahren? Und wie hängt Spielen mit Denken und Wahrnehmung zusammen? Diesen zentralen Fragestellungen widmet sich André Frank Zimpel und zeigt, wie Kinder beim Spiel die Fähigkeit entwickeln, sich Dinge gedanklich auszumalen, und wie man sie dabei effektiv unterstützen kann. Die imaginierten Spielsituationen sind Vorboten sich entwickelnder geistiger Fähigkeiten, ohne die ein Leben in unserer Gesellschaft nicht denkbar wäre.

Vandenhoeck & Ruprecht